百年家国
唐家故事

［加］何倩—著

广西师范大学出版社

·桂林·

图书在版编目（CIP）数据

百年家国：唐家故事 /（加）何倩著. —桂林：广西师范大学出版社，2021.9
ISBN 978-7-5598-4020-2

Ⅰ. ①百… Ⅱ. ①何… Ⅲ. ①家族－史料－灌阳县 Ⅳ. ①K820.9

中国版本图书馆 CIP 数据核字（2021）第 141179 号

广西师范大学出版社出版发行

（广西桂林市五里店路 9 号　邮政编码：541004）
　网址：http://www.bbtpress.com
出版人：黄轩庄
全国新华书店经销
广西民族印刷包装集团有限公司印刷
（南宁市高新区高新三路 1 号　邮政编码：530007）
开本：880 mm × 1 240 mm　1/32
印张：12.625　　字数：273 千字
2021 年 9 月第 1 版　2021 年 9 月第 1 次印刷
定价：88.00 元

如发现印装质量问题，影响阅读，请与出版社发行部门联系调换。

本书献给

抗战时投笔从戎、慷慨报国的外祖父母
亲历抗法、保台、戊戌、辛亥的外高祖父
半生筚路蓝缕、矢志教育救国的外伯祖父
和那个忧患重重而坚强不屈的近代中国

外公唐肇华

外婆周婉琼

大外公唐现之

自 序

一

余生也幸,生于太平,幼好诗书,一生孜孜以求者,读书于东篱之下,终老于田园之间。负笈海外,行役天涯,于今梦成,终可为无益之事,以遣有涯之生。

余生也不幸,祖父母与外祖母均过早弃世,竟未一见。故我少时寒暑假多在大半生执教于国立广西大学和广西师范大学的外祖父唐肇华身边,诗书为伴,山水同游,那份感情,至深至厚。一生饱经忧患的外祖父,平日沉默寡言,待我却如忘年小友,谈文,说史,回忆祖辈、兄长、爱妻,往往漏夜长谈,以至通宵达旦。祖上艰辛,国族坎坷,在我听来,只觉荡气回肠,且惊心动魄,就如一部近代中国百年史,颇具大时代之波澜壮阔。

二〇一七年十一月,在慈祖仙游十年之际,我带着他老人家和当年一起投笔从戎的外祖母周婉琼在抗战胜利七十周年之际双双获颁的抗战胜利纪念章,万里归国,兼程返桂,上坟祭扫。次日,随母亲及两位姨母返回灌阳文市镇田心村唐家祖宅,寻根祭祖,与当年随外高族祖唐景崧越南抗法、甲午保台的外高祖父唐镜澄和台湾吴氏夫人的曾孙振海堂舅相见,并走访江口村景崧公故居。当其时,先人功业,历史风云，一一浮上心头。灌阳唐家，自晚唐以来，千年传承，子孙均以读书报国为志，科举出仕，造福一方，捐资兴学，代代不绝。近代以来，每到国难关头，唐家先人义无反顾，投笔从戎。外伯祖父唐现之的筚路蓝缕、教育救国，亦是我自小熟知，一生缅怀。抚今追昔，不由感慨万千。

自桂返穗，与执教于中山大学之表兄冯原相见，畅谈家史，共怀先人，乃决定提笔为祭，整理家族传说、老照片，考证方志、史书，写成《百年家国：唐家故事》，以缅怀先人，兼为近代中国抵御外敌之中法战争、甲午战争、抗日战争，留一民间史记录，纪念我民族不屈不挠、前仆后继之精神。

此书自二〇一七年十二月动笔，次年九月完成初稿。而后在撰写另外一部书稿之余，多次修改、增删，方始定稿。

少时读史，对于唐德刚先生在《李宗仁回忆录》中所言，读史，为终生之兴趣，治史，为终生之职业，真是心向往之，孜孜以求，愿此生以教书兼治史为业。然，时也命也，终未能全。而今，得"治"家史，兼为"国史"记，也算少年梦圆，足慰平生。

是为序。

何 倩

二〇一九年十二月于多伦多听松庐

目 录

009　书中主要人物表

百年家国

第一部　中法战争 – 越南

004　第一章　外高族祖唐景崧的早年
007　第二章　万里请缨
011　第三章　三祖出关
016　第四章　会见刘永福
018　第五章　山西战役
020　第六章　张之洞，冯子材，景字军
022　第七章　血战宣光
024　第八章　虽胜犹败的结局

第二部　甲午 – 台湾

- 028　第一章　此恨绵绵
- 030　第二章　刘铭传的邀约
- 034　第三章　外高祖父唐镜澄赴台理财，高山族的吴氏夫人
- 040　第四章　保台的准备
- 044　第五章　反对割台
- 047　第六章　被迫自行保台
- 051　第七章　唐镜澄留下的独家史料：台湾官绅会议记录
- 055　第八章　恭奉正朔、无异中土的"台湾民主国"
- 060　第九章　内渡之后：永远的台湾情

第三部　抗日战争

- 072　第一章　永远的抗战记忆：外公外婆投笔从戎的豪情赠言
- 076　第二章　外曾祖父的千家峒抗日，外曾祖母的官庄何家
- 087　第三章　从中山大学附中到马君武校长促成的广西大学
- 093　第四章　外婆的丹村周家：从黄花岗、黄埔军校到抗战
- 099　第五章　双双参加广西学生军：铁打的一群
- 107　第六章　杜聿明的第五军和戴安澜的二百师
- 109　第七章　藤县，昆仑关，竹林遗书
- 114　第八章　中央研究院（科学馆），湘桂大撤退
- 120　第九章　日军逼迫下的幼女夭亡

123	第十章	重庆，兵工厂，防空洞里的科学报国
128	第十一章	飞虎队飞机残骸中的国仇家恨与夫妻深情
130	第十二章	《毕业歌》《满江红》中的抗日救亡
134	第十三章	二姑婆唐荣珍，二姑爷爷唐真如，台儿庄大捷
140	第十四章	十一太公唐超寰与南宁保卫战
151	第十五章	新安旅行团
154	第十六章	抗敌演剧队，六战区，新四军第五师
158	第十七章	桂林"抗战文化城"，陶行知，徐悲鸿
163	第十八章	七十年后的荣耀纪念

第四部　教育报国

168	第一章	大外公唐现之的早年
172	第二章	南高师，恩师陶行知，少年中国学会
176	第三章	志同道合卢作孚
178	第四章	中华书局
181	第五章	广西省立二师和国立中山大学
186	第六章	主持筹建广西师专
198	第七章	在梁漱溟的山东乡村建设研究院
200	第八章	沙塘的农村建设实验区
203	第九章	内弟朱达章
207	第十章	主持筹建桂林师范学校
217	第十一章	与丰子恺的君子之交

220	第十二章　中山纪念学校
223	第十三章　北碚儿童福利实验区，广西省立桂林图书馆
234	第十四章　1949—1975年
241	第十五章　无尽的怀念
246	第十六章　教育报国

外一篇　风云湘江

| 267 | 前　言 |
| 269 | 引　子 |

第一部　洞庭奇遇

274	第一章　唐景崧唐镜澄台湾归来
276	第二章　张之洞的师弟之义
278	第三章　蔡锡勇在汉阳兵工厂的接待
280	第四章　洞庭湖遇袭
282	第五章　江湖义士来相救
284	第六章　唐镜澄杨玉明湖边结义
286	第七章　杨玉明不治身亡，唐镜澄"被迫"接任
288	第八章　养子唐叔易的奇异身世
290	第九章　沈道宽杨玉秀的秘密联络站

| 292 | 第十章 | 从太平军到哥老会 |

第二部 戊戌变法

296	第一章	康有为来桂维新
298	第二章	五美堂密谈
300	第三章	梁启超、谭嗣同、唐才常的时务学堂
302	第四章	唐景崧康有为策划试兵
305	第五章	陈宝箴义助善后
307	第六章	"匪首"沈道之加入湖南防军
309	第七章	唐镜澄湖南上任
311	第八章	戊戌变法的结局

第三部 庚子勤王

314	第一章	唐景崧桂林办学
316	第二章	康有为海外保皇
318	第三章	唐才常的代表沈荩来桂联唐
320	第四章	筹办上海国会的沈荩再次来桂
322	第五章	被张之洞提前镇压的自立军起事
324	第六章	唐才常就义
326	第七章	前后谭唐殉公义，国民终古哭浏阳
329	第八章	唐景崧去世

第四部　辛亥同道

334	第一章	通道知县唐镜澄的治绩
336	第二章	湖南巡抚赵尔巽的提拔
338	第三章	秘密联络站里的邮政代办所
340	第四章	唐镜澄的思想飞跃
342	第五章	关注革命党
344	第六章	新化，会党，结友谭人凤
347	第七章	华兴会，哥老会马福益，长沙起事
349	第八章	唐镜澄巧遇马福益
351	第九章	江湖豪杰马福益
353	第十章	马福益牺牲
355	第十一章	寻找黄兴
357	第十二章	教育家唐现之儿时的楚怡小学堂
359	第十三章	黄兴派来的焦大鹏
361	第十四章	焦大鹏（焦达峰）与萍浏醴起义
363	第十五章	唐镜澄出任醴陵知县
365	第十六章	老熟人岑春煊
367	第十七章	焦大鹏再度来访
369	第十八章	辛亥革命
371	第十九章	焦大鹏和唐镜澄相继去世
373	第二十章	山谷余音

376 后　记

381 参考文献

书中主要人物表

| 唐肇华 | 本书作者的外祖父。抗战时期的广西学生军班长，桂林科学实验馆（中央研究院）助理研究员，教育部科学仪器制造所研究员，中华人民共和国成立后为国立广西大学物理系副教授，广西师范大学副校长、物理学教授。

| 周婉琼 | 本书作者的外祖母。抗战时期的广西学生军班长，后为国立广西大学教师，广西师范学院（后改名广西师范大学）教师。

| 唐现之 | 本书作者的大外公，唐肇华的大哥（嫡亲堂兄），广西著名教育家。民国时期的国立中山大学副教授，国立广西大学教授，主持筹建广西省立师范专科学校和广西省立桂林师范学校，广西省立桂林图书馆馆长，中国儿童福利协会桂林分会会长，中华人民共和国成立后历任广西省政协副秘书长、广西省司法厅厅长。

| 唐镜澄 | 本书作者的外高祖父，唐现之和唐肇华的祖父。清代光绪乙酉年（1885）拔贡，光绪年间的台湾台中厘金局总办、安平税关局长，湖

南通道、新化、醴陵知县。曾协助唐景崧在中法战争的越南战场抗法、在甲午战争中抗日保台。

| 唐镜沅 |　　本书作者的外高伯祖，唐现之和唐肇华的伯祖父，唐镜澄的大哥（嫡亲堂兄）。清代同治庚午科（1870）副榜广西第二名，光绪乙亥年（1875）召为孝廉方正，光绪年间历任崖州（今海南三亚）、佛冈、顺德知州，代理河源知县。曾协助唐景崧在中法战争的越南战场抗法，在广东任上遥助唐景崧抗日保台。

| 唐景崧 |　　本书作者的外高族祖，唐肇华的族祖父，唐镜沅的族弟，唐镜澄的族兄。清代同治四年（1865）进士、翰林，甲午时期的署理台湾巡抚，"台湾民主国总统"。

| 吴寿仙 |　　吴氏夫人，唐肇华的庶祖母，唐镜澄之妾，清代光绪年间的台湾高山族邹人福山部落酋长之女。

| 杨玉明 |　　唐镜澄的结拜兄弟。太平军将士后裔组成的一支江湖武装的首领。

| 唐叔易 |　　杨玉明之子，唐镜澄的养子。

| 何庆恩 |　　唐肇华的外祖父。清代道光甲辰科（1844）举人，先后任四川渠县、彰明（后并入今江油市）、德阳、云阳四县知县，四川直隶州知州。

| 唐叔重 | 本书作者的外曾祖父，唐肇华的父亲，唐镜澄与嫡妻范氏夫人之子。 |

| 何满姑 | 本书作者的外曾祖母，唐肇华的母亲，唐叔重之妻，何庆恩之女。 |

| 何如谨 | 唐肇华的堂舅，何满姑之堂兄。清代同治六年（1867）举人，署新疆迪化州绥来县（今昌吉回族自治州玛纳斯县）知县，历任福建寿宁、福清、长乐、莆田和台湾恒春（今屏东县恒春镇）知县，钦加同知。 |

| 唐潞公 | 本书作者的十太公，唐肇华的叔叔，唐镜澄与吴寿仙之子。北伐时期国民革命军第七军李明瑞部少校军需主任，后成为广西著名书法家。 |

| 唐超寰 | 本书作者的十一太公，唐肇华的叔叔，唐镜澄与吴寿仙之子。北伐时期国民革命军第七军李明瑞部上尉副官，抗战时期南宁保卫战中的南宁警察局局长。民国时期名列广西省一百位将级军官之一。 |

| 唐松贞 | 又名唐碧，本书作者的满太姑婆，唐肇华的姑姑，唐镜澄与吴寿仙之女。 |

| 沈明燧 | 本书作者的满太姑丈，唐肇华的姑父，唐松贞的丈夫，广西著名牧师、诗人。 |

| 沈道宽 | 沈明燧的父亲，唐镜澄的亲家。太平军将士后裔，杨玉明的部下。 |

| 杨玉秀 | 杨玉明之妹，沈道宽之妻，沈明燧之母。太平军将士后裔。 |

| 唐荣珍 | 本书作者的二姑婆,唐肇华的二姐,唐叔重与何满姑之女。

| 唐真如 | 又名唐正作,本书作者的二姑爷爷,唐肇华的二姐夫,唐荣珍的丈夫。大革命时期毛泽东主持的第六届广州农民运动讲习所学员,抗战时期任第五战区长官司令部交通处第二科科长、通讯大队长,台儿庄战役时负责第五战区长官司令部的机要通讯工作,后任北平行辕第四处第三科科长(上校军衔)。

| 唐振裘 | 本书作者的大舅,唐现之的长子。20世纪30年代的国立北平师范大学历史系学生,曾参加"一二·九"抗日救亡运动。抗战时期的广西学生军战士。

| 唐振元 | 本书作者的二舅,唐现之的次子。抗战时期新安旅行团团员,国民政府军事委员会政治部第三厅直属的抗敌演剧队队员,新四军第五师文工团团员。中华人民共和国成立后任桂林地区水电局局长、桂林地区党校校长。

| 唐榕邹 | 唐现之的小女儿,抗美援朝时期的三十九军一一六师战士。后随军戍守辽东,转业后定居辽宁省辽阳市。

| 熊绍琮 | 又名朱达章,唐现之的内弟。抗战时期广西第四集团军上尉宣传部主任,国民革命军第五路军第一七一师政训处组织科少校科长,新四军二师政治部宣传部副部长,中共中央华中局政策研究室研究员。后为华中建设大学教授,中共山东大学委员会书记兼教务长,新山东大学初创时期的主要负责人。

百年家國

第一部

中法战争－越南

第一章

外高族祖唐景崧的早年

每一个家庭的历史,都是国家和民族历史的组成部分。唐氏家族的祖辈更与中法战争、甲午战争密切相关。要了解你的外高祖父唐镜澄,就必须了解他的族兄唐景崧。因为唐镜澄一直是唐景崧的幕僚,和他一起经历了中法战争的(援助)越南和甲午战争割让台湾后的保卫台湾,内渡离台,回桂隐居,作为最亲信的幕僚,都是全程参与。

这是外高祖父唐镜澄与台湾吴氏夫人的外孙,我的表叔公沈德谦(桂林市新城区建设的原技术总顾问),写给我的长信中的一段话。

深以为然。

保越大名垂,日记一篇,战绩早教敌胆落;
割台遗恨在,谏书七上,孤忠惟有帝心知。

这是台湾省通志馆原纂修郑辛樊送给先外高族祖唐景崧的挽联,

道尽其一生功业。他老人家，在法军虎视眈眈、广西危在旦夕的历史关头，以一介翰林书生之出身，于不惑之年，请缨出关，为国奔走，领军作战，功成归京，自请守疆，于甲午国难抗命保台，那份胆识、英雄气、爱国情怀，有班定远风，余自小敬佩，于今犹然。

  道光二十一年（1841），唐景崧出生于灌阳新街镇江口村的唐家支系。其父唐懋功，道光丙午科（1846）举人，以后屡试不第，在灌阳乡间以传授课业为生。唐景崧是长子，下面还有两个弟弟和一个妹妹。

  据说，唐景崧从小慷慨有大志。他少时家境贫寒，衣服破了，无法缝补，只能用纱线绑住破洞继续穿。早年的清贫生活，赋予了他坚忍向上、不屈不挠的性格。这种性格，加上才气，造就了他半生的辉煌。

  咸丰丙辰年（1856），十五岁的唐景崧首次参加岁试，中第一等第一名。

  唐景崧的父亲唐懋功，作为当地颇有名气的教书先生，人品及学问俱佳，受到桂林富商燕怀堂王家的赏识，被请去教王家子弟读书。唐懋功的条件是必须带同三子。这个决定，反映了唐懋功的见识和眼光，将三个儿子从偏僻乡间带到省城桂林，让儿子们开眼界、见世面，对于他们以后的发展，可以说影响深远。

  在王家，唐景崧虽然寄人篱下，但勤奋自励，寒窗苦读，少年英发，王家对他很是喜爱，还将女儿许配于他。不过王家小姐还未过门就病故了。

  咸丰十一年（1861），二十岁的唐景崧参加广西乡试，一举而中解元。同治四年（1865）进京赶考，又中二甲第八名进士，钦点翰林，从此踏入仕途。

唐景崧的两个弟弟,唐景崇和唐景崶,也分别在同治十年(1871)和光绪三年(1877)考中进士,点为翰林。这是历代科举史上绝无仅有的"同胞三翰林",在广西乃至全国都传为一时佳话。

在中国的封建时代,无论哪朝哪代,翰林都是读书人中的精英。唐代的李白、张九龄、白居易,宋代的欧阳修、苏轼、王安石、司马光,明代的宋濂、方孝孺、张居正,清代的曾国藩、李鸿章、张之洞,都是翰林出身。

由科举而翰林,由翰林而朝臣,修身、齐家、治国、平天下,是历代儒家士人的理想追求。

同治五年(1866),即唐景崧被点为翰林的第二年,他以翰林院庶吉士补为吏部候补主事,以仕途之初而言,算是十分顺利,可谓少年得志了。谁知,因他生性耿直,不肯谄媚上官,这一"候",就候了十六年。

第二章

万里请缨

十六年里,和一般小京官一样,唐景崧每天下棋看戏,饮酒赋诗,拿着一份微薄的俸禄,无所事事,平淡度日。自小胸怀大志的他,难免觉得有志难抒,倍感苦闷,曾赋诗曰"无才且学屠龙技,有臂终存射虎心"。这段时间,他读了不少兵书。深受儒家士人传统影响的他,也密切关注时局,时常与科举入仕后在京城同租共居的两个弟弟共谈国事。

当时的中国,可以说是内忧外患。腐败无能的清政府,面对西方列强的侵略,接连战败。

1840年,第一次鸦片战争爆发。清政府战败,被迫分别同英、美、法等国签订《南京条约》《望厦条约》《黄埔条约》等丧权辱国的不平等条约。《南京条约》规定赔偿英国军费白银二千一百万两,割让香港岛,开放五个通商口岸:广州、厦门、福州、宁波、上海。

1856年,第二次鸦片战争爆发。清政府再次战败,被迫签订《天津条约》和《北京条约》，赔偿英法军费白银，割让九龙半岛界限街以南地区，开放牛庄（后改营口）、登州（后改烟台）、汉口、天津、九江、南京、镇江、淡水、台南、潮州（后改汕头）、琼州共十一处为通商口岸，拆毁大沽至北京的炮台，外国人可到内地游历、通商、自由传教，外国军舰和商船可在长江各口岸自由航行，外国公使驻京，并可在通商口岸设领事馆。战争期间，英法联军攻占北京，掠夺并焚毁了清皇室经营百年、珍宝云集的皇家园林——圆明园。

第二次鸦片战争期间，沙俄趁火打劫，逼迫清政府签订《瑷珲条约》，割去黑龙江以北中国六十多万平方公里的领土。法国也开始武力侵占千年以来为中国藩属国的越南南部（南圻，西方人称为"交趾支那"），迫使越南南部六省沦为法国殖民地。

1882年4月，法国悍然入侵越南北部，企图打开通向中国的大门。清政府完全清楚法国占领越南北部后对中国的威胁，但在战火燃烧到本土之前，又不愿正面与法军交火。朝廷上下，一筹莫展。

自幼熟读经史、深具传统家国情怀的唐景崧，对邻近家乡的越南局势自然更加关心。《孟子》之"天下之本在国，国之本在家"，韩愈《上李尚书书》之"忧国如家"，陆游《病起书怀》之"位卑未敢忘忧国"，在这个时候，让他感觉特别强烈。就在这一年的七月二十九日，时年四十一岁的他，挺身而出，通过本部堂官吏部侍郎的奏折夹片上奏，向慈禧太后和光绪皇帝提出御敌之策。

在上书中，唐景崧主张朝廷招安在越南的黑旗军，以抗击法军。这样，既可避免中法两国兵戎相见，又可阻挡法军北进，对清政府而言，不失为上上之策。

黑旗军本是反清的天地会的一支，统领刘永福和两千多部众大多来自广西，太平天国失败后，在清军追剿下，退入越南，拥武器自保，协助越南当局打击当地盗匪，维持社会治安，以图生存。但毕竟是外来武装，越南当局表面利用，其实颇有戒心；黑旗军想回广西老家，又怕清政府追究镇压，处境两难。

作为广西人的唐景崧，自告奋勇，赴越南招降刘永福，促其举旗抗法。他提出，为"绥藩固圉"，自己要"请缨"出镇南关抗击不可一世的法军。在这里，唐景崧用了《汉书·终军传》的典故，"（终）军自请，愿受长缨，必羁南越王而致之阙下"，以汉终军自喻，要求前往越南平息外患。

唐景崧的上书，令主政二十年的慈禧太后又惊又喜。自鸦片战争以来，中国已数败于西方列强。西人的坚船利炮，令国人谈虎色变，现在居然有翰林出身的一介书生请缨出关，要去说服天地会"乱匪"与法军搏命，简直不可思议。而且据吏部堂官李鸿藻回奏，这个六品小吏唐景崧，不为升官，也不支公款，受亲友资助赴越，到越南也不必照使臣的章程办理，完全出于忠勇报国之忱，实在难得，于国有利，不妨一试。于是很快批准，八月五日以光绪帝的名义发了上谕："吏部候补主事唐景崧，着发往云南，交岑毓英差遣委用。"

在朝廷上下的一片赞叹声中，唐景崧昂然上路，万里南下。临行前，他激情澎湃，慷慨吟诗，那份豪情、血性、乡情、爱国心，在诗中表露无遗：

狼星悬焰亘西方,又见传烽到雒王。
可有大刀平缅甸,已无神弩出安阳。
何人更下求秦泪,说客将治使越装。
岂是唐衢轻痛哭,乡关消息近苍黄。

第三章

三祖出关

唐景崧南下之后,首先来到广东,拜会两广总督曾国荃。当时,他的族兄、我的外高伯祖唐镜沅,正在曾国荃麾下。兄弟相见,惊喜交集。

时年四十八岁的唐镜沅,曾受教于唐景崧的父亲唐懋功门下,与唐景崧感情甚笃。据唐镜沅的曾孙、我的堂舅唐振国说,家住新街镇江口村的唐景崧,早年曾特地来到作为唐家主支的文市镇田心村认宗。我小时候也听过三姨唐小雁转述家族传说,景崧公后来在外做官,返灌阳时会到田心村拜宗祠,借住一宿,次日才回江口村本宅。江口村唐家的祖籍湖南东安,与田心村唐家的祖籍湖南零陵,都属于湖南永州。当年景崧公前来认宗,获得接纳,大概就是因此渊源吧。

唐镜沅之于唐景崧,是族兄,更是知交。《请缨日记》有言:"平生知交数百辈,信其志洁行芳,历久不渝者,惟燕伯(李受彤)与吾宗芷庵(唐镜沅)而已矣。"

后来的广东水师提督李准(四川邻水人,以巡视西沙群岛闻名),

曾和唐镜沅在广州太平街对门而居,后来在《任庵闻见录》中留下了一段"唐子安(作者注:应为唐芷庵)刺史之趣语"的记载,颇为生动:

> 桂林唐子安刺史(镜沅)乃唐薇卿(作者注:唐景崧)中丞之族兄也……以知州需次粤垣,住太平街,与余对门而居。自书其门联曰"老骥千里,桂林一枝",其气概盖可想见也。一日,藩司丁慎五方伯(作者注:丁宝桢之子)传见问曰:"今有和平县吕令道象,以和平水土不佳,因有老亲求他调,不愿去,今拟以此缺委兄去署。"子安曰:"吕令以水土不好不去,难道卑职就不怕水土不好吗?"方伯曰:"他有老亲。"子安曰:"吕令的老亲比卑职还小十岁咧,吕令有老亲,卑职的儿子没有老亲了吗?"……后卒轮委崖州知州……某岁终,粤例向有穷员度岁银发给,令各同乡官查明即发,广西为吴子寅太守(尚恭)与子安二人主之,有于晦若(作者注:于式枚,李鸿章幕僚,后任吏部侍郎、学部侍郎)族弟式格(作者注:于式格亦为李鸿章幕僚,后任京师大学堂总办、广东学政)本以川人,而捐纳一从九者,因晦若为广西籍,亦报名广西。子安不允给,式格与子嚷曰:"我是有来路的。"子安曰:"你有来路,恐怕没有去路。"其憨直多类此。

唐镜沅生于道光十四年(1834),"幼孤,性孝友,好济人,本房中有贫不能娶者即助之,赖其延祀者廿余人……文章宏厚,诗赋雄雅,远近知名"。1986年第四期《灌阳县志简讯》有一篇署名为"唐一建",文中根据旧《灌阳县志》选录整理的《艺文(一)·诗词》,提到了唐镜沅的两首诗《送宗人(族人)春卿(唐景崧)编修》《假满还都》,

应该是他比较出色的作品。

唐镜沅文才虽好,"惜数奇不遇,九赴南北乡试,仅中同治庚午科(1870)广西第二名副榜"。光绪乙亥年(1875)召为孝廉方正,朝考第三十名,以直隶州判分发广东试用,是两广总督手下的一个七品小官。

当时的两广总督,正是近代史上著名的湘军统领曾国荃。

曾国荃是优贡出身,随胞兄曾国藩筹建湘军。他统领的吉字营,在湘军中以作战勇猛著称,曾经取得破太平天国首都天京(今南京)的首功。猛将之外,曾国荃也是一位能臣,历任封疆。

清廷在光绪乙亥年(1875)"征士唐镜沅"所颁的"召用孝廉方正"匾

曾国荃见唐镜沅所作《弭盗论》而奇之,委派其到越南办理河差。"销差日,(唐镜沅)条陈各件,对答情形",井然有序,曾国荃"大为赏识,既而叹曰,才虽好,奈官小"。岂料世事难定,中法衅起,南粤危殆,唐景崧自京请缨,途经广东,同为热血爱国男儿且去过越南的唐镜沅,要求随同前往,为国效力,曾国荃慨然应许。

根据我们的家谱记载,曾国荃这位两广总督,在他欣赏的下属唐镜沅要求出征越南之际，"侯许之，且教方略"。唐镜沅后来"在营五载（1883年至1886年在越南），著《出关日记》二册，多著勋绩，兼招出福军（黑旗军）刘永福，保升三品衔……补用知州"，也得益于曾国荃的传授吧。

国内研究中法战争与唐景崧的部分历史学者似乎不知道唐景崧唐镜沅兄弟联袂出关这一史实，比如清代史料《割台三记》就写为"唐景崧独身走越南"，不能不说，这是一个历史的错漏。

根据我们的家族传说，唐景崧后来在越南创立景字军，回广西招募家乡子弟时，我的外高祖父唐镜澄便跟随他去了越南。

唐镜澄生于咸丰二年（1852），他的父亲唐嘉澍，同治九年（1870）中广西乡试第四名举人，以教书为生，生平致力于国学，颇有根底，酷嗜随园（袁枚）诗词，晚年著有《半亩园诗文集》。

唐镜澄少承庭训，并从名师讲学，童子时出语每惊人，读书富于思想，强于记忆，过目不忘，为人思虑渊沉，断事果决。他本以教书为业，为桑梓安危，毅然投笔从戎，以幕僚身份随族兄唐景崧前往越南抗法。

这段兄弟同心、关山横渡、保土安邦的故事，是唐家永远的传说。作为唐家后人，我自小耳熟能详。长大以后，读到唐景崧撰写的《请缨日记》，里面多次提到"芷庵"（唐镜沅），同时查阅家谱和《灌阳县志》相关记载，与家族传说吻合，可确定传说无误。上面所提唐一建，其选录整理的《艺文（一）·史记》就提到了唐镜沅的《出关日记》，和唐景崧的《请缨日记》同列，应该是研究中法战争的重要史料，可惜鲜为人知，也不知旧《灌阳县志》有无收录全文。

唐氏族谱中关于唐镜沅随唐景崧去越南的记载

唐氏族谱对唐镜澄随唐景崧去台湾的记载

第四章

会见刘永福

唐景崧率同唐镜沅,穿过广西与越南交接的南大门——镇南关,于光绪九年(1883)春到达黑旗军驻地,即中越交界处的保胜。

黑旗军原是活跃于广东、广西边境的一支以"反清复明"为宗旨的天地会义军,以北斗七星黑旗为战旗,故号黑旗军。

黑旗军首领刘永福,祖籍广西博白,生长于钦州,少年时代曾为佣工,二十岁加入天地会。黑旗军的战士,也多是广西归顺(今靖西)、龙州、上思、宁明、钦廉一带的贫苦农民。

同治四年(1865),在清兵的追剿下,刘永福率三百人从广西进入越南,逐步聚集了两千人,以保胜到河阳一带的深山密林和河谷平原为根据地,活跃于越南北部,成为当地一支颇有战斗力的武装,远近驰名。

唐景崧与刘永福一见如故。虽然一为庙堂书生,一系江湖草莽,背景经历殊异,但皆有胆有识,又是广西同乡,很快便建立了互信乃至友谊。

唐景崧分析时局，晓以利害，为刘永福抗法御侮提出建功立业，日后回归中土的上、中、下三策。上策是以保胜等越南十州为基地，相继拓展至其他地方。中策是黑旗军全师进攻河内，以争取中国所支援的军饷。下策是坐守保胜，以待时机。刘永福很欣赏唐景崧的谋略，决定采用中策。

就这样，唐景崧和唐镜沅留在了刘永福营中，奔走于顺化、保胜、山西、北宁间，为黑旗军出谋划策，襄助抗法。

光绪八年（1882），法国西贡总督派海军上校李威利率法军北犯，攻克河内，次年攻陷南定。在越南北圻总督的请求下，刘永福率两千五百名黑旗军挺进河内，帮助越军抗法。

唐景崧在战前替刘永福写了一道檄文，历数法军侵越暴行，宣告黑旗军援越抗法是应天顺民的正义之举，号召越南军民与黑旗军并肩作战。檄文写得洋洋洒洒、义正词严。远近响应，抗法义师纷纷前来，聚集了二十余万人之多，极大地鼓舞了士气。

黑旗军展开攻击，在河内西面的纸桥与法军相遇。刘永福一马当先，挥师猛击，在纸桥大败法军，击毙"交趾支那海军司令"李威利及"副司令"韦医。

纸桥大捷，是刘永福在他视为"军师"的唐景崧的辅助下，取得的空前胜利。刘永福因功被越王授"三宣正提督"衔，加封"一等义良男爵"。唐景崧也因功获清廷赏四品卿衔。

第五章

山西战役

山西战役，是唐景崧和唐镜沅直接参与的、经受了血与火考验的一役。

光绪九年（1883）八月二十五日，法国强迫越南签订《顺化条约》，将越南置于法国的"保护"之下，进而觊觎中国。

此时，法军已占领重镇河内，欲深入北圻腹地，必先攻下山西和北宁（两地皆越南省会城市），以开启进入中国广西和云南的大门。法方总指挥、海军少将孤拔，选择从山西下手。

对于法国的攻势，清政府也积极应对，应越南政府之邀，派兵出关，援越抗法。在越南多年、战斗力坚韧、经唐景崧周旋后愿意与清廷合作的黑旗军，便成了清政府倚赖的抗法中坚，受赏银十万两，"以助兵饷"。

此时已从"军师"转为代表清廷联络黑旗军、调度抗法军事的唐景崧，开始在战场上小试锋芒。他奉旨管带的四营滇军，只来了三营。虽然都是新兵，十个人分不到一支洋枪，但总算还是有了三营人。

唐景崧跟刘永福商议，令这三营新兵换借黑旗军的旗帜号衣，列坐城墙之外。法国的先头部队遥遥望见，不敢轻举妄动。唐景崧这出变相空城计，颇具效验。他又徒步至北门押队复战，并将驻守南门外的桂军调到北门，"商令各军收入附城土围，分段固守"。桂、滇营官一致认为，除了再战，别无他法。唐景崧认为"浪战无益，宜出敌不意，袭夺之"。诸将深以为然。然而，那夜月明如昼，无法暗袭，终未能拿下河堤阵地，被迫退回城内。

当时战况，唐景崧后来在《请缨日记》记曰："黎明，法兵攻北门。我军力拒，轰毙无数。火包下掷，竹根为焚，敌尸纵横城下，稍却。辰刻又攻，而轮桅击炮碎铁满城，妇稚惊哭。敌又悬巨炮于西门古刹，更番轰击。"

法军进入外城后，占领了西门炮台。孤拔及其参谋部进入山西外城。刘永福及滇、粤各军带队血战，冲出围城。

刘永福初出南门，听说唐景崧未出，痛不欲生，问有人能入城护出者，赏银二万。唐镜沅兄弟情深，心急如焚，继赏五万。

唐景崧终于还是冲了出来，与刘永福相遇于兴化。两人劫后重逢，抱头痛哭。

山西一役，黑旗军失利，法军也损失不小。根据孤拔向上司的报告，法军在攻城战斗中死十五人（其中上尉军官一人），伤六十人（其中军官五人）。

第六章

张之洞，冯子材，景字军

1884年8月，法国远东舰队司令孤拔率舰六艘侵入福建马尾港，突袭泊于马尾港内的福建水师，击沉十一艘舰艇。8月24日上午，法舰用重炮轰击马尾船厂，使船厂遭到毁灭性破坏。此后几天，法舰又将两岸炮台摧毁。马尾海战以福建水师的全军覆没而结束。

清廷对法宣战，中法战争爆发。清廷正式收编黑旗军，授予刘永福记名提督。作为朝廷派来的代表，唐景崧开始奔走协调桂军、滇军、黑旗军和抗法越军四方的行动。此时，两广总督已由曾国荃改为张之洞。

与曾国藩、李鸿章、左宗棠并称晚清"四大名臣"的张之洞，是同治二年（1863）的探花，曾任翰林院编修，后来成为封疆大吏。对于唐景崧这个与他一样能文能武的后辈，他十分赏识，令其回桂招募乡勇，自组景字军四营，亲率入越。

这支以广西子弟为主的军队，在唐景崧的统领下，在越南战场上纵横驰骋、抗击法军，为中法战争的胜利贡献了力量。据家族传说，外高祖父唐镜澄在景字军中是重要角色，不仅参与打仗，还管军饷，管钱粮，外高伯祖唐镜沅则负责与多方联系，尤其和张之洞相熟。

唐景崧还奉张之洞之命，专程请出年近七十的广西同乡、已归隐的老将冯子材，指挥东线战场，取得著名的镇南关大捷，并收复谅山和长庆等地。

冯子材祖籍广东南海，生于钦州。早年曾参加天地会，后受招安，由哨官、千总、副将、总兵升至广西、贵州提督，后告病还乡。

中法战争前夕，唐景崧再展说客长才，以同乡之情，上门商请冯子材复出，为国效力。冯子材虽已年近七十，欣然受命，树旗招兵，很快便组建起约九千人的"萃"军（冯子材号"萃亭"）。

临危受命、官拜广西关外军务帮办的冯子材在钦州誓师后，率军开赴镇南关前线。据说，出师之前，冯子材特地焚香祭祖，训示子妇，"万一军有不利，百粤非复我有，亟率我眷属，奉香火驰归江南祖籍，永为中国民，免奴外族也"，后带二子随侍左右，共赴疆场。

之后，沙场老将冯子材率领广大爱国将士，在镇南关大破法军，取得决定性的胜利。时人记述："法人自谓入中国以来，未有如此次之受巨创者。"或者说，洋人自入中国以来，未有如此次之大败者。

第七章

血战宣光

宣光大捷和临洮大捷,是唐景崧作为抗法将领参与的两大战役。

宣光位于越南北沂中部,是水陆交通枢纽,依山傍水,易守难攻,历来是兵家必争之地。

光绪十年(1884)十一月,黑旗军与滇军包围宣光。法军攻黑旗军,唐景崧率军救援,取道牧马(地名),深入山高林深、瘴疠肆虐的险地,奔袭一千二百里绕至敌后。景字军四营二千余人抵达宣光以北的三江口,与黑旗军会师。

为攻克宣光,云贵总督岑毓英调整兵力,拨候补同知潘德继新募粤勇三营一千二百人归唐景崧统领。12月23日,唐景崧率领的景字军与记名总兵丁槐率领的滇军、刘永福率领的黑旗军,会师于宣光城下。

光绪十一年(1885)一月二十三日,唐景崧和丁槐对攻城问题进行谋划。二十六日凌晨,景字军左、后两营潜入炮台附近,右营谈敬德率部至东门附近,唐景崧亲到前营指挥。谈敬德壮烈牺牲,王宝华身负重伤,进攻炮台的左营管带卢贵负伤,景字军四将伤亡三人,但仍顽强战斗，拖住了增援之敌。

丁槐和唐景崧乘胜进攻西南炮台，兵分两路发起攻击。法军抵挡不住，弃炮台向东门逃跑，被在东门待机的景字军击溃。

扫清宣光外围之后，丁槐和唐景崧计划攻城。法军拼死抗拒，滇军占据缺口与法军对峙。与此同时，景字军于城北攻城，也未成功。

丁、景两军各攻一个缺口。景字军敢死队头等先锋三十人率先向缺口冲击，二等先锋五十人继上，由于敌军早有准备，登城的头等先锋亡二十四人，攻城又未成功。当晚，唐景崧又选敢死队头等先锋五十人、二等先锋一百五十人，大队五百人随后接应。景字军敢死队队长伍义廷率头等先锋五十人奋力登城，冲入敌营，同敌肉搏，壮烈牺牲。两百多名敢死队队员，义无反顾，几乎全部捐躯。

宣光大捷之后，唐景崧与云贵总督岑毓英和黑旗军再度联手，在西线战场上取得了临洮大捷，大败法军，并乘胜克复广威、黄岗屯、鹤江、老社等十数州县。

第八章

虽胜犹败的结局

镇南关、宣光、临洮三战，法军伤亡惨重。消息传至巴黎，法国民意大哗，茹费理内阁轰然倒台。这是清政府自鸦片战争以来与西方列强交战罕见的胜利。消息传来，国人兴高采烈，欢欣鼓舞。"道咸以来无此捷"，"扫荡妖气摧败叶"，"破虏何愁无善策，治师惟恃有坚贞"，时人的这些诗句，是对包括唐景崧、唐镜沅、唐镜澄兄弟在内的爱国将士在中法战争中表现出来的英勇、热血、不屈不挠、大扬国威的歌颂和赞美。

在军事和外交形势都有利于中国的情况下，腐败无能的清政府竟于光绪十一年二月二十二日（1885年4月7日）向法军妥协停战。6月9日，清政府在天津签订了置我抗法将士牺牲于不顾、拱手让法国渗入广西的《中法新约》：

（一）中国承认越南是法国的"保护国"。

（二）中国指定两处通商地点：一在保胜以上，一在谅山以北。法商可以在该地居住，并允许法国在该处设领事馆。

（三）法国货物进出云南、广西边界应减轻税率。

（四）将来中国在滇、桂修筑铁路，应与法国商办。

（五）法国撤走在基隆、澎湖的军队。

另一方面，清政府还是对有功之臣论功行赏，加官晋爵。赴越前为六品主事的唐景崧，以功"赏花翎，赐号迦春巴图鲁（'巴图鲁'，满语'勇士'），晋二品秩，除福建台湾道"，后升为台湾布政使，光绪二十年（1894）署理台湾巡抚，在台湾史上留下了浓墨重彩的一笔。据旧《灌阳县志》记载，赴越前为七品州判的唐镜沅，以"克复交趾（越南）出力"，"保升三品衔，赏戴花翎，尽先补用知州"，历署广东崖州、佛冈、顺德、河源，尤其在崖州（今海南三亚）任上，被誉为一代名宦，留下许多美谈，流传至今。

而我的外高祖父唐镜澄，也在光绪乙酉年（1885）考取拔贡功名。据外高祖父的乙酉同年叶德辉（湖南大儒，与王先谦、王闿运同为湘学领袖，与王先谦合称"长沙王叶"，与王闿运合称"湘潭王叶"）为他书写的墓志铭可知，唐镜澄"投景营助剿边境数年，云贵总督岑毓英、两广总督张之洞合词上其功，以知县用"。他初回原省广西候缺，光绪十九年（1893），奉堂兄唐镜沅手书，再度追随族兄唐景崧去台，在台三年，历任台中厘金局总办、安平税关局长。甲午内渡后，历任湖南沣安、津市、芦林潭三地税务局长，通道、新化、醴陵三县知县，有政绩，士民爱戴，做到了两位兄长的期许，一如《曾国藩家书》中曾国藩对弟弟曾国荃的勉励："将来克复府城，自可保升太守……将来或可勉作循吏（清官），切实做几件施泽于民之事，门户之光也。"

值得一提的是，唐景崧的景字军，与日后的桂系军队有很深的渊源。

与张作霖齐名、号称"南陆北张"的旧桂系军阀陆荣廷，是广西武缘（后改为武鸣）人，原名陆亚宋，早年曾为盗贼。光绪十年（1884），他应募进景字军，入选锋营（敢死队），参加中法战争，作战勇敢。光绪十二年（1886），景字军被清廷裁撤，陆荣廷率众拿走一部分号衣和枪械，啸聚于中越边境，后被清廷招抚，从荣字营统领逐渐升到广西提督。

民国初年，陆荣廷成为广西都督，参加了讨袁战争，逐渐形成旧桂系，纵横两粤，威震南中国。1924年，桂系军队中一批军校出身的下级军官——李宗仁、黄绍竑、白崇禧等人联合起兵反陆，再驱逐沈鸿英，统一广西，统治广西二十余年，并对外扩张，逐鹿中原，世称"新桂系"。李宗仁一生都对陆荣廷心存敬意，在晚年的回忆录里仍然尊称陆荣廷为"陆老帅"。

唐景崧的族侄（唐镜澄之子）唐超寰，后来成为桂军的少校营长、中校参议、上校团长、少将局长，名列民国时期广西省一百位将级军官之一，颇受白崇禧器重。唐镜澄的孙婿唐真如（又名唐正作），则是李宗仁在第五战区和北平行辕的亲信，上校军衔，负责机要通讯。

第二部 甲午―台湾

第一章

此恨绵绵

中法战争的胜利、甲午战争的屈辱,在家族的传说里,似乎是永恒的。

2001年,读到了胡适先生这首《题唐景崧先生遗墨》,写于九一八事变之后的第二天:

南天民主国,回首一伤神。
黑虎今何在?黄龙亦已陈。
几枝无用笔,半打有心人。
毕竟天难补,滔滔四十春!

字里行间,满怀积郁,满腔悲愤。他的挚友,国学大师陈寅恪先生,读后也是"不知涕泪之何从也"。

七十年后,我的读后感,竟是一模一样。无他,都是源于家族的惨痛记忆。适之先生的父亲胡传(甲午时的台东直隶州知州),陈寅恪先生的舅父俞明震（甲午时的台湾布政使），当年都追随景崧公参加了甲午战争中的抗命保台。父辈那段孤立无援、悲壮惨烈的抗日保台史，对他们而言，一定也是国仇家恨，刻骨铭心。

  行见山河碎，谁怜一岛轻？
  失关悲虎将，积弱恨龙城。
  隐忍何如苦，沧桑不了情。
  至今思甲午，烽火照东京。

这是友人的一首诗。也是我的心情。

多少年了，只要一读到甲午-台湾那段历史，总会不自觉地悲愤难抑。当年经历了清廷割台、抗命保台、日本侵台、仓皇内渡的两位先祖，外高族祖唐景崧和外高祖父唐镜澄的那份屈辱、那份终生遗恨，通过血缘的传递，深深地铭刻在了我们这些后代子孙的心中。

这，也是我决定写这本书的原因之一。从后人的角度，回顾那段令中国人悲痛至今的历史，于正史之外，聊作补笔。

第二章

刘铭传的邀约

据说,台湾是唐景崧自己要求去的。

中法战争结束之后,唐景崧胜利归京。

等待他的,是慈禧太后与光绪皇帝的慰勉、朝廷上下的赞誉和仕途的升迁。

以他此时的声望和功勋,如果想去江南膏腴之地,或者毗邻家乡的富庶广东,应该都不是难事。

出乎所有人意料的是,唐景崧前往之地,竟是当时的化外之地——台湾。

当时的台湾孤悬海外,清廷并不积极治理,导致台湾在文化上还以部落文化为主,动乱频仍。在这种情况下,一般官吏当然不愿前往。

这个决定,还是出于唐景崧固有的一腔报国之心。

当时的中国,自鸦片战争以来,一直面临着海防的巨大挑战。光绪元年(1875),时任直隶总督兼北洋大臣的李鸿章,在洋洋万言的《筹议海防折》中已经指出了这一点:"历代备边,多在西北。……今则东南海疆万余里,各国通商传教,来往自如,麇集京师及各省腹地,阳托和好之名,阴怀吞噬之计,一国生事,诸国构煽,实为数千年未有之变局。"

有见识的士大夫如刘铭传和唐景崧,也看到了这一点。

刘铭传是安徽合肥人,世代为农,自幼勤学。据说,他少时登大潜山,尝曰"大丈夫当生有爵,死有谥"。加入李鸿章的淮军后,率领铭军,屡立战功,获武职一品爵。在中法战争中,以福建巡抚督办台湾军务,在沪尾(今台湾新北市淡水区)一战中建有首功。

据说,抗法归来的刘铭传和唐景崧,在官道上的一间客栈里不期而遇。他们一见如故,相谈甚欢,联袂北上。

刘铭传入京之后,再三呼吁将原属福建省的台湾道单独建省,以固海防。台湾建省之后,刘铭传成为首任巡抚,约请与他意气相投的唐景崧一同赴台,为国守疆。热血相投,英雄相惜,唐景崧当即决定,自请赴台任职。于是,在越南获"知兵"之名的唐景崧"晋二品秩,除福建台湾道",接替被刘铭传弹劾罢免的刘璈,执掌台湾兵备。

1887年5月,唐景崧正式到台任职,成为刘铭传治台的得力助手。

刘铭传在台期间,固防务、修铁路、办企业、兴教育,奠定了台湾近代化的基础。台湾史学家连横在《台湾通史》中赞曰:"溯其功业,足与台湾不朽。"他于1891年离任,由邵友濂接任巡抚,唐景崧则升任布政使。有清一代,每省的一把手巡抚和二把手布政使官阶平级,同时向中央负责。

1894年9月,邵友濂离任,唐景崧署理台湾巡抚。

1895年5月,《马关条约》签订,台湾被割让给日本。唐景崧不顾清廷割台内渡之令，抗命保台。据说，当时正在合肥老家的刘铭传悲愤至极，声言要回台湾陪唐景崧守炮台。急怒攻心之下，卧床不起，于次年一月二十四日溘然长逝。

世人谈到唐景崧与台湾，一般都是甲午保台那段历史，很少有人知道他对台湾建设的贡献。

唐景崧初到台湾时，当地文化大多还停留在部落文化的程度。他在台十年，办书院、兴科举、倡修路、访民间、劝农桑，做了不少造福民众的事情。

翰林出身的唐景崧，颇好文事。他在兵备道之外，还兼管学政，外出巡视途中发现有"东宁（台湾别名）才子"之称的丘逢甲《台湾竹枝词》百首，当即请丘来叙话，一席交谈之下，十分欣赏，收丘逢甲为拜帖弟子。

唐景崧主持当时台湾的最高学府——海东书院时，专门聘请了台湾籍进士施士洁主讲。丘逢甲之弟丘树甲，年方十四即获全台童子试榜首。唐景崧甚为欣赏，命丘氏兄弟皆入海东书院深造，并延请丘逢甲入幕佐治文书，提携之恩，一如恩师张之洞之于己身。丘逢甲后来回忆说，在恩师唐景崧那座藏书极富的万卷楼中，"于古今中外朝闻国政，及百家小说，无不览，亦无不记"。他们师徒之间，可谓惺惺相惜。有一次，唐景崧在酒宴上当着众宾客的面，赠丘逢甲一联："海上二百年，生此奇才；腹中十万卷，佐我未能。"

唐景崧在台南任兵备道时，修葺了道署内旧有的斐亭，组了"斐亭吟社"，自撰楹联，挂于亭柱之上。他个性豪爽，风雅好客，每逢佳日，喜邀僚属、士子、同好，于道署内作诗文酒会，张灯射虎，击鼓报猜，后集成《谜拾》。他赴台北任布政使后，常请当地名士来官署共吟，曾由海上运来数十盆牡丹，并给诗会取名"牡丹诗社"。

唐景崧在台期间，曾集历年之唱稿，录佳作十卷，命名为《诗畸》，也包括仕台同人及本省名士之佳作，如施士洁、丘逢甲、汪春源、林启东、黄宗鼎等人。还有收录了他本人及僚属平日吟咏唱和的《澄怀园唱和集》传世。

唐景崧还自任监督，拟修台湾通志，惜未成，甲午之役即爆发。

凡此种种，带动了当时相对落后的台湾的文风，可以说，功莫大焉。

第三章

外高祖父唐镜澄赴台理财，
高山族的吴氏夫人

光绪十九年（1893），在灌阳老家等待候补知县的唐镜澄，收到了在广东做知州的堂兄唐镜沅的来信，嘱他前往唐景崧任布政使的台湾效力。

到台湾之后，唐镜澄被唐景崧先后委任为台中厘金局总办和安平税关局长。

厘金，又叫"厘捐"或"厘金税"，是清政府对通过国内水陆要道的货物设立关卡征收的一种捐税。

安平，全称为台南府安平县，是早期台湾历史发展的起点，也是台湾最早对外开放贸易之地。安平的历史，也是台湾历史的缩影。16世纪中叶以后，安平以"大员"为名，首先成为东西方贸易汇合的地点。1662年，郑成功赶走荷兰人，将"大员"改为"安平"，作为郑氏时期的行政中心和经济中枢，同时持续作为对外贸易的港口。1684年，康熙收复台湾，安平成为台湾与大陆的贸易港口。1858年，清政府被迫与英、美、法签订《天津条约》，安平成为台湾对外开放的通商口岸之一。

唐镜澄出任税关局长时的安平，正是台湾最大港口，洋行林立，是台湾关税的重要来源。唐景崧让他出任这一位置，既是委以重任，也承担了一定的风险。如果唐镜澄表现好，可以说是"内举不避亲"；如果表现不好，就难免招致"用人唯亲"的恶评了。

唐镜澄没有让唐景崧失望。他刚正不阿，居官俭约，推诚待人，廉洁奉公，一如他后来在湖南津市税务局任上自撰的一副对联：

为国理财　要识国家宽大意
取民有制　应消民众怨尤声

这种极具儒家士人风范的凛然正气、忠贞报国心，可以说是唐家的家风，世代传承：读书，报国，为民尽力，为国尽忠。

我的表叔公沈德谦在20世纪80年代曾听他的母亲唐松贞和舅舅唐超寰谈起，他的外祖父唐镜澄当年在台中纳高山族邹人福山部落吴姓酋长之女吴寿仙为妾，也就是沈德谦的外祖母。高山族女子都比较漂亮，其中部分人有荷兰人的血统。四百年前，荷兰人来到台湾，与这里的山民大量通婚，带来了日耳曼部落群西支的弗里斯人的血统。

邹人为台湾高山族部落的一支，后因生活习惯及适应狩猎环境，才逐渐移入深山。

根据我们的家谱记载，外公唐肇华的这位庶祖母，他小时候印象很深的"台湾奶奶"，出自台湾富家，生有四子三女。她生于光绪五年(1879),十五岁嫁给外高祖父,十六岁随夫内渡,民国二十四年(1935)去世,在大陆生活了整整四十年。

据吴氏夫人的亲孙女、我年近九十的堂姑婆唐见仁回忆,她祖母出身富豪之家,十几岁时就女扮男装管理家族的财务,直到出嫁。见仁姑婆记得,她小时候,祖母的规矩很多,她们这些孩子在饭桌上坐哪个位置,都要由祖母分配,虽然每人都有一个丫头服侍,也必须自己盛饭,而且不能过河(桌子的半界线)夹菜,只能吃祖母分给的菜。见仁姑婆的母亲作为媳妇,必须给婆婆舀饭。

据吴氏夫人最小的女儿、我的满太姑婆唐松贞生前说,她的母亲会说两种话,一种是高山族的话,一种是汉话,但文市老家的人都听不懂这两种话,必须依靠也会说这种汉话的她来翻译。满太姑婆记得,她母亲会用英文记一些事情,还教她算学,教她认字,尽管每个字的读音都和灌阳话不一样。还说,她母亲有两个哥哥,都在打仗时死了。

据此,满太姑婆的长子、我的表叔公沈德谦认为,他的外祖母吴寿仙说的汉话,应该是台湾通行的闽南话,因当时的台湾汉族人多为随同郑家父子移民的福建人后代,"国语"(普通话)则是20世纪50年代才开始推广的。他的外祖父唐镜澄,应该在台湾学会了闽南话,否则夫妻之间完全无法交流。而吴寿仙具备闽南话、算学、汉字、英文(可能是用拉丁字母拼写的高山族文字)记事这几项本事,两个哥哥又战死了,因此她出身富豪之家、女扮男装管理家族财务的说法,应该是可信的。

那么,吴寿仙的父亲、高山族邹人福山部落的吴姓酋长,如何会是富豪呢?

沈德谦为此认真地研究了台湾的历史。

早在荷兰人到达台湾之前，大海盗郑芝龙就已以闽南和台湾作为他的海盗基地和贸易基地，从闽南老家带大批移民去台湾。

虽然明朝因其难以剿灭，封其为福建总兵，郑芝龙还是继续当东亚海域第一大海盗兼海商，与荷兰人和西班牙人在海上打来打去，最后失败，被荷兰人占领了台湾。

郑芝龙之子郑成功，因长期接受明朝教育，具有强烈的国家民族观念，拒绝如其父一般降清，在福建抗清失败后，带领大批福建军民进攻台湾，赶走了荷兰人。直到清康熙年间，他的孙子郑克塽在施琅攻台后投降，郑氏才结束在台湾的统治。

沈德谦认为，无论是荷兰人，还是郑氏在台，都以海上贸易为主要经济支柱，必然要拉拢高山族上层，分一杯羹，而距离阿里山触口最近的福山部落吴氏家族，必然几代人都参与其中。清朝收复台湾后，对于台湾部落首领之一的吴氏家族，也必然采取拉拢的政策。作为时任台湾布政使的族弟加亲信，唐镜澄纳高山族上层女子为妾，也是以结亲来交好的一种反映。

查考高山族邹人资料，福山部落位于台中嘉义县阿里山乡，海拔1300—1500米，被包围在群山绿意之中，至今保持着一份与世隔绝的宁静。台湾民歌《阿里山的姑娘》，指的正是阿里山的邹人。

当年才十五岁的邹人姑娘吴寿仙，从福山部落嫁到外高祖父的台中厘金局衙门，还跟着他一起逃难、渡海，回到灌阳文市镇田心村唐家的深宅大院，住了四十年，直至1935年去世，葬在田心村。这样的经历，似电影，更是传奇。我这位外高庶祖母，绝非寻常女子。她应

吴寿仙的外孙媳赵筱玲在福山部落首领夫妇的雕像前

该很勇敢,也很信服外高祖父吧!据说,外高祖父去世后,主持家族事务的吴氏夫人,一直按照他生前的做法行事,甚至很长一段时间在餐桌上保留他的座位、碗筷。她也很会处事,对外高祖父的嫡妻夫人(我的外高祖母范氏)非常尊重,早晚都会去请安,报告家务。长年吃斋念佛的外高祖母,很少对她表示不同意见,彼此相处甚好。

沈德谦偕同夫人赵筱玲2013年去台湾旅游时,特地去台中寻访外祖母的娘家。他们到了阿里山触口,但因种种原因,无法进入福山部落。当时遇到的阿里山茶道服务员,正巧是福山部落的吴姓姑娘,说这里之所以叫触口,因为这是以前和山外交换东西的地方,福山部落就在触口西北二十多里,现在的部落首领还是姓吴。

值得一提的是,吴氏夫人的娘家福山部落,在乙未年还曾英勇抗击日军入侵。沈德谦夫妇在触口还看到了福山部落为当年带领他们抗日的首领夫妇所建的塑像。

第四章

保台的准备

1894年,中日甲午战争爆发。

随着战局的日益恶化,清廷开始准备台湾的防务。时任台湾布政使的唐景崧,奉旨协助当时的台湾巡抚邵友濂,帮办防务。清廷以台湾为东南重镇,命广东南澳镇总兵刘永福率兵至台防守。八月,唐景崧与到达的刘永福商议军事。

九月,邵友濂内调,改任湖南巡抚。唐景崧临危受命,署理台湾巡抚。

有"知兵"之名的唐景崧,对于台湾的防务,是有比较清醒的认识的。早在1891年任台湾布政使时,他就已上奏,"查倭人虽鸱张于北,而志不忘台;六月以来,时有倭轮游弋测水。故台湾设防,与临敌同"。

署理巡抚后,唐景崧在第二天就致电清廷,要求"招募健儿,编伍在乡,不支公帑,有事择调,再给粮饷",积极备战。台湾籍进士、前工部主事丘逢甲,奉恩师(唐景崧)之命,全权主办全台义勇(团练)事宜。仅仅台湾府一府四县,就已有一万四千人报名,编成了二十六营。

对于全台防务,唐景崧作了"三路分守"的布置。他认为,"台湾逼近闽、粤、江、浙,为南洋第一要害。……欲固南洋,必先保台",否则南洋无法安枕。

为此,他作了一切的准备。

前任巡抚邵友濂,原先安排以杨岐珍统领基隆、沪尾各军,以刘永福径赴台南,并调总兵廖得胜、副将佘致廷率兵赴台北守备。唐景崧接任后,对其进行了调整,以廖得胜统领沪尾诸营,佘致廷带三营副之,委派知府朱上泮带四营助守澎湖,而刘永福部仍往台南。唐景崧认为,刘永福仅带两营,难以布防,不如派人回广东,增募四营。

对此,时任闽浙总督谭钟麟评价说:"布置防营似尚周密。"

对于台湾门户——澎湖列岛的防卫,唐景崧认为,从来争台者,必首争澎,如果我方能保澎,则"敌难寄碇,游行海面,势不能长困孤台"。为此,他调朱上泮部往澎湖,以增强防御力量,并募炮队前往协防,又开水旱雷一营,择要分置,还着手抢运粮饷、军装,同时计划筹设电报,购买电线,以便从速调度指挥。

唐景崧的周密布防,不久即见成效。

1895年3月,日本陆海军万人进攻澎湖,兵力超过清军一倍有余,而死伤竟然超过清军数倍。

甲午黄海一战,北洋水师全军覆没。

1895年4月17日,李鸿章代表清政府与日方签订了丧权辱国的《马关条约》。除赔款两亿三千万两,还将台湾全岛、所有附属各岛屿及澎湖列岛割让给了对台湾的地理战略位置和丰富资源觊觎已久的日本。

在此前后，作为台湾巡抚的唐景崧，接连二十多次上奏，坚决反对割台。

他指出，"北辽、南台，二者失一，我均无以立国；外洋谁不生心，宇内亦必解体。……委香港与英，乃小岛耳，贻害已甚，况咽喉肩背之地？""未失而予人，此端一开，各国援以索地，是不动兵而可裂我疆宇，恐大变即在目前。……今一割地，以后欺凌艰苦之事惟皇上一人当之，诸臣不复见矣。"

他甚至责问："揆今时势，全局犹盛，尚属有为，何至悉如所索？"

俄、法、德三国干涉还辽开始后，唐景崧再次强调："战而失与割而失，大有不同，况战未必即失耶？""侵占之地可以让还，岂有完善之区凭空割弃……"

他慷慨陈词："兹据绅民血书呈称：'万民誓不服倭，割亦死，拒亦死，宁先死于"乱民"手，不愿死倭人手！'现闻各国阻援换约，皇太后、皇上及众廷臣倘不乘此将割地一条删除，则是安心弃我台民。台民已矣，朝廷失人心，何以治天下！……务求废约，请诸国公议，派兵轮相助；并求皇上以慰众志，而遏乱萌。迫切万分，呼号待命。"

清廷割台的决定，本可卸去唐景崧的守土重任。如果从个人利害着眼，他大可置身事外。然而，他七谏清廷，表示"台湾属倭，万众不服"："朝廷欲割台湾，臣不敢奉诏。臣身为台抚，职在守土保民，岂能将台湾要地，拱手让敌？今若割台，臣本可卸去重担，保全性命，源本有利无害……然大局利害相关，台民群情悲愤。臣天良未泯，甘蹈危机，万死不悔！倭人如攻台湾，景崧唯有干戈抵御，战事生死以之！"

"甘蹈危机，万死不悔"，这份爱国之心、勇气、担当，一如他在中法战争前的请缨出关。如此言之，亦如此行之，才会有石破天惊，以区区一岛，孤立无援，仍然决心独自抗日保台的"台湾民主国"吧！虽然，短暂而惨烈。

第五章

反对割台

《马关条约》公布之后，全台哗然。台湾民众如午夜暴闻惊雷，奔走相告，聚于市中，夜以继日，哭声达于四野。

丘逢甲写下血书："抗倭守土。"他率领台湾绅民，联名致电清廷，表示"桑梓之地，义与存亡，愿与抚臣（指唐景崧）誓死守御"。

台湾在籍官员、地方士绅，齐集巡抚衙门，要求仿辽东归还先例，加赔三千万两银子，赎回台湾。以林维源为首的士绅，愿意毁家纾难，捐资赎台。

在京的台湾安平县举人汪春源、嘉义县举人罗秀惠、淡水县举人黄宗鼎等齐集都察院，要求代奏呈文："今闻朝廷割弃台地以与倭人，数千百万生灵皆北向恸哭……纵使倭人胁以兵力，而全台赤子誓不与倭人俱生，势必强勉支持，至矢亡援绝，数千百万生灵尽归糜烂而后已。……与其生为降虏，不如死为义民。"

以刑部主事被唐景崧奏调为台湾布政使的俞明震也再三电陈吁恳，哀告清廷收回割台成命。光绪帝师翁同龢在日记中写道："得台湾门人俞明震、丘逢甲电,字字血泪,使我无面目立于人世矣!"

就这样,以唐景崧为首的驻台爱国官员和以丘逢甲为首的台湾本地绅民,在清廷割台、国土沦亡的危急关头,决心联合起来,保卫台湾。

为了保台,唐景崧多番尝试,煞费苦心。

他上奏清廷,要求号召海内豪杰,无论是海寇还是马贼,只要能夺回一处失地,便予以赏爵,兼世守其土,如能捐输枪械,助人立功,也给予同等赏爵。为此,他亲自会见了渡海而来的广东会党首领,听取他们的制敌对策。他向清廷报告说:"此辈远胜新募军。……东计迟且危,不如用此辈北上,速且稳。……用此等人行此等事,难拘文法……但苟利国家,不敢不陈。"

然而,清廷此时已决心抛弃台湾,以保自身。

清廷来电训斥唐景崧,"台湾虽重,比起京师则台为轻。倘敌人乘胜直攻大沽,则京师危在旦夕。又台湾孤悬海外,终久不能据守……不可因一时义愤,遂忘以前所陈种种患害于不顾也",要他"出示劝令全台绅民,勿得逞忿一时,……致碍大局"。

很明显,清廷弃台,已无法挽回。

不得已,唐景崧退而求其次。

他上奏清廷,主张联络各国,将台湾租界化。他认为,台湾多煤,基隆和宜兰的金矿也多,如果将台湾许给各国为租界,各国各认地段开矿,我方收税,利益均沾,台湾将会更加繁盛。有烟台、上海的例子,各国租界商本萃集,也会互禁侵扰。

获悉法国愿意阻日割台的外交信息后,他致电总署,要求设法

"密约法使,迅速派轮来台会商"。然后,他在台湾和乘舰前来的法国军官德而尼会谈,看能否由法国出面保护台湾自主。

唐景崧的这一思路,来自一直提携他的恩师张之洞。

1895年2月,张之洞就曾向清廷进言,"向英借款二三千万,以台湾作保。台湾即以保借款,英必不肯任倭人盗踞,英必自以兵轮保卫台湾,台防可缓"。

驻台的德国领事,听说法国有意保台后,不甘让法国独占鳌头,也主动与唐景崧"探商"。

然而,法国和德国其实各有自己的算盘。他们不愿冒与日本开战的危险,最终借口中日新约已经批准,收回了"保台"的许诺。

指望外国保台的幻想,就此破灭。

第六章

被迫自行保台

为了保台，唐景崧千方百计地筹饷、募兵。

时任安平税关局长的唐镜澄，这时也应召来到他的身边，作为他最亲信的幕僚，管军饷，管钱粮，再现越南时期的兄弟同心，为国协力。

户部拨付台湾的防费，不足以增添防兵，在"借洋债无应"的情况下，唐景崧着手向台湾绅良借内债。为应急计，还与元丰顺洋商商议，以关税作抵，借镑银三百万两，十年本息摊还。台防经费因而得以暂时弥补。

为增强台湾抗日的实力，唐景崧多次要求清廷为台补充军火。1895年4月1日，他"乞旨饬下粤督，拣可用后膛枪拨台五千杆，配足子弹，毛瑟弹另拨三百万粒，火药十万磅，交知州唐镜沅设法解运"。这是远在广东任知州的唐镜沅在甲午保台中的贡献之一。

唐景崧还多次电商张之洞，要求将广东的十万支旧枪统一付台。几经交涉，争取到两万支。武器在当时十分紧缺，台民因而士气大涨，

"赶增土勇二十余营,愿杀贼者群起;惜械无多,难尽收用"。

唐景崧还电称,"现招粤中义士骁将集万人,有自备船械者,拟由粤用渔船航海夺澎。……利钝不可知,而义愤之气可用,……到澎必战。请示进止"。然清政府以"和议已定"为辞,电令"奉旨止令勿发",攻澎未果。

"粤中义士"吴国华,出自唐镜沅的推荐。

1894年11月,在广东的唐镜沅已预见日本终将攻台,密电唐景崧,"访得有一大侠,将来可令多带兵,可以往攻日本,其手下义士骁将极多"。吴国华来台之后,唐景崧即令其回粤招募兵勇,防卫台湾。不过,后来才发现,吴国华貌似神勇,其实徒有其表。

《马关条约》签订后,唐景崧于1895年5月10日上奏:"请旨饬户部速拨饷二百万两,以备急需……台将亡矣,赏畀此款,藉慰万民悲愤之忱!二百年养育天恩,亦遂从此尽!"

在这封电报中,唐景崧对于清政府抛弃台湾,弱小孤岛即将任人宰割的满腔悲愤,跃然纸上,可谓字字泣血。

次日,自知理亏的清政府,"电谕张之洞先行筹拨五十万两,陆续解往应用"。

唐景崧为台湾争取到的这最后一笔中央拨款,后来成为台湾抗日初期的物资保障。

1895年5月11日,日本政府任命对台研究十余年,志在必得的海军军令部部长桦山资纪为台湾总督兼军务司令官,率领精锐部队近卫师团约一万五千人和海军常备舰队十一艘军舰,向台湾扑来。

台湾危在旦夕。

5月15日，丘逢甲率台湾士绅与唐景崧密谈，其后发表《台民布告》，语极悲壮：

> 窃我台湾隶大清版图二百余年……日本要索台湾，竟有割台之款……虽经唐抚帅（唐景崧）电奏迭争，并请代台绅民两次电奏，恳求改约……无如势难挽回。绅民复乞援于英国，英泥局外之例，置之不理。又求唐抚帅电奏，恳由总理各国事务衙门商请俄、法、德三大国并阻割台，均无成议。呜呼！惨矣！……今已无天可吁，无人肯援。台民惟有自主，推拥贤者，权摄台政。事平之后，当再请命中朝，作何办理……台民不幸至此，义愤之伦，谅必慨为佽助，泄敷天之恨，救孤岛之危……因此槌胸泣血，万众一心，誓同死守。倘中国豪杰及海外各国能哀怜之，慨然相助，此则全台百万生灵所痛哭待命者也。特此布告中外知之。

5月18日，清政府派李鸿章之子李经方为割台特使，前往台湾办理交割事宜，并谕令"署台湾巡抚布政使唐景崧，著即开缺来京陛见。其台省大小文武各员，并著饬令陆续内渡"。

消息传来，台民大愤。丘逢甲亲笔写下了"通缉令"，贴满台湾街头："李鸿章无廉无耻，军机大臣孙毓汶朋比为奸，出卖台湾。今后，无论李鸿章、孙毓汶其本身，其子孙，其叔伯、兄弟、子侄，我百姓遇之当各出一丁，持快枪一杆、利刀一柄，将其悉数歼除！"

好笑的是，李经方到台之后，为此竟不敢上岸，在海面舰船之上，以指认交割的方式，签名画押，代表清廷向日本交割台湾。

5月19日,一艘法国巡洋舰抵达基隆。法国军官在21日拜访唐景崧时表示,如果是为清政府取回土地,相当困难;如果是为台湾保护人民,则比较容易。

在此鼓舞下,5月21日,台湾官绅在台北筹防局(原钦差行台,邻近台湾巡抚衙门)开会,决定采纳陈季同之前根据《万国公法》中"民不服某国,可自立民主"之条提出的一个方案:"民政独立,遥奉正朔,抗拒敌人",成立"民主国",推唐景崧为"民主国总统",丘逢甲为"副总统"。

第七章

唐镜澄留下的独家史料：台湾官绅会议记录

有关这次决定成立"台湾民主国"的台湾官绅会议，并未有议事录之类的历史文献保存下来，因为巡抚衙门后来遭乱兵抢劫、纵火，资料消失殆尽。万幸的是，作为唐景崧的族弟和亲信幕僚，唐镜澄回到大陆之后，在私人笔记中留下了关于这次会议的记载。唐镜澄之子、曾读过亡父生前笔记的唐超寰，在晚年对他的妹夫沈明燧和外甥沈德谦谈到了这些记载。

根据唐镜澄的记载，这次官绅会议开了两天一夜，也争论了两天一夜。唐景崧对于抗倭保台的态度是坚决的，对于台湾"立国"却是疑虑重重。参加会议的官绅，对于以何种名义"立国"，也有三种不同的意见。一派以陈季同、丘逢甲为代表，主张采用"台湾共和国"的国名，采用美、法的总统制。俞明震也是这一派的支持者。另一派则是以刘永福等黑旗军将领为首，还有台湾首富林维源等地方士绅和台湾"山民"（高山族）支持，主张成立"台湾国"或"台湾王国"，拥立唐景崧为"台湾王"。其余更多中下层官员的想法则是:"立什么国?先打赢了倭寇再说,打不赢,什么都是没有用的。"这种想法,也暗合唐景崧本人的想法。

三派意见,盎盂相敲,莫衷一是。唐景崧大为头疼,干脆躲进巡抚衙门的后堂,避不见人。而唐镜澄感到战争已迫在眉睫,不能再争下去了,于是主动奔走于前厅和后堂之间,传达、转述、协调各方意见(以他和唐景崧的关系,可随便出入后堂)。根据陈季同的看法,"暂时的'独立建国',可以使倭寇无法迁怒于朝廷",加之当时的世界大势是普遍实行民主议会制度,无论是君主立宪,还是共和国,皆是民主议会制,唐镜澄建议以"台湾民主国"之名来调和,既不是"王国"又不是"共和国"。唐景崧表示同意,然后所有的人也基本接受了"台湾民主国"这个"国名"。

大的争议解决之后,唐景崧便和大家一起讨论了"国旗"和"年号",并提出开"国"大典时要向北方行"三跪九叩"之礼,也得到了大多数人的赞同。随后的"人事任命"却出了一个小问题。大家公推本地士绅林维源为"议会议长",但林维源坚决不肯接受,认为"民选议员,闻所未闻,乃谬妄也"!一直拒绝任职。

作为历史当事人的唐镜澄的这些记载,虽是一家之言,但无疑是关于那段历史的第一手珍贵史料。唐超寰在他生前所写的文史资料中对此有详细记录。这些文史资料,当年是写后即上交,没有副本。研究这段历史的学者,如有热心探索究竟,或可设法联络有关部门,取得这一史料,尽力还原这段历史。

大英博物馆馆藏的晚清中国时事画《台湾官绅会议不允割地》,也对这次会议作了生动描绘。

会议结束后的5月23日,丘逢甲等人以全体台湾民众的名义发布《"台湾民主国"独立宣言》:

>"台湾民主国"独立宣言
>
>照得日本欺凌中国,索台湾一岛,台民两次电奏,势难挽回。知倭奴不日即将攻入。
>
>吾等如甘受,则吾土吾乡归夷狄所有。如不甘受,防备不足故,断难长期持续。屡与列强折冲,无人肯援,台民惟有自主。
>
>台民愿人人战死而失台,决不愿拱手而让台。台民公议自立为"民主之国"。决定"国务"由"公民"公选"官吏"营运。为达此计划且抵抗倭奴侵略。"新政府机构中枢"必须有人主持,确保乡里和平。凤敬仰巡抚承宣布政使唐景崧,会议决定推举为"台湾民主国总统"。
>
>初二日公同刊刻印信,全台湾绅民上呈。当日拂晓,士农工商公集筹防局,开始严肃此壮举。
>
>乞勿迟误!
>
> 以全台之民布告之

5月25日,台湾绅民数千人,以鼓吹队为先导,高举蓝地黄虎旗,来到抚署,将"总统印"授予唐景崧。唐景崧穿朝服出署,望阙九叩首,然后北面"受任",大哭而入。他此时的心情,当然是百感交集。自幼受儒家忠君爱国教育的他,事到如今,除了在此非常之时行此非常之事,已无他途可保台。

炮台升虎旗，开炮二十一响，宣告"台湾民主国"正式成立。

改"年号"为"永清"（意即永属大清）。

以台北为"首都"。巡抚衙门改为"总统府"。

任命丘逢甲为"副总统兼团练使"，刘永福为"大将军"。在台北设"议院"，以林维源为"议长"，设"军务""内务""外务"三部，以李秉瑞为"军务衙门督办"，俞明震为"内务衙门督办"，陈季同为"外务衙门督办"。重新任命官员，以补内渡官员之缺。在防御方面，建立"正规军"与义军联合体制。

当日，唐景崧致电清廷，"今之自主，为拒倭计，免其向中国饶舌。如有机，自仍归中国"，表示此为权宜之计，并说明建"国号"，以及任"总统"的原因："伏思倭人不日到台，台民必拒，若炮台仍用龙旗开仗，恐为倭人藉口，牵涉中国，不得已暂允视事。"

第八章

恭奉正朔、无异中土的"台湾民主国"

"台湾民主国",是在清政府将台湾拱手让与日本,日本军队即将侵占台湾的危急关头,由唐景崧、丘逢甲、刘永福、俞明震等爱国人士为抗日保台而建立的一个临时政权,是在不得已的情况下采取的一项应急措施,与"台独"绝非一途。

作为历史当事人之一的台东直隶州知州胡传,在其子胡适后来为之整理的《台湾日记》中有如下记载:

> 初三日,奉抚台唐(唐景崧)批,始见和议已成,台地已割明文,而抚台欲设法坚守,不肯交地,始有确信也。……
>
> 初四日,得江辛孜二十七日信,始知抚台唐初拟约西洋各国保台,各国不允;又为绅士所逼,请共坚守,又恐碍和局,乃援外洋例,改为"民主国",换挂虎旗矣。……
>
> 十八日,……台北改布政使司为"内政衙门"。……抚台于外洋各国称"台湾民主国大总统",而于本省文武属员仍照衔相称。

"台湾民主国"定"年号"为"永清",制"国旗"为仿清朝青龙旗,都表示出心连大陆,永为中国人。

"台湾民主国"成立的第二天,唐景崧就以"总统"名义发布告称:

> 日本欺凌中国,大肆要求。此次马关议款,于赔偿兵费之外,复索台湾一岛。台民忠义,不肯俯首事仇,……公议自立为"民主之国"……一切"新政",应即先立"议院",公举"议员"。详定"律例章程"……惟是台湾疆土,荷大清经营缔造二百余年,今须自主为"国",感念列圣旧恩,仍应恭奉正朔,遥作屏藩,气脉相通,无异中土。……

对于唐景崧为保台而不得已"自立建国"之举,同为封疆大吏的一些督抚们暗中表示了理解甚至支持。

前任两江总督、甲午年被授予钦差大臣的刘坤一致函唐景崧,"愿振臂一呼,远为同声之应……但属力所能至,无不尽力勉为",并派幕僚易顺鼎持函渡台,转达支持之意。

唐景崧的恩师、时任两江总督兼南洋大臣的张之洞助力最大。

《马关条约》签订后,张之洞认为,"台民果能坚守,自有办法。台自能守,倭岂能责我?"他不顾朝廷禁令,资助台湾枪支、子弹、军饷若干。

"台湾民主国"成立之后,张之洞为此致电清廷:"唐现在办法洵属无可奈何之苦心,事成则国家受其利,不成则该抚身受其害,谅蒙圣明鉴察。倘能支持数月，倭气已沮，当可与倭商赎台之法，台若赎回，所值甚多。"

当时的中国第一大报《申报》也表示了支持。

6月6日，《申报》在第一版刊出题为"论台湾终不为倭人所有"的专论："台民义愤，誓不臣倭，全台之人同心协力，布告各国，拥立唐薇卿中丞为'民主'，已进'台湾民主国'之章，俨然海外扶余，别开世界，亦倭人梦想所不到者也。"

6月10日，《申报》照录唐景崧发布的立"国"布告，称其"心存报国，不忍轻弃台民"，台民亦"誓死以殉，不愿归倭奴管辖"，因之举义旗成立"民主国"。

《申报》认为，唐景崧未奉诏内渡，是不愿以土地让人，可谓"中国之忠臣"；台民拥立"民主国"，是不欲为日本人之臣民，堪称"中国之义民"，足以"张中国之威，而奋士民之气"。

5月24日，《"台湾民主国"独立宣言》被译成外国语并送至各国驻台领事馆。然而，无一国予以承认。

清廷更是禁止大陆各省资助台湾。

台湾的处境，可以说是内外交困，孤立无援。

毋庸讳言，不同于越南时期只领一军，毕竟是文人出身，从未有过统率全军经验的唐景崧，在保台上也犯了不少错误。

作为唐景崧的亲信，全程参与了甲午保台的唐镜澄，对于唐景崧在保台上的一些不足，在笔记里有如下记载："抚帅（唐景崧）实乃谦谦君子，待人宽厚，治军不严，当断不断，且于行伍之事不甚了然。"唐镜澄认为，除了缺乏经费、武器、外援，台湾官绅集团内部思想也不统一，各有各的打算，甚至还有给倭寇通风报信的。在军队方面则缺乏一位统领全军、统一谋划指挥的大将，虽有唐景崧自己掌握的清军、刘永福的黑旗军、林朝栋的栋军、丘逢甲组建的义军，但是几支军队缺乏统一指挥和协调，各打各的，也各败各的，导致了抗倭保台的最后失败。

"台湾民主国"成立之后，唐景崧将从广东募来的粤勇并入清军。他又下令，"文武官员兵勇等，有内渡大陆者听便"。一时间，道、府、县各官相继纳印内渡，造成地方行政无人负责的半瘫痪状态。一些有战斗力的部队，如淮军宿将杨岐珍的五个营、台南镇总兵万国本的四个营，也任其全部内渡，对台湾防务造成不可弥补的损伤。

清军中的桂籍、豫籍、粤籍、湘籍兵勇，纠纷龃龉四起，还发生了豫籍兵勇趁机劫掠台北商家的事件。这说明，唐景崧事先考虑不周。招募而来的兵勇只是为钱财而战，没有重赏，不会出力，反而会反水甚至抢劫。

日本派来攻台的，却是一支由桦山资纪、乃木希典这样的将军率领的难以战胜的军队。日军强攻基隆港时，台湾守军分隶统领六七人，无统一指挥，各不相助，基隆随即失陷。

已经五日五夜不曾合眼的唐景崧得报，急忙派营守八堵、狮球岭。

6月4日，前线溃败的士兵蜂拥入城，四处奸淫掳掠，全城陷入混乱。河北土匪出身的败将李文魁带领士兵趁机哄抢库银，火烧"总统"府（原巡抚衙门）。当夜，唐景崧与唐镜澄被迫易装携眷，在亲兵的护卫下，从后门逃出，行至沪尾，6月6日搭乘德国船鸭打号内渡厦门。

唐景崧与唐镜澄余生对此耿耿于怀。十年前在越南战胜法国军队时何等意气风发的他们，怎么也想不到，十年之后，竟会成为日本人的手下败将，以如此屈辱的方式，离开这个他们曾经付出无数心血和汗水，一心想为国家保住的宝岛，而且，还要背负"逃跑"的骂名，为此郁郁而终。

谁为为之，孰令听之？弱国无外交，清政府的无能，与日本在工业上的差距导致的实力悬殊，造成了台湾的失守、国土的沦丧。虽然，他们已经竭尽全力，以建立"台湾民主国"的非常之举，去抗争清政府的丧权辱国，力图保全中华版图，却仍然是回天无力。想来，他们当日那份心情，就像丘逢甲内渡时的题诗，"宰相有权能割地，孤臣无力可回天，扁舟去作鸱夷子，回首河山意黯然"，以及"台湾民主国内务大臣"、终生感念唐景崧知遇之恩的俞明震所描绘的那样，"天不佑中国，无可奈何！……此恨千古！"

6月7日，日军先头部队八十人，由辜显荣引导开入台北。

丘逢甲闻唐景崧离台，眼见胜利无望，遂携妻儿内渡。

唐景崧离台后，台湾的军队由刘永福领导，继续抗日。日军南犯，10月9日攻陷嘉义。刘永福退守台南，见大势已去，也带家属乘渡英轮离台。

至此，唐景崧、丘逢甲、刘永福主导的这段悲壮的甲午抗日保台史，无奈地画上了句号。

第九章

内渡之后：永远的台湾情

当政的慈禧太后，深知唐景崧的为人和抗命保台的苦心，在他内渡之后，并未降罪，而是从轻处理，仅夺官并命其休致返乡。然而，舆论总是以成败论英雄，墙倒众人推。根据唐镜澄的笔记，他们一路行来，备遭冷遇、指责，只有张之洞依然待唐景崧如故，赠送十万两银票，另送现银五百两作为回桂盘缠。

作为当事人的唐镜澄的这一记载，说明了唐景崧内渡后的财务窘迫，也是对所谓"携巨款逃跑"的有力驳斥。所谓"巨款"，其实是唐景崧内渡后上缴的台湾所余库银，在张之洞上奏中亦有明确记载："唐景崧派员开送清单，并将该署抚由台带回之台湾另款银四万九千八百两，系德记利士洋行银票一纸，一并缴还到臣。"

幸得张之洞这十万赠银，唐景崧才得以在桂林榕湖边建五美堂养老。闲来无事，种菜、写诗文自娱之余，他创立了桂剧。位于桂北的老家灌阳，毗邻湖南，语言与湖南话相近，地方戏与湖南南部的祁剧也颇为相似。唐景崧从小就熟悉这些戏剧，当京官时又常听京剧，便仿照在京城看京戏的样式,在五美堂建戏台、搭戏棚,办起名为"桂林春班"的戏班。他将桂北的地方戏和皮黄腔系相融合,定曲牌,谱乐曲,用桂林话演唱。他还亲自编写、修改戏曲剧本,在表演、唱腔、化装等方面都进行新的尝试,自己也粉墨登场吹拉弹唱。这种融南北戏剧特点为一炉的新剧种,他命名为"桂剧"。他还培养了一批桂剧演员,编撰了四十多部曲剧,其中以红楼梦题材的影响最大。

在桂林,唐景崧也开始投身文化教育,担任桂山书院和榕湖书院的山长(校长),参与筹办清末广西第一所中西教育兼授的新式学堂——体用学堂(以张之洞的"中学为体,西学为用"的办学主张命名),并担任中学总教习(校长),在授课中,联系自己在中法战争和甲午战争中的经历激励学生。他最出名的几个学生——马君武、邓家彦、靳永芳(台儿庄空战烈士何信之母),都深受他影响,一样的热血、爱国,后来都成为同盟会会员。马君武曾回忆说,"唐薇卿先生是我的恩师。我第一次见到他,就在五美堂后面的菜地里"。

1897年,唐景崧与来桂林讲学的康有为合办"圣学会",支持维新变法。

当时,唐景崧常请与他交好的岑春煊和康有为一起来五美堂看戏。康有为曾以"谁识看花皆是泪,雄心岂忍白他人"的诗句,对甲午时竭力保台,兵乱中不得已仓皇内渡的唐景崧表示理解、同情。他们在吟诗看戏之外,有过深入的交谈。

戊戌变法失败后,康有为流亡海外。与唐景崧有姻亲关系的谭嗣同(谭嗣同的二姐谭嗣淑正是唐景崧胞弟唐景葑之妻)壮烈成仁,其挚友唐才常东渡日本,与康有为会晤,立志为谭嗣同复仇。1899年冬唐才常回国，次年在上海组织正气会（后改名自立会）。

1900年庚子之乱，康有为准备发动"庚子勤王"，计划将两广作为基地，组织勤王大军北上，解救被囚禁的光绪皇帝。康有为希望唐景崧领导两广勤王，秘密通信不断。作为唐景崧的族弟和亲信，唐镜澄颇涉其中。根据他的笔记，唐才常按照康有为与唐景崧的约定，派代表沈荩通过唐镜澄找到唐景崧，两人相谈甚欢。沈荩对唐景崧极为恭敬，唐景崧对年轻有为的沈荩也极为欣赏喜爱。唐镜澄奉唐景崧之命，向沈荩介绍了他们秘密收编的全州、灌阳一带江湖武装的详细情况。唐才常后来在汉口起事失败，勤王之事因而不了了之。

1903年，唐景崧辞世，享年六十三岁。

根据唐镜澄的笔记，与唐景崧交好的支持变法的湖南巡抚陈宝箴被西太后密旨赐死，唐才常在汉口被自己的老师张之洞捕杀，以及指责唐才常失败是基于康有为汇款未到而这汇款却扣在唐景崧手中的流言等消息，极大地刺激了唐景崧。他的身体每况愈下，曾对去看他的唐镜澄说，"命途多舛，空有报国之心，早知道，还不如在台湾一战而死"，又说"明夷误我"。

唐镜澄记载说，唐景崧是"气结而亡"。按照中医的理论，"思则气结"，意思是过思则伤脾，脾伤则吃饭不香、睡眠不佳，日久则气结不畅，百病随之而起。

唐镜沅于1901年去世，享年六十八岁。根据《申报》报道，1900年，广东河源县城被攻，当时代理河源知县的唐镜沅坚守抵御，宝刀不老："闰八月二十五日夜，匪攻河源县城，经知县唐镜沅竭力抵御，匪退黄沙、砖瓦窑。"

唐镜澄则于1897年经赏识他的陈宝箴安排，前往湖南任税务局长，官声甚好，被继任巡抚俞廉三提拔为知县，在通道（1902年上任）、新化（1904年上任）、醴陵（1907年上任）三县任上清勤励政，重士爱民。离任之时，士民难舍，在县衙门前，设置一盆清水、一面铜镜，意赞其人"清如水，明如镜"。

1912年，唐镜澄在长沙去世，享年六十一岁。他宦游湖南十四年的故事也很精彩，涉及不少近代史人物，如陈宝箴、赵尔巽、岑春煊、唐才常、沈荩、谭人凤、马福益、焦达峰；他的思想也与时俱进，晚年倾向于革命党，最后他把他奉唐景崧之命秘密掌管多年的江湖武装交给了黄兴的代表焦达峰。他从台湾归来后直到去世所经历的所有历史风云，会在本书的外一篇《风云湘江》细说。

非常遗憾的是，外高伯祖唐镜沅和外高祖父唐镜澄的画像都没能保存下来。据我的表哥唐春晓回忆，他祖父唐现之（唐镜澄长孙）曾把一大箱字画寄存在他家，其中就有身着清朝官服的唐镜沅和唐镜澄的画像，后被抄走，至今不知下落。如今，我们只能通过生活在灌阳文市镇田心村祖宅、几十年来以务农为生的堂舅唐振国，以及三十多年来一直在文市中学教书育人、默默奉献的堂舅唐振海保存的他祖父唐潞公（唐镜澄之子）的照片，去想象两位先祖的容颜了。

在我们的家族传说中，三位先祖都是能文能武、勇毅实干、有惠政于地方的人物，同时也是随性、不拘泥的性情中人。外高族祖唐景崧有五房妻妾。外高伯祖唐镜沅也先后娶了五房妻妾，原配文氏，继配黄氏、仇氏，妾刘氏，再娶孙氏。惜子息不盛，仅有一子润銎。据说，刘氏是从越南带回来的，京族（越南的主体民族）人，在外公唐

桂林五美堂遗址的外高族祖唐景崧塑像　　外高伯祖唐镜沅之曾孙唐振国

肇华小时候（20世纪20年代）还在世，与外高祖父唐镜澄之妾（台湾高山族部落酋长之女吴寿仙）同为家族中的两位异族长辈。

外高祖父唐镜澄与外高祖母范氏夫人共生三子一女。三子的家族排行分别为一、二、六，其中长子润锴，字伯坚，就是我的大外公唐现之的父亲；次子润锟，字仲宣，早故；幼子润鑫，字叔重，就是我的外公唐肇华的父亲。女儿嫁到全州龙水蒋家——也是诗书仕宦之族。

外高祖父与台湾吴氏夫人共生四子三女。四子的家族排行为八、九、十、十一。第一子润铨，号季衡，曾在上海财政局任职。第二子润鐄，号季韶，终老家乡。第三子润鋐，号潞公，曾是桂军李明瑞部少校军需主任，随军参加北伐。第四子润鏞，号超寰，除了以李明瑞副官的身份参加北伐，还在抗战中临危受命，代理南宁警察局局长，率全局警员参加了1939年和1944年的南宁保卫战，颇见父辈英风。三女为柏贞、细贞、松贞。

十太公唐潞公后来成为广西著名书法家。他曾任广西省参议会秘书、桂林市市长苏新民私人秘书。老桂林流传的说法，满街的"苏新民题"的招牌，都是唐潞公代笔的。

据十太公的长女、我的堂姑婆唐见仁回忆，20世纪50年代周恩来和陈毅访问越南，决定把"镇南关"改名为"睦南关"，指示找字写得好的书法家来写"睦南关"三字，就找到十太公来写。

"睦南关"是1953年10月由"镇南关"改名而来。1954年，韦国

外高祖父唐镜澄之子唐潞公

十太公唐潞公之妻秦素琨（中），其女唐见仁（右）、唐荣林（左）、唐荣滨（前），其子唐荣榕（后）

清率领军事顾问团，帮助越南抗法，取得了奠边府大捷。1965年1月，"睦南关"改名为"友谊关"。

十太婆秦素琨出身于广西永福县的大户人家，早年曾在桂林女子师范学校读书。见仁姑婆和荣林姑婆都继承了父祖两代的沙场基因，双双参加了中国人民解放军。见仁姑婆转业后定居桂林，荣林姑婆则定居开封。荣林姑婆的丈夫王昊寿，第四十三军一二九师政治部主任，后调任开封军分区任副政委，是中央军委颁发的解放战争的银质奖章获得者，已去世多年。

十太公唐潞公的独子，铁虎叔公（唐荣榕，号铁虎），曾在桂林一工厂做工人，1966—1976年遭遇坎坷，回灌阳文市镇田心村老家务农，前些年去世。十太公的幼女，荣滨姑婆，1966年在工厂因工伤事故辞世。十太公则在1971年于桂林去世。

十太公的胞妹，我的满太姑婆唐松贞，又名唐碧，在家族中排行十二，早年读私塾，1941—1943年就读于湖南零陵的教会学校普益女子学堂。她的丈夫沈明燧，是广西著名牧师。

沈明燧也是灌阳文市镇人，1909年出生于一个基督教家庭，后毕业于华中协和神学院。

这门亲事，是外高祖父唐镜澄生前亲自定的。沈家与唐家其实门第悬殊（沈明燧的父亲沈道宽是小作坊主，在文市镇上开书铺），外高祖父为何要结这门亲，涉及他和族兄唐景崧自台归来后的一段不为人知的历史，本书的外一篇《风云湘江》中会有详说。

沈明燧在求学期间，曾在校刊及衡阳《国民日报》副刊等报刊上发表不少文章，十太公唐潞公读到之后，非常欣赏。结婚后，满太姑婆夫妇琴瑟和谐，白头偕老。据他们的长子沈德谦回忆，他的母亲虽然是大家闺秀，喜读史，善绘画，也受过教会学校的西式教育，但一生都默默地为丈夫和家庭奉献，总是站在他父亲身后，很少抛头露面。

沈明燧1935年从华中协和神学院预科班结业后，因为英语和希伯来语成绩优异，被推荐去英国剑桥圣三一学院深造。他因上有老下有小（当时和满太姑婆已有一女，后夭亡），婉言谢绝，继续就读于华中协和神学院。

满太姑婆唐松贞一家1945年定居桂林，住在十字街斗姆巷旁的大教堂。据我的大姨妈唐雁星说，教堂里的沈家，房间四周全是高到天花板的书架，书架上是满满的书。

因为是牧师之家，满太姑婆的子女都以圣经人物为小名。比如长子沈德谦，小名马太；次子沈德恭，小名彼得；女儿沈德让，又名沈亚兰，小名亚拿。

沈明燧牧师，历任桂林中华圣公会会长、中华圣公会桂湘教区牧区区长、代理湘桂教区主教，是中国基督教三自爱国运动委员会常委、广西基督教一至四届三自爱国运动委员会主席。他的古文根底很好，曾在上海商务印书馆（1954年迁北京，为今商务印书馆）的征文中获奖，后担任中华诗词学会理事、广西诗词学会名誉会长、美国纽约四海诗社名誉社长、南宁葵花诗社社长。

对于三位先祖从越南到台湾，从中法战争到甲午战争同生死共患难的情谊，唐家后人都非常珍惜。当年外高族祖唐景崧曾抄己诗以赠灌阳同乡、台湾恒春知县何如谨（我外曾祖母何满姑的堂兄）。后来，我的十太公唐潞公，以姻亲故，从何如谨后人处获得此孤本，为族伯整理装订成册，以《灌阳唐景崧遗诗》传世。

我的母亲唐桥星，1985年从重庆调到成都，任四川省纺织工业厅副厅长。厅下所辖四川纺织工业研究所的董晓红女士，正是她的族曾祖的后人（景崧公孙女唐筼与一代史家陈寅恪的长女陈流求之女），一见我母亲姓唐，籍贯广西灌阳，倍感亲切，当即前来相见。她母亲陈流求的名字，正因唐家几代人的台湾情结而来。当年景崧公为台湾落入日本之手而抱憾终生，曾写了一副对联给孙女唐筼，陈寅恪夫妇正是因为这副对联而相识相爱，婚后长女出生，即以台湾的古称为其名（流求），次女陈小彭的名字则来自同样被日本侵占的澎湖列岛之"澎"。

巧的是，陈寅恪先生1942年到桂林后，我外公唐肇华在广西大学和桂林科学实验馆（简称"科学馆"，即中央研究院地质、物理、心理三个所的联合机构）的师长李四光先生力邀其出任广西大学教授。陈家最初还在科学馆物理所所长丁西林先生家住了半年。我的大外公唐现之，1943年2月任中山纪念学校（今中山中学）校长时，陈流求正是该校学生。烽火战乱之中，一再有这样的近距离交集，实在有些神奇，像是同生死共患难的先人在天之灵的带领。不过，当时正处战乱，儿时离桂而人地两疏的族姑婆唐筼，是否和外公、大外公相遇、相认，因本书写作之日，三位老人都已辞世多年，也无法考证了。

对于唐景崧的历史评价，中法战争部分，两岸学者都持肯定态度，甲午保台则见争议。

根据张求会在《陈寅恪丛考》之"唐景崧内渡"一节中的考证，作为重要当事人和见证人的丘逢甲，光绪二十四年四月二十九日

（1898年6月17日）在答复丘菽园询问台湾往事的一封信里，有这样一段公允的评价："平心而论，唐刘均未可厚非，是时如为身计，已奉朝命，即以地委日而去，岂不足以自全？而皆不忍去者，犹冀万一保全此土此民。……故权为自主，以振人心，丛受笑怜，亦不敢辞。然其时守台，固自守之，非为君守，固无异与存亡之义。唐变起而去，刘力绌而去，虽责以不死，以义无可殉而死也。"（原载新加坡《天南新报》1898年7月16日，见黄志平、丘晨波主编《丘逢甲集》，长沙：岳麓书社，2001年，第758—760页。）

唐景崧去世后，香港《华字日报》刊登了丘逢甲的挽联："在中国是大冒险家，任成败论英雄，公自千秋冠新史；念平生有真知己感，觉死生成契阔，我从三月哭春风。"

对于唐景崧在甲午和庚子时的作为，我以为，当代历史学者，中山大学桑兵教授在《甲午战后台湾内渡官绅与庚子勤王运动》一文中的评价最为客观："甲午和庚子，清政府两度恣意妄为，以牺牲百姓社稷为代价，保家财逞私欲泄私愤，引起士绅的激烈抗争。同时，在西学的影响下，新学士绅选择近代欧美民主制度，作为解决冲突，抑制皇权的最后手段。'台湾民主国'官绅在这两个关键时刻的所作所为，就是近代士绅政治品格一个侧面的典型表现。……尽管'台湾民主国'内渡官绅在行动上程度有别，其爱国情怀的深切与救国动机的真诚，则不应怀疑挑剔。"（见《历史研究》1995年第六期，第86页。）

第三部

抗日战争

第一章

永远的抗战记忆：外公外婆投笔从戎的豪情赠言

君不见，汉终军，弱冠系虏请长缨，
君不见，班定远，绝域轻骑催战云！
男儿应是重危行，岂让儒冠误此生？
况乃国危若累卵，羽檄争驰无少停！
弃我昔时笔，着我战时衿，
一呼同志逾十万，高唱战歌齐从军。
齐从军，净胡尘，誓扫倭奴不顾身！
忍情轻断思家念，慷慨捧出报国心。

这首《知识青年从军歌》，我非常喜欢，每听必心潮澎湃。因为，从文字到氛围，都是当年投笔从戎的外公唐肇华、外婆周婉琼的写照。

从小到大，一提及抗战，总是很动感情。这是一场真正彪炳千秋的伟大卫国战争。

从小就知道,我的外公外婆,一个世家子、一个富家女,国立广西大学的两个高才生,一对热恋中的情人,在国族危亡之时,投笔从戎,挺身抗战,义无反顾,慷慨报国。

从小就听说,外婆当年的大学毕业纪念册上,同学给她的评价是:"九姑(外婆排行第九,梧州方言称为'九姑'),九不辜,一不辜民族的希望,国家兴亡……"

我家至今珍藏着外婆的一些抗战时的老照片。第一张,是出自广西梧州藤县的大富之家,时为广西大学化学系学生的外婆在抗战前的留影。第二张,是外婆在全面抗战爆发的第二年,即1938年11月,参加广西学生军时的留影。第三张,是外婆送给她的同学兼恋人,广西大学物理系学生,同时参加广西学生军,奔赴另一战场的外公的留念题字:"在光荣与至美的希望里,我勇往直前!"

和外公年纪相仿、亲如兄弟的大舅唐振裘(大外公唐现之的长子,母亲五姐妹口中的"大哥"),当年的国立北平师范大学历史系学生,也是在国难之际,带病从戎,和外公外婆同时参加广西学生军,年仅二十三岁便英年早逝。

对于这场有我六位长辈(外公唐肇华、外婆周婉琼、十一太公唐超寰、二姑婆唐荣珍、大舅唐振裘、二舅唐振元)参加的民族战争,我从小就倍感自豪。这是属于祖辈的光荣记忆,也是留给我们的永恒荣耀。我们的国家,我们的民族,我的先人,在中华民族生死存亡的关头,在称霸东亚的日本海陆空三军面前表现出来的那种抗战到底、决不投降的勇气和毅力,是如此令人骄傲。

外婆周婉琼1937年参加抗战前的留影

外婆周婉琼1938年11月参加广西学生军，挺身抗战

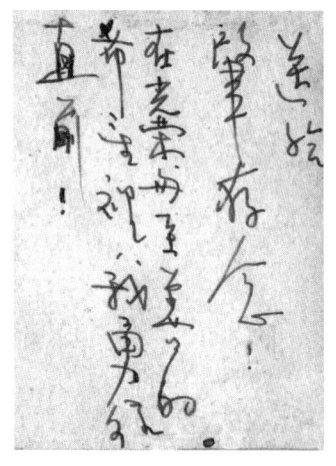

外婆周婉琼送给同赴抗日战场的恋人（外公唐肇华）的临别赠言

国难之际带病从戎、英年早逝的大舅唐振表

一切，就如同时代人齐邦媛先生在《巨流河》中所言："誓做决不投降的中国人之慷慨激昂……那是一个我引以为荣、真正存在过的，最有骨气的中国！"

第二章

外曾祖父的千家峒抗日，
外曾祖母的官庄何家

  1937年，全面抗战爆发的这一年，外公唐肇华二十一岁，外婆周婉琼二十岁，都在位于广西梧州的广西大学理工学院读书。

  外公唐肇华于农历一九一五年腊月廿八（公历1916年2月1日）出生于灌阳文市镇田心村祖宅，谱名荣璨，乳名肇华，后用为大名。出生之时，按时俗算命，术士称其命大，易克母，故送至全州的姑母家住了很长一段时间，然后接回。因此，外公唐肇华一直称外曾祖母为"伯"。据说，外公幼时，乡人见其手指足趾圈纹如箩，皆称奇不已，断言此子将来必是状元之命。

  田心村唐家，是一个世代书香、千年传承的大家族。

  根据唐氏族谱记载，始祖启昌公，字裕后，号楚官，原籍浙江江楚荆襄金华府金华县仲实公一支，后籍广东广州府东莞县。启昌公的父亲光前公，晚唐时曾任湖广永州府太守，就籍于零陵县开善乡湾伏鹅颈大丘。启昌公为光前公次子，生于唐懿宗咸通五年（864），于五代后唐明宗长兴三年（932）到灌阳县做官，遂定籍于潢潭坊，也就是今天的文市镇田心村。

自启昌公以降，唐家历代都有子弟中举，子孙多有出仕为官。

比如南宋时期的大隅公，字敬夫，生于宋高宗绍兴四年（1134），生有异质，智略过人，承先启后，考习儒业，中绍兴甲寅科乡试第四名举人，初任贺县广文，历官永州府知府，卓有政声。

比如清乾隆年间的滋椿公，字寿宇，号思斋，少聪慧，读书过目不忘，二十六岁中乾隆甲午科经元，特授广东高州府信宜县知县，署文昌定安县，崖州（今海南三亚）知州，在崖州课士训民，抚黎风俗

灌阳文市镇田心村唐家祖宅

祖宅中外公唐肇华出生和继承的院落

不变，崖州百姓为之镌正织碑，并立生祠。

在文官之外，唐家也有投笔从戎的传统。

比如南宋时期的天麟公，字应瑞，聪敏多智。时值曹贼起，攻陷道州，太尉岳飞赍牌击破余党，溃败散伏灌阳山崂，太尉檄当地官律剿捕，天麟公奉檄率子日辉集众追捕，降生五千余人，贼党悉平。太尉奏请天子奖赏。越五年，与子日辉获授总督戎马使，灌阳一带黎民咸倚赖之。

天麟公协助剿贼的"太尉岳飞"，就是中国家喻户晓的"精忠报国"的英雄岳飞。据《灌阳县志》记载，南宋绍兴五年（1135），麦岭（今广西富川县境内）汝南叛将曹成（即我们家谱记录的"曹贼"）率兵进犯灌阳，攻进县城后屠城，"杀戮民众十之八九"，朝廷震怒，遣太尉岳飞率精兵七千，日夜兼程赶往灌阳平叛，最后将曹军围剿于灌阳文市镇的大觉寺（今文市中学内）。叛乱平息后，还在大觉寺内立碑记事。据灌阳人说，此碑数年前还在，后来不知去向。

到了近代，唐家子弟仍然是文武兼济。

外公唐肇华的祖父唐镜澄，"号芷和，天资奇颖，学有渊源，由光绪乙酉年拔贡从唐公景崧克复交趾（中国对越南的古称）出力，保知县，分发湖南试用。初署新化，清勤励政，重士爱民。次署醴陵，催科不扰，案无稽牍。及授通道，时崔苻未靖，澄严行缉捕，地方赖以宁谧"。（实为初署通道，再署新化，再署醴陵。）

外曾祖父唐叔重，谱名润鑫，是外高祖父唐镜澄与外高祖母范氏夫人的第三子，家族排行第六，生于光绪十一年（1885），1960年去世。他大半生四海为家，从事文职，也曾参加蒋经国在江西办的青年团干训班，抗战时曾带领一支小型民间武装在灌阳千家峒大山抵御日军，还精通风水、卜算之术。外公回忆说，他的父亲心地善良，在外几十年帮助了很多人。外曾祖母生前曾提到，他有一年在北京，见一个同乡熟人没钱吃饭，于是卖了自己的金烟斗，把钱全给了这个人。

外曾祖父是孝子，也是仁厚兄长。十一太公唐超寰回忆说："父亲（唐镜澄）去世后，六哥（唐叔重）主动担起了家庭的重担。他对我们这群庶出的弟弟妹妹特别好，每次回来，都会找我们一个一个地谈话，帮我们检查功课。我们读什么学校，做什么事，都是他在考虑。他才学也好，本来还可以做好多事，我们拖累他了。好在他教了个好儿子出来。"当年老家的书房有外高祖父留下的大量书籍、手稿，其中不乏西方自然科学书籍。在外曾祖父督促下，几个弟弟经常在这间书房里读书。这书房也是他们几弟兄（也包括他们的长侄唐现之）畅谈和交流思想的地方。当年只要有人回到老家，就会往书房里跑，翻阅外高祖父留下的书籍、笔记、眉批。据十一太公说，九太公唐季韶整天都在书房里读书，对于民国时期很多事件的结局都讲准了，很有先见性，很有才气，可惜怀才不遇。

外曾祖母何满姑，出身灌阳望族官庄老村何家——也是书宦世代，人才辈出。何满姑的父亲何庆恩，谱名宗政，又名宏政，字恺棠，生于清嘉庆十四年（1809），殁于光绪八年（1882）。道光二十四年（1844）中甲辰科举人，先后任四川渠县、彰明、德阳、云阳四县知县，最后官至四川直隶州知州（四品）。曾主修《渠县志》（同治三年）、《德阳县志》（同治十三年）、《彰明县志》（同治十三年），同治八年（1869）还为李白修建衣冠墓，重立李白像碑。川中同僚和百姓对他都赞扬有加。

根据何自强（何庆恩七世孙）提供的何氏族谱所载，何庆恩有五子六女，五子名元昌、寿昌、汝昌、炳昌、宝昌，六女名大姑、小姑、四姑、八姑、九姑、满姑。我的外曾祖母即是满姑，何庆恩最小的女儿，生于光绪八年（1882），与兄宝昌同为何庆恩之妾叶氏所生。

根据何氏族谱和《灌阳县志》《渠县志》的记载，何庆恩不但性贤孝、有政声，还工书画、富才情，且善军事攻防。咸丰年间，父逝丁艰（父母辞世，返家守孝谓"丁艰"或"丁忧"）在籍，正遇朱洪英率"升平天国"红巾军攻打灌阳，他挺身而出，率地方团练在熊家寨、大车田、桃花井一带阻击，并多次大败红巾军，仅大车田一役，就毙敌二百余人，也因此"居屋被贼一炬，只余焦土"。他将个人生死置之度外，数次涉险，在县城之战中，还亲至敌营侦察，厥功至伟。《渠县志》记载了他在同治元年（1862）的一次军事防御："六月之末，（曹逆自梁山回窜）欲扑渠（渠县），公（何庆恩）帅健儿御之于竹邑之蒲包山，与张补诗观察为犄角，相持月余，屡报斩获，会得神助，贼夜遁去……而乃安不忘危，相度地势，于东北界置梯云永清纪凯雷火四关以待暴客，又于通文门外砌石作甬道，起层楼，其上高与女墙齐，形如夹寨，以便汲道，为渠（渠县）百世利……"在四川任上，解饷燕京途中，何庆恩绘有《跨驼雪征图》，光绪三年（1877）辞职告老，奉母归乡，川中父老锦帆而送。另著有《锦帆奉母图》《蜀游鸿雪集》诗幅。

因父亲何庆恩曾多年在四川为官，生于灌阳的外曾祖母会做各种辣椒酱，且做得一手好菜。当年老家任何一房有红白喜事，都要请她去主持厨房内一切事宜。我母亲回忆说，她小时候最盼望过年，年前一个月，外曾祖母就开始忙碌，泡糯米做年糕、糍粑，酿甜酒，炸米花，年糕切成片用油炸，咸年糕里有芋头、腊肉等多种调料，至今让人回味无穷。

和他的亲家唐镜澄一样，何庆恩也是为官有声。他的官场同僚在《彰明县志》中记载："岁次癸酉，余奉简来守龙安道，经李太白故里，田父野老啧啧称何明府恺棠之贤孝。一则曰政成民和，再则曰孝思维则，聆于耳未敢信于心。既而恺棠来谒，果有守有为君子也。"

直到今天，四川江油的很多景点，还保存着何庆恩的题诗石刻。他临摹李白画像《匡山太白像》的故事，至今在江油传为美谈。

咸丰九年（1859）春，何庆恩在北京偶过厂肆，在故纸堆中发现了一幅画像，纸张已经霉损，局部墨线也已有所浸漫，但左侧的"匡山太白像"字样还可辨认。他仔细看绘画笔法及残留字体，觉得极像北宋名画家李龙眠的手笔，便购而藏之。

六年后的同治四年（1865）十月，他出任四川彰明知县，前去拜谒李白故居，在青莲书院侧边的大雅亭里看到了一尊石碑，上面所刻的李白像与在北京买的那幅画像一模一样，不过，碑刻上的李白，手握藤杖。他发现，碑刻背面有文字，称此石刻《匡山太白像》是宋徽宗敕旨点化，大观初年（1107）由画家李龙眠创作。然而，碑刻的画像工艺粗糙，明显是地方工匠所为，因为风化，已经严重剥蚀。何庆恩当即取来纸笔，根据碑刻和自己在北京所购的画像，精心研究，两相对比，临摹出一幅新的《匡山太白像》。

同治八年（1869），他在离任之前，特地请技艺高超的工匠将他

《彰明县志》记载的何庆恩收藏临摹李白像始末　　　《彰明县志》所录何庆恩临摹的李白像

临摹的李白画像刻制于石碑上，重立于大雅亭内，同时将该图像收入《彰明县志》。这幅画像，被认为最接近李白真容。

何庆恩为他的祖母范太夫人立神道碑的故事，则在官庄一带广为流传。光绪八年（1882），官至四川直隶州知州（四品）的何庆恩，在祖母墓道前立了"皇清诰赠夫人何母范太夫人神道"。按清制，从二品以上官员之妻或母或祖母，才能诰封"夫人"。何庆恩在四川多年为官，且有贤名，故清廷对范太夫人特予诰赠。此神道碑立于村口要道旁，更见褒扬意图。

何庆恩的堂侄何如谨（我外曾祖母何满姑之堂兄），字厚卿，同

何庆恩为祖母范太夫人立的神道碑

官庄何家的功名碑:外曾祖母的父亲何庆恩,堂兄何如谨

治六年（1867）举人，旧《灌阳县志》载其"少倜傥有大志，常欲立功万里外……乌鲁木齐都统景公秋坪（景廉，字秋坪，后为兵部尚书）知其才，奏请以知县发往乌垣，差遣委办军火、文案，发审营务、粮台，事无不理。旋署绥来县事。时绥城先陷于贼，如谨亲率兵勇二千余，一战克复……尝上书条陈军事，当事者多采纳之。新疆底定，以功选授福建寿宁，调补福清，历任长乐、莆田、台湾恒春县"。所任均政声卓著，甚得士民拥戴，最后官至同知（知府副职，正五品）。闽浙总督卞实第曾根据何如谨在闽履历，亲书"福寿长春"匾贺何母唐太夫人寿，寓意双关，在福建官场成为一时美谈。

何如谨平生工于诗，著有《西域磨盾草》《东归草》《于役胜草》《公余吟草》《居俟吟草》《龙堆纪事集》《漱芳吟草》等集。其诗作中，我最喜此首，颇见慷慨豪情：

万事等云过，人生对酒歌。
枕戈增慷慨，投笔悔蹉跎。
有感情难已，无端唤奈何。
此身留报国，未许老烟蓑。

据何庆恩七世孙、广西师范大学研究生院院长何云说，官庄何家视我外公唐肇华为最出色的外甥。

外曾祖母1943年从灌阳到桂

外曾祖母何满姑留下的神秘日本古盒

林，随外公生活，1970年去世，寿八十有九。她生前曾经把珍藏的一个盒子留给最疼爱的长孙女、我的大姨妈唐雁星，说是将来看到这个盒子就会想起她了。盒子是电木（塑料）质地，表面是一行日文。

有意思的是，我咨询了在日本的两位中学同学及其日本同事，还有一位在上海的大学日语教师，都不认识这行日文，说这是古文，盒子可能是用来放香的。其中一位同学特地查了一番，说这是日本古代修行的古语，翻译成现代语言，意思是，任何事要立场坚定，行得端，走得正。

那么，这个盒子，应该是日本古物，可能来自日本古寺。我们好奇的是，一生只在灌阳和桂林生活过的外曾祖母，是如何得到这个神秘的日本古盒？是日本僧侣渡海携带而来，流落中国民间，由她的父亲何庆恩在北京淘李白画像的同时淘得，还是她的堂兄何如谨或公公唐镜澄从台湾带回来的？这可能是一个历史之谜了。

第三章

从中山大学附中到马君武校长促成的广西大学

外公唐肇华是独子，上有三姊，别无兄弟。他的嫡亲堂兄唐现之，也就是我的大外公，亦是独子，且年长外公十九岁，1926年9月回乡探亲时，眼见叔父（我外曾祖父）长年在外，遂按照婶母（我外曾祖母）的要求，把当时就读于私塾的外公从灌阳老家带到桂林自己家中，送入广西省立第二师范学校（简称"二师"）附属小学就读，待其如同胞幼弟一般。明事理、有眼光的外曾祖母，唯有外公一子，为其前途，也毅然割舍。时年十岁的外公，从此就由大外公抚养，长兄如父，恩重如山。

1929年2月，外公唐肇华进入广西省立第三中学（今桂林中学）。1929年夏，大外公唐现之受聘为国立中山大学教育系副教授兼附中教务主任，1931年9月将包括外公在内的家眷接到广州，外公从而进入中山大学附中读初中三年级。

我20世纪90年代定居广州后，平时和我说桂林话的外公唐肇华，以一口流利广州话回忆起广州旧事。外公说，当年中山大学位于文明路，他们就在距离学校不远的芳草街赁居。巧的是，我当时在广州的家，就在外公的芳草街旧居附近的榨粉街，步行三分钟可达。

1932年2月，时为中山大学教育系副教授的大外公唐现之，被广西省政府邀请回乡，筹办广西省立师范专科学校（简称"广西师专"）。外公唐肇华跟着大外公唐现之一家回到南宁，再到桂林，再迁南宁，先后在广西省立第一高中（今南宁市第三中学）和广西省立第三高级中学（今桂林中学）就读。

1935年2月，十九岁的外公以广西省统一高中毕业会考第一名的成绩毕业于广西省立第一高中，可以免试进入赫赫有名的国立交通大学（今上海交通大学）。大外公要送他去上海读交大。当时的交大（上海本部），毕业生大多考取官费留美，进入麻省理工学院或加州理工学院深造。外公虑及北平、上海生活费相对昂贵，而长侄唐振裘（大外公长子）已在国立北平师范大学（今北京师范大学）历史系读书，不愿再增加兄长的负担，决定自立工作。

当时，大外公唐现之的妻弟熊绍琮在省立广西大学（梧州）的图书馆工作，拟离职他去，遂带外公唐肇华去见校长马君武先生，推荐外公接替他的工作，这样外公可以一边工作一边学习。不料，马君武先生查看外公的高中毕业成绩后，欣赏有加，不赞同外公辍学，极力鼓励继续求学深造，外公因而于1935年7月进入广西大学物理系就读。

三年以后，与外公同龄的表侄孙兼发小何福照、何福煦（他们的父亲何重谣，是外曾祖母何满姑的嫡亲侄孙。他们的曾祖父何寿昌，即何庆恩次子），在广西省高中毕业会考中也分别取得第一名和第三名，免试进入国立浙江大学和国立交通大学，毕业后又双双考中官费留美，因抗战而延迟到1946年冬才赴美，创下"兄弟双留美"的佳话。他们分别从华盛顿州立大学和科罗拉多矿业学院取得硕士学位后，1949年一起归国服务，分别成为中国公路桥梁和有色冶金的泰斗。

虽然外公没说，但我们能感受到，他老人家当年因经济负担重而放弃交通大学，还是难免心存遗憾。如果当年去了交通大学，以外公的天资，后来应该是天地更为广阔、更有作为吧。

奇妙的是，几十年后，外公的外孙、我的弟弟何佳，考入了外公当年无缘的上海交通大学。外公的另一个外孙、我的表弟张东林，则以桂林市高考状元的身份进入北京大学，从本科一直读到博士毕业。

外公晚年曾经回忆说，当年广西大学物理系教的是他并不喜欢的理论物理，但老校长马君武先生的师德、师风，让他一生感念。

与蔡元培先生并称"北蔡南马"的马君武校长，是当时著名的教育家。他是中国第一位留德工学博士，中国同盟会第一批会员，大夏大学（今华东师范大学）、广西大学第一任校长，也曾任中国公学校长。

在外公的记忆中，老校长马君武先生是一位思想开明、待人诚挚的可敬长者。他生活俭朴，夏天常穿白毛布长衫，冬天穿丝绵长袍，鼻梁上架一副近视眼镜。他非常关心学生的学习和生活，遇见学生读英语，他必让其念一段，看读音是否准确，也常在夜间点着灯笼巡视学生的读书情况。他诲人不倦，有问必答，同时也很尊重学生的不同意见。他是个热诚的爱国者。他亲自撰写的广西大学校歌，一开头便是，"保卫中华发达广西，是我们立校本意；为国牺牲为民工作，是我

外公和恩师马君武先生之子马保之（左）暮年再相会

们求学目的"。他经常在周会上号召学生"甘为国死"，"拿锄头，拿书本，拿枪炮去救国"。在他的影响下，广西大学的学术自由、民主气氛和抗日氛围非常浓厚。

外公对马君武先生有着非常深厚的感情。直到晚年，他仍然坚持前往桂林南郊的雁山为他所敬爱的老校长扫墓。马君武先生之子，国际知名的农业专家、曾任台湾大学农学院院长的马保之先生，晚年回到桂林，也特地与外公会面，师兄弟双双白头话当年。

有意思的是，马君武先生正是当年外高族祖唐景崧在广西体用学堂的学生，曾回忆说"唐薇卿先生是我的恩师"。几十年后，马君武先生又成了外公的恩师。冥冥之中，缘分自定，谁谓不然。

巧的是，马君武先生的外舅公陈允庵（马母诸太夫人的舅父，曾是广西抚署的首席幕宾），又正是外公的表弟媳赵筱玲（沈德谦之妻）的外曾祖父。当年马君武九岁丧父，家中没有积蓄，连丧事都办不下来，幸得外舅公陈允庵仗义相助。赵筱玲的母亲陈丽娟正是陈允庵的嫡亲孙女。她的父亲陈智×（因年代久远，第三个字已不能确记），是陈允庵的幼子，与马君武年纪相仿，但马君武一直按辈分尊其为"小表舅"。当年他们都在陈允庵于家中为陈家子弟和亲友子弟办的私

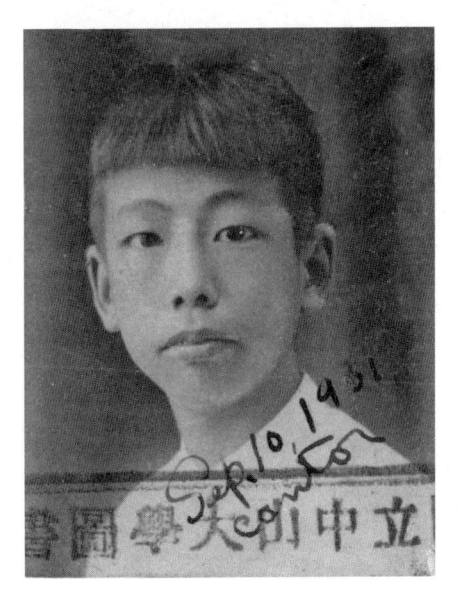

在国立中山大学附中读书时的外公唐肇华　　在国立广西大学读书时的外公唐肇华

塾读书，最谈得来，后来又一起进入体用学堂读书。马君武在陈家寄居的两年，潜心研读陈家丰富的藏书，受益匪浅。

1921年，马君武被孙中山任命为广西省省长，特地向孙中山推荐陈智×为广西义宁县（位于桂林市，1951年撤县，其地分别划入临桂县和灵川县）县长。陈智×带着家丁和卫士去县治位于今桂林市临桂区五通镇的义宁县上任，却在半路上被反孙中山的地方势力所杀，一个不剩。当时，陈丽娟才十六岁。如今，我年过古稀的表叔婆赵筱玲，仍然希望能够得到一些关于外祖父陈智×的消息，以慰亡母在天之灵。读者诸君，如若有知一二，盼能相告。

第四章

外婆的丹村周家：
从黄花岗、黄埔军校到抗战

继承了唐家祖传的热血报国精神的外公，进入省立广西大学（梧州）后，积极投身于抗日救亡运动，利用课余时间到市区、农村和新兵营进行抗日救亡宣传，为在两广港澳和新加坡、西贡（今越南社会主义共和国胡志明市）、曼谷发行的抗日报刊《战报》写文章和社论，并结识了当时先后在广西大学附中和广西大学化学系读书的外婆周婉琼，二人双双坠入爱河。

外婆周婉琼，1917年1月9日出生于广西梧州藤县一个大地主家庭。她的父亲周缙文，字震东，是一位清末秀才，开明士绅。外婆的母亲何氏，生一子三女，子道渠，女雪琼、国琼、婉琼。

据外婆的胞侄周宗璜回忆，周家也是仕宦之家，祖上为官。外婆的堂兄周亚洲（又名周维榜），曾留学日本，加入同盟会，参加黄花岗起义，是同盟会广西分会的骨干，1926—1929年出任藤县县长，1939—1942年担任藤县临时参议会参议长。外婆的另一个堂兄周本金

（又名周维金），曾参加黄埔军校，与林彪同桌。抗日战争时期，周本金和侄子周柱奇、周定坤，都参加了村里抵抗日军入侵的自卫武装，都佩了驳壳枪。当时村里有四十支枪，二十支都在周家。

外婆自幼丧母，加之天赋聪敏，故深得其父怜爱。她在家族中排行第九，梧州风俗称为"九姑"（后来，外婆的同学们和战友们也这么称呼她）。她的姐姐雪琼、国琼，分别是"四姑"和"八姑"。妹妹桂琼（"十姑"），则是继母何氏所生。

外婆的胞兄周道渠，毕业于国立中山大学政治系，曾任省立广西大学教务处注册组组员，1938年回乡，任藤县中学教务主任。1951年土地改革时与妻子杨淑光（杨父曾留学日本）双双自杀。外婆与外公商量后，将兄嫂遗下的一子宗璜、一女斯迈，接来家中抚养。

外婆的姐夫黄显图（八姨婆周国琼的丈夫），藤县象棋村人，东吴大学（今苏州大学）毕业，后从军，任国民革命军第十五军少校政训主任，参加北伐。北伐后曾任《柳江日报》记者、藤县中学教师、藤县县政府教育科科长，后成为藤县参议员、副议长、"国大代表"，广西省参议员。1950年去香港，后去台湾。1990年，九十三岁高龄的八姨公黄显图将分离四十年的八姨婆母子接到台北新店家中团聚，可惜不到一个月，八姨公即病逝。因历史原因，他已在台另娶，并有一养女，虽有三幢房子，却不知被转到谁名下，而时年九十一岁的八姨婆和表舅黄智平，因不懂台湾地区有关规定，竟被法院强制赶出家门，三餐不继，李敖曾发文代为不平。外婆的妹夫（十姨婆周桂琼的丈夫）谭国权，则是国民党军队的团长，曾任教官。

据斯迈表姨回忆，周家是当年梧州的大户人家，在梧州有房产，在藤县还有大量田产。老家藤县南安乡丹村,是一个美丽富饶的山村,盛产的水果、玉桂、松脂远销南洋。丹村周家是新式的青砖瓦房,门口有三个鱼塘,中间有凉亭、橙子林、荔枝园,周围是芭蕉树和番石榴树,对面山坡上是橄榄树林,村口有高高的锥栗树。从环境到氛围都颇有南洋风味。

在这样的环境里长大的外婆,一生都热爱大自然,热爱运动,热爱生活,性格活泼,多才多艺,从游泳、打网球、打水球(曾任学校水球队队长)到演话剧,她无一不会,无一不精。据说,她当年可以在梧州的抚河(桂江下游)来回游三次。

母亲回忆说,她小时候,虽然外公外婆收入在当时算高的,但家里除了五个女儿,还有外婆的侄子、侄女,外公的父母,以及为照顾幼女而雇请的保姆,生活并不宽裕,但每周一次的电影和夏季的游泳是固定的。上海音乐学院和杂技团的演出、杜近芳的京剧、国家乒乓球队的表演,外婆也带孩子们去观看。学校食堂有一次卖价格比较贵的燕窝,外婆也买了一些回来让孩子们品尝。

外婆这份对大自然、对生活的热爱,传给了母亲,母亲又传给了我。至今记得,幼年在重庆,当时在工厂做技术员的母亲,收入并不高,但逛解放碑(当时的百货中心)时会带我去心心西餐厅(重庆最著名的西餐厅)品尝当时算是昂贵的西餐。少年时代在成都,每到春日,父母总会带我们姐弟去杜甫草堂赏梅,在浣花溪边看落花流水,到青羊宫外吃成都小吃……多少年了,当年的草堂梅花、浣花溪落花,仍然在我的记忆里,永不褪色。

外婆生长的梧州,当年有"小香港"之称,号称广西"士商萃集之地，百货出入之枢""商业之盛，实为全桂之冠"。当时的广西，百分之三十的财政收入都来自梧州的商业税收。

出自梧州的大富之家，外表摩登洋气的外婆，却是热血青年，早在广西大学附中读书时（1936年12月）就加入了中共地下组织，是中共广西大学支部最早的党员之一，1937年5月任中共广西大学区委会委员，兼妇女支部书记。宗璜表舅回忆说，他小时候，常去他九姑（我外婆）的书房看书。外婆有个藤箱子，里面装的都是进步书籍。据外婆当年在广西大学化学系的同学，华中农业大学土壤农业化学系王荣汉教授回忆，外婆当年是抗日救亡运动的积极分子。我四姨父吴虹的二舅秦榕年和二舅母刘琳碧也是外婆在化学系的同班同学，也记得外婆当年在同学中很有影响力。物理系的外公比他们高届，被尊称为"学长"。刘琳碧和外婆还是宿舍的上下铺，关系深笃。秦榕年和刘琳碧结婚时，是外公外婆和他们共同的同学、李四光先生之女李林（物理学家，中国科学院院士）做的女傧相。

1937年年初，外公也由外婆和靳为霖（时任中共广西大学区委书记，后为浙江大学教授）介绍入党。外公回忆说，外婆曾任中共地下组织柳州某区委书记，在地下组织战友中威望很高。直到四十多年后，外公去柳州开会，外婆当年的地下组织战友们得知他就是"九姑丈"时，态度非常亲切。样貌神情最像外婆的四姨唐晓桥，20世纪80年代参加一个教育界会议时，一位素不相识的阿姨，外婆当年的地下组织战友，提起外婆就热泪盈眶，对四姨说，"我终于见到周婉琼的女儿了"，场面感人。

有意思的是，同是广西人，外公所属的桂林人和外婆所属的梧州

外婆周婉琼在藤县丹村老家的二楼书房

外婆在广西大学时期

人从外表到语言都有差异。桂林人皮肤较白,语言属汉语北方语系。梧州人则皮肤较黑,讲白话(粤语),和同属百越后裔的广东人、南洋人比较相像。外婆那两张在藤县丹村老家和在广西大学时期打网球的照片,颇见此特色。

第五章

双双参加广西学生军：铁打的一群

1938年10月，武汉、广州失守。

广西危在旦夕。外公外婆所在的广西大学理工学院，也仓促迁至桂林雁山。

当时，广西军队大部分调往华中前线，留守不足御敌。为抵御日军入侵，1938年11月，国民革命军第五路军总司令部组建第三届广西学生军（全名为"中华民国国民革命军广西抗日救国学生军"），总司令为夏威，以支援正规军对日作战，保卫广西。

秉承唐家先人国难关头投笔从戎传统的外公，在征得地下组织的同意之后，于1938年11月在桂林参加第三届广西学生军。他的恋人，同样热血爱国的外婆，也同时参加，二人双双从军，奋勇报国。

鲜为人知的是，当时学生军登记入伍的地点，是在桂林的一个剧院里。小时候看外婆的老照片，很是好奇，穿着军装和草鞋的外婆，为何会站在一块大银幕的前面？直到近年，读到一些学生军老兵的回忆，才知个中原因。

第三届广西学生军原计划招收一个团,共一千二百人,但全省学生反应热烈,争先恐后地报名,人数多达一万八千余人,最后决定招三个团,录取四千二百多人,其中女生五百多人。1938年11月27日,以桂林、平乐、柳州等地学生为主的第一团在桂林成立。12月15日,以梧州、桂平、玉林等地学生为主的第二团在荔浦成立,以南宁、宾阳、左江、右江等地学生为主的第三团在马岭成立。三个团齐集桂林,接受两个月的军事和政治训练,一团驻七星岩,二团驻桂林中学,三团驻桂林女中。每团下辖三个大队和一个女生队,每个大队下辖三个中队。中队班长由学生民主选任。桂林籍的外公在第一团,被选为第二中队第一班班长。梧州籍的外婆在第二团,被选为女生中队班长。

和外公年纪相仿,名为叔侄、实如兄弟的大舅唐振裘(唐现之长子),也在这时参加了广西学生军。时为国立北平师范大学历史系学生的唐振裘,也有唐家祖传的热血报国精神,1935年在北平参加"一二·九"抗日救亡运动,是抗日民族解放先锋队队员,后南下湖北从事农村工作,加入中国共产党。

1938年4月,在湖北应城县汤池参加湖北建设厅举办的"农村合作事业训练班"(实际由陶铸主持)的大舅唐振裘,和吴显忠、郑速燕、江有为、王炎、张经谋等人,奔赴李宗仁的第五战区司令部所在的湖北荆门,加强农村合作事业办事处。吴显忠任办事处主任,大舅等人则任农村合作事业指导员。办事处设在荆门的城关小学。不久,曾志(陶铸夫人)也以农村合作委员会视察员的身份来到荆门。

1938年10月,武汉失守。改由第三十三集团军总司令张自忠率部驻守的荆门,每天遭日军轰炸,几乎被夷为平地,城内之人随时都有生命危险。有时，大舅他们正在办事处吃饭，炸弹从头上落下来，房子被炸垮一半；有时，城墙被炸出一个缺口，刚才还在城墙上练习吹号的小号兵瞬间被炸得血肉模糊，肠子挂在树梢上。

当时，从荆门到襄樊的公路上，不断有从武汉撤下来的国民党部队，在长时间的作战后，大都疲惫不堪。在曾志的倡议下，他们这些农村合作事业指导员，从传说中吕洞宾修仙的荆门白云楼到三里街一带，摆上八仙桌，为这些刚从战场下来的官兵烧水、煮粥、办讲座、教唱抗日歌曲、表演街头剧，还为他们写家信、洗衣服、缝补、洗绷带、喂药，鼓舞他们的抗战士气。

不久，大舅唐振裘患病，大外公闻讯赶到湖北，将他接回桂林治疗。国难当头，大舅抱病参加学生军，1938年11月和外公外婆同时入伍，1940年病故，年仅二十三岁。

包括外公外婆和大舅在内的广西学生军，是一支鲜为人知的抗日部队，也是当时中国唯一一支由知识青年（大中学生为主）组成的军队。他们的故事，直到八十年后的今天，依然荡气回肠，可歌可泣。

这是当年的《广西学生军军歌》：

我们是广西青年学生军，
我们是铁打的一群，
在伟大的时代里负起伟大的使命。
我们抱定勇敢，坚强，战斗，牺牲的精神；
我们要和前线战士，全国同胞誓死克复我们的敌人。
我们为国家争独立，

为民族争生存,

为人类伸正义,

为世界求和平。

在伟大的时代里负起伟大的使命。

我们是铁打的一群

我们是广西青年学生军!

广西先后组织过三届学生军。

第一届学生军于1936年成立,有七百多人,在湘桂边、粤桂边、黔桂边进行抗日救国宣传,"六一事变"后解散。

第二届学生军于1937年成立,有三百多人,经武汉到安徽,在第五战区配合部队工作,除了抗日宣传,还护理伤员。1939年后解散。

外公外婆和大舅参加的是1938年成立的第三届学生军,人数最多,存续时间最长,活动范围最广,影响也最大。这一届学生军有四千余人,人数只相当于正规军的一个师,但都是大中学生,综合素质远非正规军的一个师能比的。学生军的组织和普通军队相似,要求则更为严格。用学生军司令夏威的话说,学生军的任务是"叫"(宣传)、"裹"(组织)、"打"(作战),兼有军事和政治双重使命。每天都要出两次操,兼学习军事,如步兵操典、射击教范、作战技术。有时,还有营火会和夜行军。注重政治教育,晚上听政治报告或进行政治讨论。曾邀请八路军参谋长叶剑英和文化界的夏衍、范长江、陆治来讲抗战形势、战地见闻等,邀请日本反战作家鹿地亘主讲《中日战争的新阶段》。

学生军按照军队士兵的装备标准，每人配发一支七九步枪，一百发子弹，两套军服，一顶钢盔，两颗手榴弹，一件棉大衣，一件雨衣，一把十字镐，背包、水壶、饭盒各一个，一条腰袋，一条薄棉毯，加上其他杂物、书籍、宣传用品，足有六七十斤重。他们穿着草鞋，跋山涉水，深入桂东南及粤西沿海一带，甚至进入瑶洞山村，宣传抗日形势，同时协助推行政令，如征兵征工、坚壁清野、组织自卫队等。每到一地，秋毫无犯，住在学校的教室、寺庙、祠堂或老百姓的堂屋，一般十来人睡一个通铺，地上铺稻草，大家戏称这种铺为"软沙发"。

当时的条件很艰苦，学生军最初按上等兵待遇，每月饷项八元五角，后来改为下士待遇，每月十二元。吃饭就是白饭青菜，有时连青菜都没有，就是白饭，和点盐或辣椒。因米价贵，吃的常是劣米糙饭，有时还是稀饭。长途行军是家常便饭，有时还得急行军或夜行军。外婆生前曾回忆说，扛着枪全副武装急行军，下山都是一路跑下来的。

难以想象，富家小姐出身的外婆，是如何做到这些的？这需要怎样的毅力？

当年，学生军每到一地，都走家串户，访问民众，同民众打成一片。同时通过公开演讲、印发通俗油印报、成立大众文化室、开报告会和座谈会、画漫画、出墙报、张贴标语、演出戏剧、教唱歌曲，向民众宣传抗日救亡，控诉日军侵华暴行，讲述抗日英雄故事，激发民众抗日救国、保卫家乡的热情。

当时，大批不愿做奴隶的同胞逃出虎口，向后方流亡，往往不知走向哪里，不知怎样生活，其中的孤苦儿童更是常被饥饿与贫困逼迫。学生军提出"抢救义童义民"的口号，努力使流浪街头、彷徨无所适从的儿童流民有了暂时的安置。

为响应"有钱出钱,有力出力"的抗战口号,学生军发起各种义卖和演剧筹款,在城市和乡村募捐,尤其是战时所需的药品、鞋袜、寒衣、废铜铁。有一次,学生军排着整齐的队伍,高唱学生军军歌,由八名学生军抬着一面四米宽的国旗,沿街游行。整齐嘹亮的歌声吸引和感染了大批民众,人们纷纷加入游行队伍,高呼"中国不会亡!中国不会亡!"很多人向国旗上投钞票、金戒指、金项链,场面感人。有时,在一个偏僻的穷苦乡村,捐获结果都令人感奋乃至流泪。

学生军还举办各种训练班,如儿童训练班、青年训练班、妇女训练班、工人训练班,配合广西省府推行的成人扫盲活动。

这些细致的、大量的抗日宣传,将抗日救亡活动扎根在八桂大地,同时促进了从北方各省调来的、语言习俗有差异的军人和广西民众的融洽相处,保证了军粮的供应,对于对日作战起了很好的后勤保障作用。

学生军也深入敌区,组织民众坚壁清野,将市面所有的物资撤到山里,让日军劫掠不到物资;破坏公路,切断日军的物资补给;建立地方游击队,协同正规军袭击敌人,同时作为向导带他们潜入敌区,给敌人以意外的打击。邕钦线上的捷报,很多是浸染了学生军的血写成的。

学生军也负责监视为日本人做事的"维持会会长",还组织锄奸队。当时,白崇禧以广西绥靖公署副主任的身份授权学生军,有证据的话,可直接枪毙汉奸,不过之后要贴布告,写上被枪毙者的名字、所犯何罪,比如引领日机轰炸、给日军指路、卖物资给日本人,公告示众，以儆效尤。比如，日军飞机要轰炸军事基地、部队驻地之前，就让一些汉奸带一面镜子去现场，太阳照下来，镜子一反射，日本飞行员就能看到，然后准确地投放炸弹。这些汉奸，一旦被学生军拿获，日军的轰炸计划就会受影响了。学生军曾缉获不少汉奸，比如曾深入到沦陷区，在敌人严密的监视下，把有名的大汉奸田次廉和李春圃拖了出来。

日军因而对学生军恨之入骨，甚至比对正规军还恨，一旦得知学生军的活动地域，就出动飞机轰炸。飞机一来轰炸，学生军只能在山里的壕沟躲避，有时炸弹就在身旁爆炸。日军还贴出悬赏布告，捉住学生军一名，赏银二千元。

学生军除了参与作战，还在战地公演话剧，伏在战壕里替士兵写信，大力鼓舞士气，扩大作战成果。伤病兵的救护，散兵的收容，是作战时较难解决的问题。学生军在前线，在后方，在白天，在半夜，甚至在炮火下，都全力进行并发动民众开展这方面的工作，不但救出了很多伤病兵，收容了很多散兵，还收集了很多重要武器。

由于学生军具有较高的文化水平，桂系第十六集团军还补充了许多学生军到部队担任连队政治指导员。

凡此种种，有力地支持了正规军的作战。也因此，学生军从民间到最高决策层，都赢得了极好的声誉。作为蒋介石亲信的陈诚，曾向广西当局要求，送一个学生军团给中央军协助作战，广西当局没有答应，因为学生军都是广西的学生，打完仗还要回到学校继续读书。

从1938年11月成立到1941年6月解散，学生军活动在广西五十五个县和广东南部十多个县，进行抗日救亡，还在1939年12月到1940

年上半年参加了桂南会战,包括惨烈的昆仑关战役,一些学生军战士牺牲在了昆仑关战场上。

1940年5月14日,《大公报》发表了《桂南战场的学生军》,盛赞广西学生军英勇顽强的精神。文章写道:"广西学生军,是广西战场上最重要的一员;不论在前线,不论在后方,敌占区的两侧,游击区的四方,都有他们的足迹……他们运用他们的智慧,灌输士兵以爱国家、爱民族的思想。"他们被称为"兵王",是"铁打的一群"。

第六章

杜聿明的第五军和戴安澜的二百师

1939年1月,在学生军第一团第二中队第一班担任班长的外公,被抽调到独秀峰下受训(同时被抽调去受训的还有周毅之,即傅作义之女傅冬菊的丈夫),然后派到广西的北大门全州。当时的全州,称为全县,是国民革命军第五军军部和第五军主力二百师驻地。

外公唐肇华在全州举办时事座谈会,开设青年文化服务社,举行五四青年纪念会、七七抗战和八一三淞沪抗战两周年纪念会,使寂静的小城全州及第五军军部和二百师的青年军官们受到抗日救国的思想熏陶。

第五军是威名赫赫的抗战王牌军,军长就是出身黄埔一期的国民党名将杜聿明将军。二百师师长戴安澜将军,则出自黄埔三期,有古名将风,爱兵如子,治军严明,以身许国,在缅甸野人山为国捐躯,举国同悲,如原黄埔军校政治部主任周恩来所挽,是真正的"黄埔之英,民族之雄"。

据说,戴安澜将军当年总是在驻地住宿(虽然他的家就在附近的蒋家果园),夜晚查铺,一早起来就督促训练,保证了部队的战斗力。

二百师在当年的全军考核中名列第一。在全州期间,二百师于民众秋毫无犯,还经常帮助当地人修路。全州乡村的许多路,都是二百师当年修的。据说,二百师虽然是王牌军中的王牌师,在当时,条件也比较艰苦,有的士兵甚至没有鞋子穿。

作为抗战初期中国唯一的机械化军,第五军曾参与淞沪会战、昆仑关战役、缅甸同古战役等著名战役,尤其是昆仑关战役,主动请缨,誓死卫国,血战昆仑关,是绝对的抗日铁军、英雄部队。

昆仑关大捷后,第五军第二十二师师长邱清泉将军曾赋诗曰:

岁暮克昆仑,旌旗冻不翻。
天开交趾地,气夺大和魂。
烽火连山树,刀光照弹痕。
但凭铁和血,胡虏安足论!

1994年,广西电影制片厂拍摄了电影《铁血昆仑关》。作为昆仑关战役指挥官杜聿明将军之婿的物理学家杨振宁,和作为广西教育界元老的外公唐肇华,同时受邀为首映礼嘉宾。这两位同样经历过抗战的老人,一见如故,相谈甚欢。

当时的外公唐肇华,一定会想起为即将奔赴昆仑关的青年军官们宣讲抗日救国的那些日子,那段在金戈铁马的昂扬之气中侃侃而谈、热血沸腾的难忘岁月……

抗日战争时期,正是我们民族足以彪炳千秋的一个举国斗志昂扬、全民热血的时代。

第七章

藤县，昆仑关，竹林遗书

外公北上全州时，在学生军第二团担任女生中队班长的外婆，则随军一路南下。

1939年4月16日，原籍藤县的外婆，随军回到家乡。

在藤县，外婆和她的学生军战友们，走遍大街小巷，积极宣传抗日，晨呼抗日口号，在街上唱抗战歌曲，演戏，演讲，出版漫画，办墙报，写壁标，家庭访问，等等。据说，学生军教的《义勇军进行曲》《大刀进行曲》《游击队歌》《在太行山上》《到敌人后方去》等歌，几十年后还有不少藤县老人能唱出来。

当年，学生军在藤县编印了许多宣传抗日救亡的报刊和资料，如《胜利报》《动力周报》《军中导报》《怎样实行空室清野》《论敌我战略战术之演变》，召开各界救亡座谈会，创立少年教育班，传递救亡知识，实施抗战教育，还成立藤县歌咏话剧团和藤县儿童歌剧团，利用歌咏传播救亡呐喊。

在农村，学生军组织青年男女成立歌咏队、戏剧队、儿童救亡团、妇女识字班、成人读书班、锄奸队等。所到之处，大力帮助出征军人家属及贫苦大众锄地、耕田、种杂粮、打柴、担水等，不要报酬，连稀粥也不吃一碗，在劳动中同时进行抗日宣传。

学生军还对各地民团进行抗日教育和军事训练，既讲全民皆兵抗日救亡的意义，又教他们射击、投弹、利用地形地物、搞队列等，使各地民团既懂得必须持久抗日和抗日必胜的道理，又懂得一些军事基础知识。

据说，藤城大西街火油仓外墙上的"杀敌"两个大字，就是当年学生军所写，远在西江船上都可望见。

在藤县的抗日宣传，正是学生军深入两广民间进行抗日宣传的写照。

在学生军到来之前，有些人只知道世界更乱了，但不甚清楚中国如今是在和谁战斗。也有些人还在对汪精卫的所谓"和平"抱有幻想，谅解他的所谓"苦心"，还认为是苦肉计。还有些人不了解持久战的真意，还在为着一城的得失而悲伤，对抗战的前途失望、苦闷，乃至颓丧。经过学生军的工作，很多民众终于知道，中国正在为自身的独立、自由和解放而和日本帝国主义战斗，更知道了抗战的演变过程和民众力量的伟大，并根据这些认识行动起来。

1939年12月，日军占领南宁。在藤县的学生军，二团二中队于1940年1月奉命调赴梧州，与一中队合并。一团一大队一中队则在1939年八九月份就调往宾阳，随后参加昆仑关战役，配合杜聿明的第五军作战。

外婆所在的二团女生中队是去梧州还是宾阳，因为她老人家走得太早（1963年去世），我们一直没有弄清楚。但根据史料，桂南会战是有一些学生军女兵参加的。

在昆仑关反击战中，包括女兵在内的学生军，协助日本进步作家鹿地亘带领的"在华日本人民反战同盟西南支部"成员开展战地宣传喊话，彻夜不停地反战叫喊，动摇日军军心。因为前线作战部队对播音器材不熟悉，就由学生军来配合日本反战同盟的工作，每次转移、搬运、安装扩音器，都是学生军冒着生命危险完成的。

当时，先由鹿地亘用日语向日军喊话："放下你们的武器吧！日本人民是反对侵略中国的战争的，你们的父母、妻子在日夜想念你们。不要再受日本法西斯的欺骗了，为日本法西斯卖命当炮灰是可悲的……"接着，学生军开始唱反战歌。一开始，日军阵地还朝着歌声的方向开火，渐渐地，枪声由密转稀，甚至停止。

除了反战歌曲，学生军还在我方阵地上唱"你在前面打，我在后面帮……"，"大刀向鬼子们的头上砍去……"等歌，鼓舞我军士气。

学生军还在桂南战场上给南来北往的几十万部队充当翻译，调解军民纠纷，保障部队供给。女兵们则率领当地妇女一面破路毁桥，阻止日军进犯，一面运输物资，挖掘战壕，建筑工事，救护伤员。

学生军还带领当地群众挖防空洞，一天就挖了好几个，双手都磨出了血泡；在村里动员、训练民兵，组织他们运送伤员和物资。

在宾阳，学生军动员了五万多民众，三天之内破坏了全县的公路、桥梁，致使日军的补给线被截断，重武器、战车无法投入战斗，弹粮缺乏，对昆仑关大捷作出了相当的贡献。

在桂南会战中的学生军，还留下了气壮山河的"竹林遗书"。

桂南会战期间，学生军一支小分队在宾阳县莫陈村竹林地被日军

位于南宁青秀山的广西学生军抗日烈士纪念碑

广西学生军抗日烈士纪念碑镶嵌着学生军抗日战斗场面的浮雕

及川支队(第五师团步兵第九旅团长及川源七少将)攻击。将竹林重重包围的日军,曾经喊话要他们投降。学生军宁死不屈,集体殉国。

日军清理战场时,发现有学生军在殉难前于竹林中一竹竿上刻下了这样的壮烈豪言:"终有一天将我们的青天白日旗飘扬在富士山头!"

虽然是敌军,日军及川支队崇敬学生军的气节,认为这是真正的武士道精神,于是将竹竿锯下,带回日本,设案供奉。二十六年后的1966年2月,日本老兵宫崎宫司与田村克喜在台湾将竹林遗书原物归还,国人才知学生军这一壮烈事迹。

"竹林遗书",是历史的见证。广西学生军当年热血报国的精神,永垂青史。

第八章

中央研究院（科学馆），湘桂大撤退

这也是抗战，另一种意义的抗战。

当年，包括外公唐肇华在内的老一代物理学家，曾经在抗战的烽火硝烟中，筚路蓝缕，弦歌不辍，千里跋涉，在重庆的防空洞里，不分昼夜，坚持科研，在极其艰苦的环境和条件下，精忠报国。

外公唐肇华1941年毕业于国立广西大学物理系

在学生军之后重返校园,毕业于国立广西大学物理系的外公,1942年9月经桂林科学实验馆学务委员雷沛鸿、李四光二位先生考核,进入该馆物理实验室任助理员。

科学馆是当时迁到桂林的中央研究院几个研究所的联合机构。外公进入科学馆时,科学馆是采取委员制,常务委员是李四光(地质研究所所长)、丁西林(物理研究所所长)、汪敬熙(心理研究所所长)、雷沛鸿(广西大学原校长),日常事务由秘书杭维翰负责。不久,雷、杭二位离去,馆务遂由李四光先生负责。

外公回忆说,当时中央研究院大部分都已撤退到重庆,地质、物理、心理三所不愿马上退到内地,正好广西当局对他们大力示好,提供了不错的工作地点,所以这三个所就留在桂林了,在良丰雁山与广西大学为邻,挂的还是"中央研究院"的牌子,但大家都习惯简称其为"科学馆"。

初出茅庐的外公,在科学馆遇到了一些当时中国第一流的科学家。他的导师,是曾任中央研究院天文研究所所长的余青松和曾任中央大学物理系主任的丁绪宝。就在抗战的硝烟之中,中央研究院物理研究所在桂林雁山建立了中国自己制造的第一座地磁台。

余青松先生是福建同安人,在美国匹兹堡大学获得天文学硕士学位,在利克天文台获得博士学位,回国后曾任厦门大学教授和中央研究院天文研究所所长。他是南京紫金山天文台的创建者。全面抗战爆发后,他主持紫金山天文台内迁,在昆明建成凤凰山天文台。

丁绪宝先生是安徽阜阳人,在美国芝加哥大学获得理学硕士学位,曾在哈佛大学研究物理学,回国后历任东北大学、中央大学、浙江大

位于桂林雁山的桂林科学实验馆旧址

学物理系教授。

进入科学馆的第二年,外公被提升为助理研究员。当时,科学馆物理实验室的主任是余青松先生,物理专职研究员有丁绪宝、贾国永和外公等人,研究方向是物理示教仪器、应用光学等,工作任务是在仪器工场制造测绘仪器和中学物理实验教学成套设备。

仅仅物理示教仪器一项,已是成果丰硕。

在力学方面,制造了有关力之分解、力矩作用、重心、摩阻为压力的函数、抛物线、转动、转动惯度、张力、静液、气压等器具;在光学方面,制造了显示光迹、光度,以及光的反射、折射、全内反射、干涉、绕射等仪器;在热学方面,制作了安全活门模型;在电学方面,制造了三灯及四灯式并联串联电路分析盘；在波动和声学方面，则制造了多种形式的波动板、波动仪、利萨如图形仪、闭管，以及克拉尼图形仪、验音盘等。

因着这些成就，包括外公在内的科学馆物理实验室同人的名字，留在了《中国的近代物理学家及物理学进展（1900—1949）》中。

作为物理所所长的丁西林先生，主持制造了六百套高中物理实验仪器和三千套初中物理实验仪器，并亲自编写了实验讲义，分发给全中国的中学，对当时的中学物理教学，特别是中学物理实验，起到了开拓与推动的作用。

在丁绪宝先生带领下，科学馆物理实验室开展了仿制中小学物理仪器的工作，磨制了四百多个放大镜和十余副立体镜，还试制了某些化学药品，供抗战、医院之所需。

烽火岁月中，老一代物理学家们仍然坚持学术交流。1942年，中国物理学会年会分别在桂林、昆明、重庆、成都、兰州、贵阳六市举行，桂林会场就设在桂林科学实验馆。主席是丁西林先生，出席会员共计十七人，宣读论文十六篇。

当年，广西建设研究会举行第二十二次全体研究员大会时，曾组织参观科学馆。该会的研究员中，有许多是当时中国著名的专家学者。前往参观的研究会同人，对科学馆在成立未久、人力财力有限的情况下获此成绩，深为敬佩。

桂林科学实验馆，是近代广西科学技术发展史的光辉篇章，也是抗战时期桂林成为"抗战文化城"的重要组成部分。

在科学馆时期，对外公影响最大的，是他感念一生的李四光先生和余青松先生。李四光先生对外公很器重，很关心外公的工作与学习，也让外公协助处理一些馆内的日常事务。国际知名的天文物理学家余青松先生的言传身教，更是让外公从骨子里形成了科学严谨的治学态度、学以致用的动手能力、淡泊坦然的为人处世态度，受用一生。

1944年4月17日，为消除中美空军对日本本土和日本海上交通线的威胁，打通平汉、粤汉和湘桂铁路，建立一条纵贯中国大陆和印度支那的交通线，日本悍然发动豫湘桂战役。

是年，6月18日至8月8日，长沙、衡阳相继失守，桂林告急。9月12日，桂林城防司令部发布强迫疏散令。

当时，外公随李四光先生、余青松先生和中央研究院西撤至广西宜山。李、余二先生先乘车赴渝。二十八岁的外公，千里跋涉，几经艰苦，最后才于1945年年初经贵州到达重庆。

这条路线，就是抗战史上著名的"湘桂大撤退"。数十万不愿做日本人奴隶的国人，从长沙、衡阳、桂林逃出，或单身独行，或扶老携幼，沿湘桂黔铁路、桂黔公路西移，不辞劳瘁，奔向抗战之都重庆。他们餐风饮露，日晒雨淋，途中饱尝饥饿、疾病、劳顿和炮火的煎熬。

外公曾回忆说，一路上，很少能搭到火车和汽车，经常是步行。

事实上，即使侥幸上了经常是有一段没一段的火车，也难有立锥之地。每一个车皮，都有四层"座位"：车顶上叠满行李，难民们坐在行李堆上面，有的撑伞，有的拉布篷，用以挡烈日和遮风雨；车厢里，在平时的座位上面，皆另外搭起一层"阁仔"，上下两层都塞满人和行李；车卡下面用铁条和木板又搭出一层，也塞满行李，人只能平躺着，一旦连接的绳索被磨断，就会被车轮碾得粉身碎骨。在难民火车上，白天任风吹日晒，夜里冷得发抖，无时无刻不提心吊胆，稍一不慎，就会摔下来。

在贵州，四五十万人颠沛于路上。火车、汽车、马车、牛车、板车、人力车及古老的独轮车都用上了。有的难民，用一根木棍穿过行李包，一前一后扛着，徒步跋涉，睡路旁，盖稻草，与乞丐为伍，与尸体为伴，忍饥挨饿，蓬头垢面。沿路惨状更令人触目惊心。沿途因火车、汽车事故死去及病死、饿死的人不计其数。路边的村镇，到处留下了死亡的痕迹。

因日军已进犯黔南，外公不得不打扮成当地农民，以躲避日军对读书人模样的中国人的抓捕。当时的日军，最恨积极宣传抗日的读书人，抓到之后，一般都是杀无赦。

一路栉风沐雨，经历万苦千辛，外公终于到达抗战之都——重庆。

第九章

日军逼迫下的幼女夭亡

在外公千里跋涉奔向重庆的时候，他刚刚出生的第二个孩子、我的二姨妈，在灌阳老家因躲日军而不幸夭亡。

学生军1941年解散之后，外婆也重返校园，1942年毕业于国立广西大学化学系。同年，桂林发生"七·九"事件，地下组织全部撤离，外公外婆都失去了组织联系。这时，外曾祖母因病重，自料将不久于人世，催促外公与外婆成婚，于是在灌阳文市镇田心村祖宅为他们办了婚事。婚后，外曾祖母奇迹般地转危为安。

1943年5月，外公外婆的第一个孩子、我的大姨妈，在外公时任助理研究员的科学馆和外婆时任助教的广西大学的共同所在地——桂林良丰雁山出生，正是星期天，所以取"雁星"为名。

1944年秋，外公随中央研究院西撤，因外婆当时已再次怀孕，接近临产，难以同行，不得不孤身上路。即将生产的外婆、一岁半的大姨妈唐雁星、六岁的表姨妈唐国英、外婆的陪嫁丫鬟阿好，由外曾祖母带领，回到灌阳文市镇的老家。不幸的是，日军很快打到了灌阳。

1944年9月17日,日军占领文市镇。外曾祖母不得不率领全家去七子岩山洞躲避。外公外婆的第二个孩子,我的二姨妈,就出生在山洞里。

当时六岁的表姨妈唐国英还记得,阿好天天背着一岁半的大姨妈逃难,日本人来的时候,一家人就住在山洞里。山洞不是很大,洞口尽是刺篷。日本人在山上走,她都能听到很响的脚步声。有一天,二姨妈在日军越来越近的"咚咚咚"的脚步声中大哭不止,千钧一发之际,继承了父亲何庆恩的刚毅决断的外曾祖母,被迫用被子把小小的孙女捂死了。

外公唐肇华千里跋涉去重庆,即将生产的外婆周婉琼携大姨妈唐雁星回灌阳前在桂林合影(1944)

如同琼瑶在《我的故事》里描写的那样，当时，遇到类似的情况，家长都会为保护周围所有人的生命而毅然掐死自己的婴儿，她的小表弟就差点被掐死。而我的二姨妈在躲日本兵时不幸早夭，是我们全家至今引以为憾的一大悲剧。

在山洞恶劣环境里生产的外婆，身体受到了极大的损害，从此落下病根。年近九十的堂舅唐振国还记得，外婆当时在山上，是靠草药疗身。当时，很多人都逃到山里避难。除了山洞，大家也开始搭棚子居住。令人感念的是，当时只有七八岁的铁虎叔公（外公的堂弟），砍树枝，搭棚子，很是照顾外婆母女。当年才一岁多的大姨妈，逃难的时候，一听说日本兵来了，就赶快躲到外曾祖母怀里，不敢吱声，一老一小，相依为命。

1945年，抗战胜利，百废待兴，仍见虚弱的外婆，就去灌阳县国民中学教书，并发挥化学系科班出身的专长，自制肥皂出售，贴补家用。

当时的中国，有太多类似的故事。日本侵华，给包括我家在内的无数中国家庭造成的灾难，我们永远都不会忘记，也无比珍惜来之不易的和平。

第十章

重庆，兵工厂，防空洞里的科学报国

1945年2月21日，外公唐肇华到达重庆。在第二天拍摄的向家人报平安的照片背后，外公注明"1945年2月22日，逃难抵渝第二日"。

秦风在《陪都重庆：1938~1945》的序言中说，"中国人在抗战中写下了英勇的史诗，而重庆岁月无疑是抗战史诗中极为动人的一章"。

外公唐肇华逃难抵渝次日所拍摄的照片

对于生于重庆、长于重庆的我来说，这句话的含义，尤其深刻。

我出生时，毕业于华东纺织工学院（后改名中国纺织大学，现为东华大学）的父母，都在江北刘家台（嘉陵江畔）的重庆远大织布厂工作。我的母亲唐桥星，在这个厂度过了她的青春年华——从纺织女工到技术员、技术科副科长、主管技术的副厂长——倾注大量心血，贡献良多，深受爱戴，调离多年后，仍然有口皆碑，备受怀念。

刘家台，是抗战时期曾经制造了全中国一半轻武器的兵工署第二十一兵工厂（原金陵兵工厂，后来的长安机器厂）所在地。远大织布厂的厂区里，就有一些抗战时修建的防空洞。我三四岁时，还在刘家台岸边看到过抗战后遗留的一尊大炮。那种肃杀之气，在记忆里非常鲜明。

因父母工作繁忙，我和弟弟平时都是寄养在老工人家，周末才回家。当时带我的老工人胡邦书婆婆，待我如亲孙女一般，常带我穿过远大织布厂二车间外的长安机器厂入口，去长安机器厂走亲戚（胡婆婆的妹妹和妹夫都是长安机器厂的老工人）。

我还记得，长安机器厂的规模很大，职工上万人。老工人们有时会谈起抗战时的故事。当年金陵兵工厂内迁，那么多的机器设备，千辛万苦地从南京运到重庆，"多亏了老厂长李承干"，"这个人非常能干，非常爱国"，也"幸好有卢作孚"。在南京，大量难民涌上民生公司准备运输设备的船，卢作孚就在码头上大声喊："同胞们，我知道此时此刻大家的心情，可是为了我们的国家，我们必须把这些设备运到大后方，为我们国家保存希望。"难民们于是下船，还帮着金陵兵工厂的员工把设备搬上船。

我和弟弟很小的时候，我们的父亲何君孝被借调到重庆市工业交通部工作。每逢当时身为远大织布厂技术骨干的母亲加中夜班，父亲就不得不带我们去市政府"上班"。那里的叔叔阿姨们，很喜欢我们这两个小孩子，常带我们参观这个陪都时代的国府旧址。直到今天，我还记得抗战时期留下来的那些简单朴素的黑砖小楼，小小的后园，低矮的防空洞，以及狭小简陋得让人意外的蒋介石办公室。

事实上，抗战一直都在重庆的历史记忆里，不仅留在那些遍布重庆的抗战遗址上，更留在当年那些包括外公在内从全国各地涌来重庆的华夏儿女奋起救亡兼建设国家的爱国热忱里。

正是这种义无反顾、抗战到底的精神，最终打败了侵略者，保全了中华。

1943年，教育部科学仪器制造所在重庆沙坪坝小龙坎成立，在战火烽烟中，其成员成为开拓中国仪器事业的首批创业者。

1945年年初，外公唐肇华抵达重庆时，他在科学馆的导师余青松先生，正任教育部科学仪器制造所所长。他聘外公为研究员，兼工务股长，主管全所理化仪器标本设计制造。

当时的重庆，作为国民政府的战时陪都，中国抗战大后方的政治、经济、军事、文化、外交中心，世界反法西斯战争远东战区指挥中枢，集中了大量内迁的工矿企业、科研机构、教育院校、医院、外国使领馆，因而遭到日军飞机持续六年零十个月的狂轰滥炸。

为避免轰炸，当年科学仪器制造所的工场，就设在兵工厂的防空洞里。

当时，很多工厂将厂房搬进了防空洞，尤其是大量的兵工厂，在

外公的教育部科学仪器制造所徽章

防空洞里夜以继日地生产，在对外通道被切断、外援几乎断绝的情况下，用自己生产出来的枪炮和弹药，支撑起了艰苦卓绝的全民抗战。直到今天，在山城重庆的山体岩石之间，依然有很多隐藏的防空洞完好如初。

当年，外公和他的恩师余青松，就是在兵工厂的防空洞里，不分昼夜，筚路蓝缕，科学报国。

查考抗战时期重庆兵工厂的分布情况，当年教育部科学仪器制造所工场所在的兵工厂，应该就是当年位于沙坪坝磁器口附近张家溪一带的兵工署第二十五兵工厂，也就是后来以生产嘉陵摩托驰名的重庆嘉陵机器厂（现名嘉陵特种装备有限公司）。

根据《重庆日报》2018年2月24日登载的《重庆工业遗址上"国保"抗战时期的工业"精华"》所披露的资料，第二十五兵工厂的前身是中国近代军事工业史上最早生产枪弹的工厂之一——龙华枪子厂。文中提到，今日嘉陵特种装备有限公司用于生产的一些机器，仍是抗战时期内迁到重庆的老机器，有几台装配机甚至是清末建厂时期从德国进口的设备。至今，仍有四十多个抗战时期用于防空的山洞厂房保存完好，挂了一块"全国重点文物保护单位——重庆抗战兵器工业旧址群、兵工署第二十五兵工厂旧址"的牌子。当年，第二十五兵工厂将效率高、成色新的机器搬进这些山洞厂房，每月生产枪弹六百万发以上。

这是一个惊人的数字。

这个数字所映射的，是当年的兵工人夜以继日、为抗战加工生产的爱国精神。当年，前线的几百万将士，正是在兵工厂这些源源不断的武器支援下，浴血奋战，挽救了被日本侵略者逼到差一点"亡国灭种"的国族。

当年，外公应该就是在这其中一个防空洞中，见证了这段血与火的抗战历史，这段不可磨灭的民族记忆。

第十一章

飞虎队飞机残骸中的国仇家恨与夫妻深情

外公留给我的最珍贵的纪念，是他当年在重庆兵工厂的防空洞里用美国飞虎队的飞机残骸制作的一个盒子，里面装有他当时因思念外婆而刻的一枚印章。

这是一个不平凡的盒子，铝合金的质地，来自当年仗义相助、为苦难中华出生入死、最后壮烈捐躯的一架飞虎队飞机的残骸，由外公亲手改制而成，铭记着一段不平凡的抗战烽火岁月。

当年，坚持抗战的中国，在港口和运输系统都被日本控制的恶劣处境下，几乎与世隔绝。被中国老百姓誉为"飞虎队"的美国志愿航空队的援华义士们，驾驶着破旧的老式飞机，为艰苦抗战中的中国撑起了一片蓝天。

当年，飞虎队不但在中国绝大部分地区的上空与日机作战，还协助组建中国空军，并为中国从印度接运抗战急需的战略物资。

这条空中运输的路线，要飞越青藏高原和云贵高原，穿行于峡谷中，起伏有如驼峰，故人称"驼峰航线"。

外公在重庆兵工厂防空洞中亲手制作的印章和印章盒　　外公用飞虎队飞机残骸制作的印章盒　　外公用飞虎队飞机残骸制作的刀子

据说，在驼峰航线飞行，不但要面对日机的空中拦截，还时常会遇到强烈的气流变化，跳伞也会落入荒无人烟的丛林，往往难以生还。

据说，当年的驼峰航线，被称为抗战中国的"空中生命线"，不但为当时已经奄奄一息的中国输入了大量急需的武器弹药、医药、医疗器材、燃油管道、机器设备、粮食、被服等军需物资，还在返航时为中国运送了大批青年和基层军官去印度整训，增强战斗力。

飞虎队，为中国抗战立下了不朽功勋，值得中国人永远感念。

每次看到外公留下的这个以他自己的方式纪念飞虎队的盒子，这方饱含夫妻深情的印章，眼睛都会有些潮湿。报国之心，夫妻之情，都在其中。

外公的一生，真的是生逢乱世，饱经忧患，矢志不渝。

永远都记得，1987年夏，外公在成都街头对年少的我说："现在的中国，已经是几十年来最好的了。"他当时的神情，让我终生难忘。

当年，外公还用同一块飞机残骸制作了一把刀子，寓意杀外敌，重光国土。抗战时的中国人，是怎样的血性和刚烈？这把铭记着外公当年对日本侵华的国仇家恨的刀子，我家用了几十年，直到今天。

第十二章

《毕业歌》《满江红》中的抗日救亡

外公外婆在中华民族生死存亡的关头，奋起救亡、从军报国的光荣历史，一直是我们的骄傲。

直到今天，我年过古稀的母亲和六十多岁的四姨、五姨，依然记得她们小时候，外公教她们唱抗战歌曲《毕业歌》《开路先锋》，外婆教她们唱《满江红》。

同学们，大家起来，
担负起天下的兴亡！
听吧，满耳是大众的嗟伤！
看吧，一年年国土的沦丧！
我们是要选择"战"还是"降"？
我们要做主人去拼死在疆场，
我们不愿做奴隶而青云直上！
我们今天是桃李芬芳，

明天是社会的栋梁；

我们今天弦歌在一堂，

明天要掀起民族自救的巨浪！

巨浪，巨浪，不断地增长！

同学们！同学们！

快拿出力量，

担负起天下的兴亡！

——《毕业歌》（田汉词，聂耳曲）

这首《毕业歌》，正是包括外公外婆在内的无数青年学生抗日救亡的写照。他们当年的那份热血、骨气、豪情、担当，在八十年后的今天，依然令人神往。

曾是广西大学附中和广西大学抗日救亡积极分子的外婆，曾是广西大学学生会负责人和骨干的外公，当年曾经和陈希贤、覃宝珍等同学在学校组成歌咏队，在梧州街头、梧州女中教室、新兵营房等教唱《毕业歌》、《五月的鲜花》、《流亡曲》、《大路歌》（《开路先锋》即《大路》序歌）、《义勇军进行曲》、《大刀进行曲》、《枪口一致对外》等抗日救亡歌曲，号召梧州的民众（包括学生、士兵）奋起救亡。

这些歌，在1935年12月19日梧州学生声援北平"一二·九"运动的示威游行中，在1936年11月26日梧州各界援助绥东抗日将士大会（大会主席为广西大学学生陆炳瑜）上，在1936年12月24日广西大学、广西大学附中、梧州女中等校声援"和平解决西安事变""停止内战，一致抗日"的示威游行中，都曾高唱。

外公和陆炳瑜、靳为霖领导的广西大学学生会，在歌咏队之外，还组织了抗日宣传队、话剧社，出版墙报和校刊，将梧州学生的抗日救亡运动推向高潮。话剧社参加梧州救国话剧社活动，多次在学校、街头、中山纪念堂演出《卢沟桥之战》《放下你的鞭子》《雷雨》等话剧。抗日宣传队除了在梧州街头，还到工厂，利用暑假到苍梧县龙圩镇、广平镇和岑溪县筋竹镇等地，进行抗日宣传，教唱救亡歌曲，演出救亡话剧。这些活动，也影响了梧州初中、女中、复兴中学、苍梧国中等学校的学生，他们纷纷走向社会，展开活动，推进了梧州民众的抗日救亡。

《满江红》是根据英雄岳飞《满江红·写怀》一词谱写的一首抗战歌曲。这是外婆生前唯一教女儿们唱过的歌。歌中这份壮怀激烈，正是热血勇毅、不让须眉的外婆的本质所在。

抗战时期，《满江红》是一首很流行的歌。据白崇禧之子白先勇回忆，他父亲也曾教他们兄弟姐妹唱《满江红》。《满江红》，正是抗战那一代人，面对外族入侵、烽火连天、国土沦丧时，慷慨悲壮、奋勇救国的心情写照。

血缘的传承，的确奇妙。作为外婆长孙女的我，从八岁那年就自发地敬仰岳飞，十一岁那年，以这首精忠报国的《满江红》，夺得当时就读的重庆第四十一中学（今巴蜀中学）诗歌朗诵比赛第一名。

精忠报国，正是唐家先人——从宋代助岳飞剿贼的先祖天麟公，到晚清出关抗法的外高族祖、外高伯祖、外高祖父，再到民国投笔从戎抗日的外公外婆———一脉相承的最令人敬佩的传统和家风。

不独抗战，抗美援朝时，当时在广西大学任教的外婆，还把自己所有的金银首饰，包括亡母留下的唯一纪念（一条白金项链），都捐出去给国家买飞机。

不独男儿，唐家女儿，亦传承此风。

大外公唐现之的小女儿唐榕邹，也是抗美援朝之时，初中还未毕业，就去参军，随军开赴冰天雪地的战场，转业后定居辽宁辽阳。查考史料，榕邹姨参加的应是从广西开赴朝鲜的三十九军一一六师。一一六师是第四野战军的王牌师，即在解放战争中威名远扬的东北野战军二纵五师（师长钟伟即《亮剑》中丁伟将军的原型）。一一六师后来在朝鲜战场上也立下了赫赫战功。归国后，三十九军戍守辽东，军部就在辽宁辽阳。

十几年后，榕邹姨的堂妹，我的三姨唐小雁、四姨唐晓桥，也曾试图去越南找中国抗美援越的部队参军。三姨和同学一起走到边境的睦南关（友谊关），听说中央军委不允许招收学生，只得折回。而当年（1967）只有十七岁的四姨，与两个女同学结伴，徒步翻过了睦南关旁边有野兽出没的大山，在越南找到了抗美援越的部队，要求参军，但部队不同意，用军车把她们送回国。

而我的二姑婆、外公的同胞二姐唐荣珍，更是在抗战之时，刚刚生下女儿，就随夫奔赴前线，在桂林成为一时美谈。

第十三章

二姑婆唐荣珍，二姑爷爷唐真如，台儿庄大捷

在我们的家族传说中，二姑婆唐荣珍和二姑爷爷唐真如的名字，是和台儿庄、李宗仁联系在一起的。

外公是独子，上有三个姐姐：大姐唐荣瑄，二姐唐荣珍，三姐唐荣璧。

大姑婆唐荣瑄嫁给了全州县两河乡下鲁荐村（今鲁水村）的廖竞夏。廖竞夏曾任广西银行香港分行行长。其父廖藻，字莘农，清光绪十七年（1891）辛卯科举人，曾任湖南试用知县、全县修志局总纂。其兄廖竞天，字明哉，是广西著名的金融家。廖竞天早年留学日本商科大学，曾因军阀混战，官费停发，被全体留日学生选为七人代表之一向北京政府请愿，与教育总长章士钊交涉，获拨款六万元接济留日学生。学成归国后，历任广西银行总行秘书、桂林分行行长、广西银行总经理及副董事长。廖竞天在政治上也有作为。他在1940年任广西省参议会议员时，与议长李任仁友善，在李任仁家与从重庆秘密经桂

林去香港的著名报人邹韬奋相识，以自用汽车助邹韬奋赴飞机场迅速离开。1944年被选为国民参政会参议员，1946年到南京出席国民参政会时，提案要求南京政府查明侵华日军尉官以上军事负责人，并列为战犯分别惩处，但此案提出后一直没有下文。1949年夏出席在香港召开的广西银行董事会，受当时在港的李济深、陈此生影响，倾向共产党。广西解放后，被聘任为广西省人民政府参事兼广西大学法商学院会计银行学系教授。还历任广西壮族自治区第二、三、四届政协委员。1983年在南宁去世。

廖竞夏后来在香港另外组建了家庭，1938年后与大姑婆和儿女不

大姑爷爷的胞兄廖竞天　　　　　二姑爷爷唐真如（又名唐正作）

再联系。作为原配的大姑婆，则在全州廖家守了一生。对于这段名存实亡的包办婚姻，唐家人以宽容之心对待。据二姑婆说，大姑婆当年拜堂成亲时，手上所戴的外高祖父和外高庶祖母从台湾带回来的玉镯，突然断裂，似是先兆。同在南宁、同为参事兼政协委员的大外公唐现之，还与廖竞天一直有来往。位于全州两河乡的廖家祖屋，至今仍在，小洋楼依山傍水，面对一大片竹林。秉承唐家传统的坚毅的大姑婆，靠自己将一儿一女抚养成人。土改后，从地主变成农民，仍然乐观、独立，七十多岁时（1966—1976）还靠一根针（缝纫针）养活自己，一直活到九十多岁。大姑婆的女儿廖时雨，又名廖琳珂，后来成为桂林市中山北路小学教师，从教一生，桃李满天下。

　　三姑婆嫁给了灌阳新圩镇平田村的范澄侯。范澄侯曾任灌阳国民中学教员。范家也是一个大家族，与唐家世代通婚。外公的堂妹

二姑婆唐荣珍

（十一太公唐超寰之女）也嫁到范家，她的儿子范木生，后来也在桂林工作。

二姑婆唐荣珍，由大外公介绍，嫁给了全州白宝岭村的唐正作（又名唐真广）。二姑爷爷出生于白宝岭村一个医师之家，十八岁那年（1924）离家闯荡，1926年成为毛泽东接办的第六届广州农民运动讲习所（简称"农讲所"）的学员。至今，农讲所保留的学员名单上还有他的名字。据《全州县志》记载，1926年冬，他在全州国民党县党部任职，以农民部长的名义开展农民运动，组建白宝岭、河口里、彰家村、小塘前等农协组织。1927年"四一二"事件后，与党组织失去联系。

1930年春，桂系当局创办广西邮电学校，公开招生，二姑爷爷前去报考，获得录取，专业为无线及有线通讯。是年，广西邮电学校并入黄埔军校南宁分校无线电队。毕业以后，二姑爷爷进入桂军任职。1937年，日本发动"卢沟桥事变"，中国抗战全面爆发，将士纷纷奔赴抗日前线。在桂林的二姑爷爷，也是热血沸腾，但因二姑婆即将生产，有些犹豫。据说，有着唐家女儿的刚毅、深明大义的二姑婆，当时毅然对二姑爷爷说："作为一个革命军人，为国捐躯，才是军人根本。好男儿当精忠报国！你如果舍弃不下我，我便随你一同奔赴抗日前线，你若战死，我绝不独活。小孩可交给她的外祖母抚养。你务必为抗战尽心尽力，报效国家！"

于是，二姑爷爷解除了后顾之忧。二姑婆随夫同赴抗日前线，将刚出生的女儿唐国英留在我们家，由外曾祖母抚养，和我的大姨妈唐雁星一起长大，直到抗战胜利后的1946年，二姑婆和二姑爷爷回到桂林，才把她接回去。大姨妈回忆说，外公外婆从来没有告诉她这是表

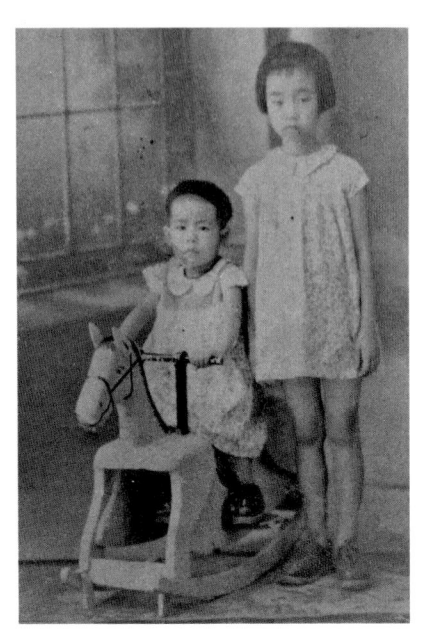

二姑婆之女唐国英（右）与我大姨唐雁星（左）于1946年

姐，只让她叫"姐姐"，所以她一直以为是亲姐姐，直到抗战胜利后"二姑妈二姑丈"来接姐姐，她大吃一惊。外公外婆的善良、细致入微，于此可见一斑。

当时的抗日最前线，是李宗仁将军统率的第五战区。二姑爷爷出任通讯队长，掌管第五战区长官司令部全部机要通讯。台儿庄战役期间，二姑爷爷曾三天两夜未合眼，日夜督导部下，保证了战时的通信畅通与安全，为台儿庄大捷提供了可靠的通信保障。他曾回忆说，为防止日军窃听，李宗仁、白崇禧两位将军通话时都是用他们家乡临桂的土话交谈的。

台儿庄战役中，我军重创日军精锐的板垣、矶谷两个师团，使日军企图打通南北两个战场、进攻武汉的计划受阻。此役是抗战以来中国取得的最重大胜利，极大地鼓舞了举国上下抗战的信心。

对台儿庄大捷的通信工作贡献良多的二姑爷爷，被擢升为交通处第二科科长、通讯大队长（上校军衔）。

抗战胜利后，李宗仁将军调任北平行辕主任。二姑爷爷也随行至北平行辕，出任第四处第三科科长，主管通信。二姑婆和儿女们都随军迁至北平。

1949年，二姑爷爷随国民党军队所部沿湖南、柳州、钦州一路败退。据二姑爷爷的外孙、我的表哥冯原回忆，当时也在钦州的黄杰（黄埔一期毕业，时任第一兵团司令）曾经和二姑爷爷商量，如何一起撤往海南岛。黄杰部最后进入越南，转去台湾。二姑爷爷则在南宁起义，随后回到桂林，1957年进入民革桂林市委会任社会联络秘书。二姑婆则去了桂林市绒帽成衣工厂（又名桂绣针织品厂）做工人。1967年，二姑爷爷病逝。1994年，二姑婆去世，享年八十二岁。

直到今天，二姑婆的故事，还经常挂在母亲几姐妹口边，都说她能上能下，宠辱不惊；以前是军官太太，有勤务兵、老妈子，养尊处优，后来做工人，厂里实行计件领工资，她因为手巧，速度又快，总是成果最多的那个。比如车帽子，别人一天最多七八十顶，二姑婆能车二百四十顶，绝对是能人一个。

第十四章

十一太公唐超寰与南宁保卫战

在家族传说的抗战故事中,和二姑爷爷唐真如参与的台儿庄战役并列的,是十一太公唐超寰参与的两次南宁保卫战。

十一太公是外公的叔叔,在家族排行十一,是外高祖父与台湾吴氏夫人的第四子。他生于1906年,1925年毕业于五年制的广西省立桂

十一太公唐超寰

林师范专科学校，之后投笔从戎，又毕业于国民党南京中央防空军事学校。

十一太公于1926年参加北伐。根据他的履历，他曾是国民党陆军第十五师上尉副官。据十一太公的侄女、我的堂姑婆唐见仁说，他北伐时是李明瑞的副官。十太公唐潞公，则是李明瑞的军需主任。

第十五师前身就是北伐中战功最著、被誉为"钢军"的第七军。蒋桂战争中，李明瑞对李宗仁不满，以拥护蒋介石为名倒戈，被蒋介石任命为第十五师师长。

李明瑞是广西北流人，毕业于广东韶关滇军讲武堂，是李宗仁在六万大山起家时的老部下。

《李宗仁回忆录》有言，李明瑞原是第七军中的一员虎将，战功彪炳，民国十年（1921）我军避入六万大山时，李任连长。嗣后统一广西及北伐，李明瑞亦无役不与。

李明瑞是虎将，也是勇将，在北伐战争中率部参加了著名的贺胜桥、德安、龙潭等战役，身先士卒，所向披靡。

十太公唐潞公与十一太公唐超寰两兄弟离开李明瑞部后，十太公弃武从文，以书法驰名，十一太公则先后在广西省财政厅任职，在省立百色第五中学任教。十一太公1931年任百色军警督察处少校科长、百色公安局第二区署署长，1933年任陆军第四十三师少校营长、中校参议，1934年任百色公安局局长。

1937年，抗日战争全面爆发。1938年10月，广州失守，从香港到内地的主要交通线被切断。

1939年1月到8月，日军先后侵占海南、汕头、深圳等地，准备进攻桂南，实现对中国的全面封锁。

1939年11月15日，日军在海军协助下，在钦州湾强势登陆，两天后攻占钦州。随后兵分三路北上，直指南宁。

当时南宁兵力空虚，广西当局临时调集贵县部队前来防守，并命令南宁警察局警员参加守城。时任警察局局长的周必昌接到命令后，声称自己痔疮发作，请假赴百色治疗。无奈之下，广西省府及民团指挥官指定时任特别区警察所上校所长的十一太公代理局长，负责守城。

临危受命的十一太公，指挥全局警员配合宪兵营，防守大冲口到凌铁村一带。

凌铁渡口位于邕江北岸，因靠近凌铁村而得名。抗战全面爆发后，凌铁渡口作为桂越国际交通线上的唯一渡口，直接关系到抗日的物资补给，成为中日双方必争的战略要地。

晚年的十一太公唐超寰和北伐时的老长官周祖晃（后任第七军军长）之子周人豪合影

11月22日中午，日军今川均中将率领多路日军，抢渡邕江北岸，组织了百余人的敢死队，在飞机掩护下乘坐十几个竹筏和橡皮艇横渡邕江。

中国守军和十一太公率领的警员，埋伏在凌铁渡口附近的小山丘，伏击日军。他们待日军竹筏行至江心，便一齐开火射击，使半数日军倒入江中，将日军击退。日军随即调来飞机、大炮轰炸阵地，警长劳胜及十多名警员不幸牺牲，壮烈殉国。

激战至24日凌晨，南宁守军已伤亡过半。自24日上午起，中国守军逐步放弃沿江和城区阵地与大王坟一带，且战且退，撤出城区。南宁第一次沦陷。

南宁沦陷以后，十一太公唐超寰调任桂林市警察局东江分局局长。

1940年，南宁光复，十一太公被任命为广西省警察大队上校大队长、南宁公安局局长，兼任广西防空司令部南宁防护团上校团长。

日常练武的十一太公，在这一时期还有一段精武会的趣事。当时的南宁精武会由第十六集团军总司令夏威任名誉会长，十一太公任会长，活动经费由第十六集团军总部提供。会内按年龄分为成年男子、成年女子、儿童等，按类别分为短兵、徒手、对练等小组，分门别类进行规范训练。

处于动荡年月的南宁，流氓地痞活动猖獗。南门的"木匠四"、维新街及北门一带的蒋飞雄、大同街大坑口一带的"大粒痣"和石巷口的黄天赐，号称"四大天王"，划分势力范围，各霸一方。

1942年7月间，"大粒痣"带着几个爪牙在德邻路（今解放路）如意酒家喝酒猜码，突然进来七八个伤兵，一声不响地来到他们桌前，伸手就抓肉吃。德邻路是"大粒痣"的地盘，"大粒痣"咽不下这口气，不多时便叫来了一大帮人，伤兵也呼啦啦地来了十几个，于是一场恶斗，打得不可开交。

十一太公得报，觉得出动警察不便，便带上精武会会员前往现场。一出手，便将局面控制住了。几个回合下来，打斗双方便被隔开。又一阵交锋，终将双方制服。

不少南宁市民目睹了这一场精彩的"制服战"，很是兴奋，四处宣扬，把当时的场面描绘得神乎其神。从此，在南宁市民的心目中，十一太公不仅是威风凛凛的警察局局长，还有些武林好汉的味道。

1944年11月下旬，日军由梧州方向兵分两路，再度进犯南宁。当时，南宁只有中央别动军第三纵队指挥的两个支队、南宁专员李昼新直属的一个保安大队、南宁警察局一千多名武装员警和义勇警察大队五百名警员。

南宁专员李昼新在专署召开军事紧急会议，商定守城办法，由中央别动军第三纵队和南宁警察局负责守城。24日晨，十一太公率部布防长岗岭，警戒邕宾路。他派员与别动军第三纵队联系，但对方答复，奉别动军总部电令，别动军非作战部队，应撤离市区。在这种情况下，只有十一太公所率警察部队到达坛洛区驻守。与别动军纵队失去联络的第一大队到达后，也由十一太公指挥。

1945年1月，十一太公奉广西省府电令，赶赴百色，另有任务。途中在隆安县遭遇日军，还曾打了个漂亮的袭击战。当时，他们被日军包围，一场巷战后冲出包围圈，退至后山。十一太公居高临下，观察敌情，趁日军烤火之际，率领部队出其不意地冲下山，迎头痛击，俘敌三人、马二匹、六五步枪（又称三八式步枪）二支。

随后，十一太公被任命为天峨县县长兼上校民团司令。

当时，广西省府后方根据地和所有重要物资都迁移到天峨、乐业两县。为防止日军向天峨串扰，兼肃清土匪，安靖地方，第十六集团军总司令夏威特令拨第一八八师（师长为白崇禧外甥海竞强）谭小侠团交十一太公指挥。十一太公认为警察大队足以应付防敌兼剿匪，电告无须谭团。他剿抚兼施，将匪首招安为民团大队长，小股土匪遂纷纷投诚。他并出具布告免究外逃壮丁之责，规劝其回乡生产，各乡壮丁因而返乡。是年，粮食丰收，集市繁荣，民众安居乐业，治安状况良好，可谓再现父辈的治理长才。

1946年11月，十一太公被任命为南宁警察局局长。他在中山公园建立了抗日阵亡员警纪念塔，由广西省政府主席黄旭初、前第四战区司令长官张发奎、前第十六集团军总司令夏威等题词，表彰忠烈。

1947年，十一太公晋升简任局长（相当于少将），名列广西省一百位将级军官之一。他为人随和，处事老练，正直不阿，廉洁奉公，与广西省政府主席黄旭初意气相投，谊属好友，也颇受白崇禧信赖。

据说，十一太公当年深得

精于书法篆刻的十太公唐潞公为十一太公刻的印章"唐超寰"

南宁百姓爱戴。兵凶战危之时，他在疏散逃难时收容了几十名妇女儿童。南宁两次光复后，他在恢复市容、清洁卫生方面也做了不少实事、好事。

据说，当年白崇禧很欣赏和重用十一太公，觉得他有能力，有个性，作风过硬，尤其是关系到新桂系及地方尊严的问题，更是寸土必争。1949年，李宗仁作为代总统回南宁视察，临走前，十一太公带了几名警员到机场相送，可中央直辖的空军机场却要求十一太公缴枪方可送行。双方发生争执，中央军亮出了枪。十一太公一怒之下，调动全局警员包围空军机场，要给广西、给南宁争面子。后来经广西绥靖公署调解，允许十一太公及随身侍从带枪。此事为新桂系争了面子，得到李、白二位长官的好评和夸奖。

1949年12月2日，人民解放军攻克宾阳。这天下午，感到大势已去的白崇禧搭机逃往海南岛。在逃离前，白崇禧交代十一太公，要留个烂摊子给共产党，配合华中军政长官公署工兵团炸毁南宁的电讯、水电、机场等重要设施，把警察局警员交给陆军第三三〇师统领，为大军断后，然后乘飞机和他一起走。但怀有强烈的爱民之心、桑梓之情的十一太公，在地下组织的策动下，决定率部起义。据说，白崇禧得知十一太公起义时，不是愤怒，而是感叹时不我与，少了一名得力助手。

十一太公率领南宁警察全体起义，对南宁的和平解放厥功至伟，在维护社会治安及保持物资仓库、水电设施方面起了重要作用。南宁市公安局成立后，他以原局长身份留局工作，并出席南宁市各界人民代表会议。

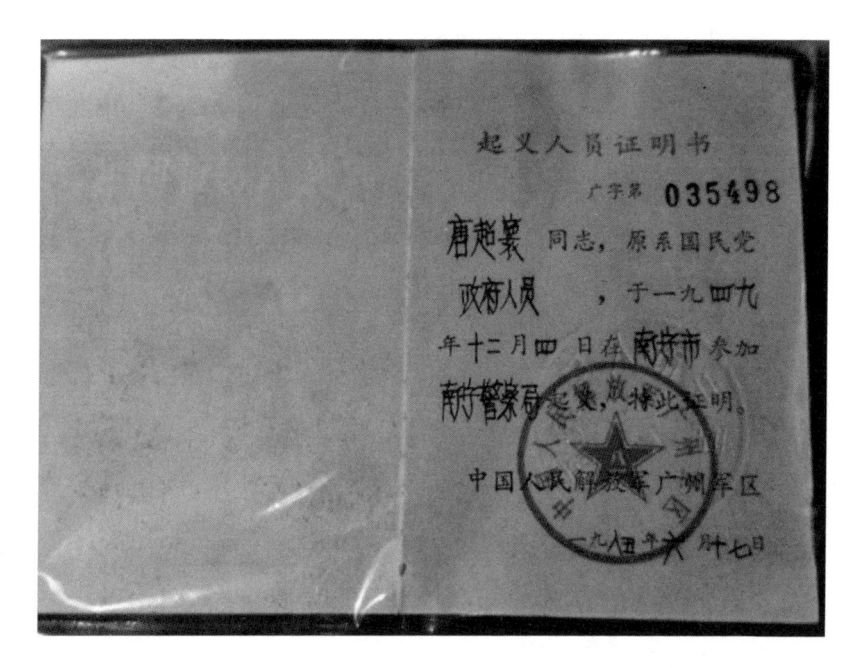

十一太公唐超寰的起义证书

1951年,十一太公以"历史问题",蒙冤入狱。1964年刑满,留场就业,1974年迁回南宁。

我母亲还记得,当年外公曾带她去看她这位刚出狱的"十一爹"(灌阳话"十一爷爷"的意思)。他很瘦,住在一个阁楼上。母亲的堂叔、十一太公的次子唐济武(南宁市原副市长,现广西壮族自治区人民政府参事)也回忆说,当时在南宁的堂哥唐现之,也不惧连累,时常来他们家看望。

1980年,十一太公获得平反,撤销原判,宣告无罪,由广州军区补发了起义证书，安排到南宁市政协任驻会常委，同年加入民革，任南宁市民革常委、自治区民革顾问，在拨乱反正、澄清冤假错案方面做了大量工作，并撰写了近十万字的《南宁文史资料》，为后世留下了第一手的珍贵记录。

十一太公是个真正爱国爱民的人。平反后，他写信给当年去台的部下、同僚及友人，向他们介绍大陆的繁荣面貌，请他们回来看看。

爱国爱民之外，十一太公还能文能武，很像他的父亲与伯父。从他八十三岁时写给胞妹唐松贞、妹夫沈明燧的贺寿诗，可见其旧诗及书法功底。

十一太公唐超寰的家训手书

贺明燧贤妹倩 桂月同寿 步和原玉

天赐一对老顽童，寿域同登岁月融。
饱德饮和神赐福，兴家立业主敷功。
心无芥思纯洁澈，室有双香兴不穷。
吉柏凌霄斋桂殿，鸳鸯攀附仰高风。

愚兄 唐超寰 八旬有三
一九八八年戊辰中秋于南宁

※明燧、松贞俩老诞辰同月（桂月）同日、同时。

日月同辉，奎童齐眉。

十一太公唐超寰的旧体诗

1990年5月,十一太公因心肌梗死于南宁病逝。

十一太公的后半生,有二十多年是在监狱中度过的,可以说饱经磨难,历尽坎坷。然而,唐家家传的坚毅、正直、爱国、爱民,始终与他同在。他留给子女的家训手书,"前辈教人为民服务,廉不言贫,勤不言劳,爱民不言惠,锄强不言威,事上至敬,不言亡势,礼贤下士,不言屈己",正见唐家家风。

第十五章

新安旅行团

在家族最近的几代人中,从小酷爱历史,兼且唯一听过外公细说从前的我,可以说是最熟悉家史的一个了。但是,直到这次深入发掘,撰写家史,才算是真正了解了我的家族。真正的家国情怀,从越南到台湾,从中法战争、甲午战争,到抗日战争,一代又一代的热血、勇敢、精忠报国。

从豆蔻年华的学子到守土有责的将士,从鲁苏豫皖交界的台儿庄到广西边陲的凌铁渡口,我家的六位长辈,当年真可以说是"地无分南北,人无分老幼",投身抗战。

就在十一太公率部防守凌铁渡口的1939年,他的侄孙、当时年仅十四岁的二舅唐振元(唐现之次子),参加了当时著名的少年儿童抗日救亡团体——新安旅行团;三年后,参加了新四军,在湖北敌后抗战。

新安旅行团是由教育家陶行知先生的学生汪达之创办的。当时担任江苏淮安县新安小学校长的汪达之,将十四个学生组成旅行团,以实践陶先生的"生活即教育,社会即学校"为口号之一,以修学旅行的形式奔向全国，宣传抗日救亡。

历史应该铭记，八十年前的中国，曾经有这样的一群少年儿童，在国族危亡关头，奔走在祖国的大江南北，唤醒民众共赴国难，被誉为"中国少年儿童的一面旗帜"。他们，就是新安旅行团。

他们带着全团仅有的五十元钱，每人一件白衬衫、一条蓝色工装裤、一把雨伞、一个挎包，脚穿草鞋，肩扛行李，携带一台电影放映机、几部黑白无声抗日影片和几十张抗日救亡歌曲的唱片（电影放映设备及影片大都由陶行知先生捐赠），踏上了征途。

一路上，团员人数逐渐增多，影响越来越大，足迹遍及上海、南京、北平、兰州、西安、武汉、桂林等大中城市和内蒙古、西北、西南等少数民族的农牧地区，共约十八个省份，行程四万五千多里。

这些孩子，每到一地，都放映电影、教唱抗日歌曲、售卖进步书报、开展"小先生"活动，进行抗日救亡。

他们的生活很清苦，主要靠沿途放电影得些收入，各地热心人士也有些捐赠。他们经常是背包作凳子，膝盖当桌子，边读书边做笔记。没有房子住，就自己搭草棚子；没有粮食，就靠胡萝卜、盐蒿子度日。

1938年11月中旬，新安旅行团来到桂林。

在桂林，他们开展了著名的"岩洞教育"。

当时的桂林，经常有飞机轰炸，而桂林有上百个岩溶洞，当地民众将之作为天然的防空洞。新安旅行团就将岩洞变成学堂，团员们当起"小先生"，每天在洞口教老百姓认字，唱抗战歌。一有飞机轰炸，他们就赶紧躲进洞里，等飞机过了，又出来继续教。至今，七星岩后岩仍然留有当年新安旅行团书写的"敌人在轰炸，我们在上课"的标语。

在桂林，新安旅行团团员发展到近百人，活动更加多样化。他们去伤病医院慰问伤兵，巡回演出抗战剧目，成立农民夜校，组织抗日儿童团，派出西南工作队到湘桂铁路沿线宣传抗日救亡，还派十三岁的小团员随中国救亡剧团到香港、越南西贡、新加坡等地宣传抗战，展示抗战中的中国儿童的救亡精神。

1940年9月，新安旅行团在桂林西郊致和村组建新安小学，传播抗战思想。新安小学共有三个班、一百多名学生，附近村子的孩子和新安旅行团小团员也在这里就读。由于桂林时常遭受日军空袭，也有城市居民和桂系高官将子女送到新安小学读书。

新安小学开设国文、算术、常识等课程，以村里的大庙和四间泥砖村舍为教室，以一些农家为宿舍，以几棵参天大樟树下的空地为操场。师生都戴斗笠、穿草鞋，一起学习，一起出操、劳动，同吃同住。每天吃的是两干一稀的糙米饭、青菜萝卜或豆腐。每天都要唱《新安旅行团团歌》："同学们，别忘了我们的口号，生活即教育，社会即学校……一边儿学习，一边儿教……我们的家破产了，我们的国遭遇了盗。听啊！到处都是敌人的飞机和大炮。同胞们，别睡觉，把一切民族敌人都打倒！都打倒！"和《新安进行曲》："新安，新安，新中国的少年。不怕苦，不怕难，不怕敌人的凶残！我们从抗战中生长，一切都为了抗战！抗战，抗战，胜利就在眼前！"在课余时间，还排练四幕舞剧《虎爷》，经常进桂林城进行抗战义演。

至今，致和村的一些当年就读新安小学的老人，还会唱当年新安小学的老师们教唱的抗战歌曲："轰轰轰！炸炸炸！鬼子飞机我不怕，中国飞机飞上天，打掉日机几百架！""工农兵学商，一起来救亡！拿起我们的铁锤、刀和枪……"

第十六章

抗敌演剧队，六战区，新四军第五师

1939年3月，时年十四岁、当时在桂林中学读书的二舅唐振元，受到抗日救亡热潮的推动，报名投考新安旅行团，获得录取。

1939年五六月间，二舅分配在新安旅行团的"伤兵之友"队，到伤兵医院做伤兵工作。

当时，新安旅行团驻在桂林东江镇小学，周恩来曾来看望过，还发生了一段涉及二舅唐振元的故事。

当时，长期主掌国民党情治系统的贺衷寒也随周恩来一起来看望团员。唐振元夹着一本《联共（布）党史简明教程》，引起了贺衷寒的注意，立即问，所携何书？唐振元当时年纪虽小，反应很快，答曰"《红楼梦》"。周恩来则"批评"他，国难当头，应多读一些救亡书籍。贺衷寒因而没有追究下去。

同年秋天，二舅唐振元又被分配到西南工作队。1939年冬，日军进攻桂南，西南工作队赶赴前线。他因年纪尚小，被留在团部。1941年2月，他被安排到长沙，参加抗敌演剧八队。

抗敌演剧八队，前身为上海救亡演剧第八队。田汉到军事委员会政治部第三厅任职之后，受他影响的上海救亡演剧队，就于1938年8月在武汉改编为直属国民政府军事委员会政治部第三厅的抗敌演剧队，共分十个队，每队三十人，经过短期军事训练后，分赴各战区，运用演剧、歌咏、文字和口头宣传等形式，进行抗日救亡宣传。

2005年8月，纪念抗战胜利六十周年时，在中央电视台科教频道的《讲述》栏目中，二舅当年在抗敌演剧八队的队长刘斐章曾经讲述："上海沦陷时我们正在南京孝陵卫，在那里（开展）第一次演出。南京陷落时我们在安徽含山一带。"

抗敌演剧八队1938年被分配到湖南衡山、长沙、衡阳一带工作，曾参加长沙大火后的救灾工作，并去湘北前线演出，上演《生路》《壮丁》《生死关头》和多幕剧《凤凰城》等。

1941年，抗敌演剧队分别配属各个战区。二舅所在的八队，配属第六战区，因而改编为抗敌演剧第六队。

1941年4月，作为第六队队员的二舅，随队开往第六战区所在的四川黔江和湖北恩施，为第六战区将士演出，上演了《国家至上》《一年间》《寄生草》《明末遗恨》《愁城记》等剧目，也曾在第六战区司令部演剧。

在民族危亡的关头，二舅参加的抗敌演剧队，以流动演出的方式进行抗日救亡宣传，是中国话剧史上的光辉篇章。

1942年8月，十七岁的二舅唐振元，随同原来新安旅行团的团友，到达新四军第五师所在的湖北礼山县大悟山区，希望从这里转去苏北的新四军军部（新安旅行团的人都在那里）。

少年时代的二舅唐振元与其兄弟姐妹合影
左起：唐榕宁（妹）、唐振邕（弟）、唐振元、唐振裘（兄）抱唐榕邹（妹）、唐榕洮（妹）

新四军第五师是以湖北地区中共党组织领导的抗日游击武装为基础建立的、以湖北地区为主要根据地的一支抗日军队。

第五师师长是李先念。据说，他在武汉沦陷后，率领一支只有一百六十人的独立游击大队，从河南来到湖北，汇聚了当地的抗日武装，以大悟山为中心，开辟鄂豫边区抗日民主根据地，长期孤悬敌后，抗击日伪军。

二舅到达第五师后，要求他们送他去苏北。结果，和他谈话的第五师政治部同志说，在哪里都一样是革命，要他留在第五师。他开始被分配在中国人民抗日军事政治大学（简称"抗大"）第十分校学习，10月，被分配到第五师文工团，以文工团员的身份开展抗战宣传。

第五师的领导在当时的艰苦条件下，千方百计为文工团的工作创造条件。有一次，文工团过铁路时遭到敌人袭击，演戏的行头都丢了，大家都难过得哭了，因为在当时被封锁的情况下，很难再买到行头了。第五师参谋长文建武安慰他们说："莫哭了，人是最宝贵的，一个人也没有受伤，这太好了，行头我负责给你们。"不到一个月，果然通过地下组织从上海买回了一身新行头。

解放战争时期，二舅回到广西，加入桂北游击队。1949年后，历任全县副县长、桂林地区水电局局长、桂林地区党校校长。

第十七章

桂林"抗战文化城",陶行知,徐悲鸿

唐家的抗战故事中,大外公唐现之对战时桂林"抗战文化城"的积极投入和满太姑婆唐松贞一家在抗战刚刚结束的一片废墟中积极救助战争造成的难童,也是不可缺少的一笔。

1944年沦陷之前的桂林城,作为相对安全的大后方,八方人士云集,尤其是文化界、艺术界人士,桂林遂有"抗战文化城"之称。

大外公的恩师陶行知先生,1938年11月下旬来到桂林,利用他与李宗仁、白崇禧、黄旭初的交往,创办了"生活教育社",希望以全面教育来配合并促进全面抗战。

1938年12月15日,生活教育社在广西省政府礼堂举行成立大会,有两千余人参加。陶行知先生主持大会,并发表了演说,向生活教育社的同志提出了四种任务:

(一)力求长进,把自己的集团变成抗战建国的真力量;

（二）影响整个教育界共同求进，帮助整个教育界都变成抗战建国的真力量；

（三）参加在普及抗战建国的生活教育的大运动里面帮助全民族都变成抗战建国的真力量；

（四）参加在普及反侵略的生活教育的大运动里面帮助全人类都变成反侵略的真力量。

白崇禧、郭沫若、邱昌渭（当时的广西省教育厅厅长），也在会上做了讲话。大会选举陶行知为理事长，选举唐现之、李任仁、雷沛鸿、杨东莼、林砺儒、黄炎培、沈钧儒、田汉、徐特立、汪达之、邵力子、张劲夫、孙铭勋等三十三人为理事。当天，陶行知先生还在桂林中山纪念学校发表了以"生活即教育"为主题的著名演讲。社址设在唐现之后来出任校长的中山纪念学校内的生活教育社，从此成为活跃于桂林的一个抗日教育团体，致力于开展战时教育，推行"小先生制"，编辑出版《西南儿童》《少年战线》等报刊及教育读物。

画家徐悲鸿，也在桂林和唐现之有相当的交往。

1936年9月，正在广西访学的徐悲鸿，建议筹建桂林美术学院，得到广西当局的支持。徐悲鸿特将他的得意门生、在中央大学艺术科任教的张安治召来桂林参加筹建工作。次年，抗战全面爆发，桂林美术学院被迫停办。1938年春，徐悲鸿和时任广西省教育厅音乐督学的满谦子建议利用已建成的桂林美术学院院址（靖江王城独秀峰下一座二层楼房）开办广西省会国民基础学校艺术师资训练班，后改名为"广西省艺术师资训练班",简称"艺师班"。时任广西省教育厅导学室主任、负责中学教育和国民基础教育的视导事务的唐现之,对此多有参与。满谦子任艺师班班主任,张安治在美术组任教。教师中还有原中央大学教授汪丽芳,原上海音专教授吴伯超等人。唐现之、徐悲鸿和丰子恺都参与授课。唐现之教授教育学。1944年5月,艺师班隆重举行了建班七周年纪念大会,欧阳予倩等三百多位文化教育界人士前来祝贺。11月,桂林沦陷,艺师班被迫停办。

　　成立于抗战困难时期的广西艺师班,反映了包括唐现之在内的老一代学人对中国艺术教育的一片赤诚之心,开创了广西艺术教育的先河。1938年7月,第一届艺师班结业时,印制了一本刊有教职员名录的同学录。徐悲鸿为之题字"亲爱精诚",张安治题字"培养真善美的心灵,以实现真善美的社会"。20世纪40年代末,张安治曾作七绝诗一首《寄怀唐现之学长》:"'台城'风雪韶华远,'独秀'烟云旦夕亲。且看邕江好颜色,苍松无恙万峰青。"后来,张安治在《一代画师——忆吾师徐悲鸿》一文中,也深情回忆了这一段岁月。

　　据唐现之第三子唐振邕生前回忆,唐现之还帮助徐悲鸿组织过几次画展。唐现之的卧室中曾挂有一幅徐悲鸿题字"现之留存"的画,记录了他们那段抗战烽火岁月的友情,1966—1976年期间被抄走,不知所终。当时也在桂林的戏剧家田汉、欧阳予倩,和唐现之的关系也很好。1944年春,田汉与欧阳予倩在桂林主办西南第一届戏剧展览会。作为桂林知名人士的唐现之,利用自己的身份和人脉,积极为之奔走,予以协助。

　　唐现之在抗战烽烟中创办广西省立桂林师范学校,弦歌不辍,为国育才的故事，以及桂师时期和丰子恺的君子之交，在本书的"教育报国"部分还会细说。

战时的桂林，挤满了来自全国各地的难民，其中，因战争而造成的流浪儿童有很多。在战后桂林城的满目疮痍中，1945年10月被桂林中华圣公会派回桂林工作的满太姑丈沈明燧，就开始积极救助街上的流浪难童，协助桂林重建。

当时，桂林中华圣公会办的难童收容所就设在凤北路和芙蓉路的交叉路口，在圣公会圣彼得堂和道生医院（今桂林妇幼保健院）共有的一个大院东北角的两栋平房里（在现在的八角塘的位置）。沈明燧负责这个收容所的全面工作，从到大街上收容流浪儿童，到安顿他们的吃住，整理他们的卫生，帮他们洗澡、理发，给每个孩子发一套统一式样的衣服。等孩子们有了一定的组织纪律、生活能自理之后，再送到李宗仁夫人郭德洁主持的广西省政府办的孤儿院，在那里接受系统教育，直到长大成人或找到人家抚养。

满太姑婆的长子沈德谦回忆说，当年，难童收容所的工作量很大，收容流浪儿童最困难的工作都在这里完成，每天都有一批批的流浪儿童领回来，又有一批批的流浪儿童被送走。很多热心的教友来做义工。作为牧师师母的满太姑婆，几乎每天必到收容所，而且什么事情都做，什么脏，什么累，她就做什么，还叫上星期天不用上学的沈德谦一起去帮忙。有一个星期天，难童收容所来了一个联合国善后救济总署的记者，请当天收容的流浪儿童和所有工作人员合影，但秉承唐家世代的儒家教育，行善不在人前的满太姑婆，谢绝合影，也不让自己的儿子沈德谦去照，所以，就只是满太姑丈沈明燧牧师、义工阳太太（一

抗战胜利后，在桂林城的满目疮痍中，满太姑丈沈明燧牧师（后排右一）在他负责的桂林中华圣公会难童收容所救助战争导致的流浪难童

位国民党中校军官的太太）、难童收容所的另外两名工作人员和流浪儿童留下了这张珍贵的照片。

第十八章

七十年后的荣耀纪念

1945年8月15日,日本宣布无条件投降。中国抗日战争胜利结束。被日本侵占五十年的宝岛台湾,回归祖国。

铭记着甲午屈辱的唐家子孙,和亿万中国人一起,迎来了中国近代史上最扬眉吐气的一刻,可以告慰九泉之下的先人了。

值得一提的是,外公所在的重庆兵工厂,直属于兵工署,署长是俞大维,甲午时协助外高族祖唐景崧抗日保台的俞明震之侄。

俞明震内渡之后,也是终生不忘台湾,不忘唐景崧的知遇之恩,以至于他的弟子章士钊五十年后首次踏足台湾时,还特地写下了一首感人的《吊唐薇卿》:

三貂角上暮云颓,台北孤城旦日摧。未是书生少筹策,却缘残局课雄才。先生志号难分别,从古兴亡有去来。安得桂林风月手,身归似鹤与徘徊。

俞大维在甲午战争后出生，在国家的内忧外患中成长，发奋读书，从哈佛大学取得数理逻辑博士学位后，又转赴德国柏林大学研究军事，成为一位弹道学专家。

九一八事变后，俞大维出任军政部兵工署署长，主持兵工厂业务长达十四年之久，人称中国"兵工之父"。卢沟桥事变爆发后，俞大维全权负责抗战时的军工生产，在国难危局中，撑起了中国的兵工建设。

当年的教育部部长朱家骅，和俞大维是柏林大学的校友，九一八事变后，还一起致力于从德国进口小到德式钢盔、大到飞机大炮的武器装备。大概是因为这层关系，教育部科学仪器制造所便借用了同在沙坪坝的兵工署第二十五兵工厂的防空洞作为工场。

据说，俞大维在抗战时期常奔走于重庆各兵工厂之间，检查生产，激励士气。在第二十五兵工厂防空洞中的外公，当时和他有无交集呢？当年还不更事的我，未曾在外公生前就此追问一般不主动谈及旧事的他老人家，留下了一个历史疑问。

无论如何，难忘先辈甲午伤心家国的他们，在抗战时期，都以不同的形式，从战场到后方，奋勇报国，对得起他们的先辈，以及他们所热爱的中国。

抗战胜利七十年后，已辞世八年的外公唐肇华和辞世五十二年的外婆周婉琼，双双获得具有历史意义的抗战胜利纪念章。辞世二十五年的十一太公唐超寰，也获得了中国人民抗日战争胜利70周年纪念章。这是唐家子孙传承家风、在国族危亡之时奋勇报国的历史见证，也是我们家族的永恒荣耀。

据说，著名的抗战英雄、"八百壮士"之一的谢晋元团长，也由其

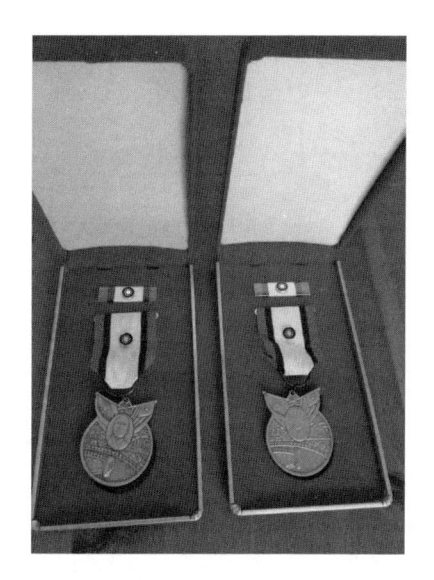

外公唐肇华与外婆周婉琼同获抗战胜利纪念章

十一太公唐超寰获中国人民抗日战争胜利70周年纪念章

子谢继民代获抗战胜利纪念章。谢继民认为,当年正是在谢晋元团长及无数抗战官兵的牺牲下,中国才能战胜日本,国家民族才得以存续。这枚抗战纪念章,不但是对他父亲最好的纪念,也是对他们家族的历史传承,他会把纪念章挂在父亲铜像上。

据说,在获颁的一万多名抗战将士中,夫妇俩同时获得抗战勋章的,只有两对。其中一对,就是外公外婆,我从小的楷模,永远的骄傲。

外公外婆、十一太公和他们那一代人的抗战精神,我们民族在艰苦卓绝的抗日战争中所表现出的抗战到底、绝不投降的不屈骄傲,的确应该被国人和后世永久纪念。

第四部 教育报国

第一章

大外公唐现之的早年

教育报国,是唐家这一百年来在唐现之感召和带领下的主旋律。

对于从小在桂林王城的广西师大校园里长大、八岁就立志继承祖业的我来说,热爱教育、为教育奉献一生的大外公唐现之的影响,至深至远。

儿时便听过母亲对她这位大伯的深情回忆,印象最深的,是"大伯爷(母亲几姐妹对大伯的称呼)性格随和、豁达,平生乐于助人,一生相识满天下。他与当时国内教育界、文化界的很多人都有交往,与陶行知、梁漱溟、卢作孚、晏阳初、丰子恺、欧阳予倩、田汉、徐悲鸿等关系尤深。他的朋友之多,上至达官贵人,下至贩夫走卒,比比皆是。幼时与大伯爷一起出街,满街之人均争相向他问好"。

成人以后,在《广西文史资料选辑》上读到了教育界许多老一代学人纪念和回忆"教育家唐现之"的文章,字里行间,充满了称颂和怀念——"他是具有强烈教育救国思想的爱国进步人士,崇尚民主,主张思想言论自由","为人正直,爱护青年学生,有教育家的风度",

"他把一生都献给了他所热爱的教育事业,为之呕心沥血、历尽艰辛,对之一往情深,不屈不挠"。感动之下,我向平日很少提及家族旧事的外公"盘问"了许久,于是在一日一夜的长谈中听到了外公对他敬爱的兄长的多姿多彩的一生的介绍,算是比较清楚地了解了大外公的生平。

大外公唐现之,谱名荣琛,1897年5月31日生于灌阳文市镇田心村祖宅,是外高祖父唐镜澄的长子唐润锴及其妻王元娇的独生子,乳名觐生。进学校时名唐毂,字献之,后改为唐谷,字现之。笔名曾用"秋田"。

唐氏族谱记载,唐现之的父亲唐润锴,字伯坚,为人急公好义,喜挥霍,广交游,青年时随伯父(唐镜沅)去广东任上,壮年时携子侍父在湖南任上,晚年在地方排解纠纷,力任艰巨,合族仰赖之。

唐现之生前回忆说,他的父亲一生没有做过事,靠祖产为生。他的母亲王元娇,古竹山颖川公之女,出生于地主家庭,有四个兄弟,两个姐妹。1923年,唐现之的父母同年先后去世。庶母黄氏,据说是越南人,长期随唐现之生活,1944年去世。

从七岁到十岁,唐现之在老家田心村读私塾,读过《三字经》、"五字经",《诗经》和四书也读了一些,也常和村中的小孩一起去山野看牛,在山洞装野老鼠,摘棉花,挖红薯、花生,在田里拾谷穗,有时还去钓田鸡。

1907年,时年十岁的唐现之,随父母到湖南醴陵,住在出任醴陵知县的祖父唐镜澄的县衙门里。他回忆说,当时不许他出衙门,他被关在书房里读书,同学都是叔叔和姑姑,辈分比他大,很不习惯。

1909年，祖父唐镜澄去职，到长沙闲住，唐现之进入长沙的楚怡小学堂读书，历时半年，在家仍读四书五经。楚怡小学堂校长陈润霖（字夙荒）是留日的湖南著名教育家，认为教育应从小学开始，所以他不做官而办小学。唐现之晚年回忆说，陈校长是第一个对他日后从事教育有影响的人，他的"教育救国"思想是从这里萌芽的。

在长沙，有两件事给唐现之留下了深刻印象。一是他祖父唐镜澄有个学生，名邹伯藩，留学日本，剪了辫子，被人说是革命党。邹伯藩很喜欢唐现之，所以唐现之觉得革命党并不可怕，反而可爱。二是长沙市民暴动，火烧抚台（湖南巡抚）衙门，唐现之瞒着家里人，偷偷地出去看，看到抚台衙门三四丈高的旗杆已被锯断，大堂已被烧掉，还看见二堂有兵把守。

1911年，唐现之回到灌阳老家。1912年，家里请来灌阳名儒蒋士奇做私塾先生。蒋士奇，字伯清，生于1864年，灌阳水车乡德里村人，自幼聪颖，读书勤奋，光绪二十年（1894）中举，被荐恭城县候补知县，坚辞不就，回灌阳受聘龙川书院掌教，栽培后学。三年后考入广东法政学堂，接受新教育。毕业后被委任到韶关税务局任职，后调任福建省盐司盐大使，仍不感兴趣，且不善逢迎，于民国元年（1912）两袖清风，辞官归里，重操旧业。他为人公正廉明，在灌阳声望甚高，有"大儒""乡贤"之称，是唐现之敬重的老师。

1912年下半年，蒋士奇老师调任灌阳县立高等小学校长，唐现之也跟着去读书。1913年2月，唐现之考入广西省立第二师范学校。不久，蒋士奇老师也来二师教书。唐现之晚年回忆说，蒋士奇老师受新书报影响，思想进步，赞成五四运动。他教国文，学生用文言文或白话文都可以。他有时出题目让学生双方辩论。他为人正直，不趋炎附势，生活困难，直到去二师教书才好转。蒋老师的乒乓球打得很好，自购一副铁哑铃锻炼身体，坚持冷水澡，活到八十多岁（抗战胜利后）。临死前还写了四个大字送给唐现之："恭贺贫安。"

在二师，除了国文教员蒋老师，唐现之印象深刻的老师还有英文教员杜燕、数学教员魏大椿、理化兼教育教员李元善。由于他们教得好，唐现之喜欢学英文、数理化和教育。

1918年7月，唐现之从广西省立第二师范学校毕业。当时，他很想继续升学，但此时家道已然中落，经济情况不佳，未能如愿。同年秋，他到全州龙水小学教书；1919年春，在桂林二师附小教书。

1919年五四运动爆发，教育界中各种思潮应运而生，其中蔡元培、陶行知等人力主教育应走向民主、世俗、平等的大道。这时，唐现之看到当年中国六大高师之首的南京高等师范学校（简称"南高师"，国立东南大学/中央大学/南京大学前身）在招生，于是写信给南高师职员杨贤江，请他寄招生章程来，从此与杨贤江建立了友谊。当时的南高师，有书读，包食宿，又不交任何费用。唐现之在六叔唐叔重和老师蒋士奇等亲友的支持下，于1919年8月千里负笈，考入南高师的教育科。当时南高师的校长是郭秉文，教育科主任兼校教务长就是近代中国最著名的教育家陶行知。

第二章

南高师，恩师陶行知，少年中国学会

陶行知先生是安徽歙县人，出身于贫寒的教师之家，在教会的资助下，进入南京金陵大学读书。后来留学美国，获得伊利诺伊大学政治硕士学位后，又到哥伦比亚大学师从杜威，拿到了教育学硕士学位。毕业后回国，在南高师任教。

南高师当年号称"中国科学的大本营""中国自然科学的发祥地"。在中西、新旧交互的时代潮流下，郭秉文、陶行知、刘伯明、陈鹤琴等一批留美学人在南高师倡导新教育。燕京大学的校长司徒雷登曾不无羡慕地说，那是"中国最好的大学。他（指郭秉文）招募了五十名'归国学生'，每一个人都在自己的领域出类拔萃"。

1920年，南高师成为国立东南大学，不过南高师的名称直到1923年才消失。

在南高师，唐现之学习勤奋、成绩优异，深得陶先生喜爱与器重，是其三个得意门生之一，人称"陶门三大金刚"之首。陶先生提出的"生活即教育""社会即学校""教学做合一"，深深地影响了唐现之的一生。他深受陶先生的教育思想感染，立下了终身从事教育事业的志向。

南高师的师友中，陈鹤琴先生对唐现之的影响也很大。金海观、张宗麟、陈启天，都与唐现之关系很好。

唐现之晚年回忆说，南高师的教师多半是美国留学生，主流的教育思想，是当时在美国教育界流行的杜威的教育思想。陶行知先生对他们这些学生讲孙中山的革命思想，让他们看《建国方略》，也请商科主任杨杏佛来讲马克思的《资本论》。

民主与科学、独立与批判的五四精神，贯穿了唐现之的一生。在南高师读书期间，他在南京参加了王光祈、曾琦、李大钊、周无、雷宝菁、陈愚生、张尚龄等七人在北京创办的学术性政治团体——少年中国学会。少年中国学会的宗旨是，"本科学的精神，为社会的活动，以创造少年中国"。

唐现之回忆说，少年中国学会主要是一些关心国家大事，不满当时的政治与社会，有心反帝救国的知识青年，一腔热忱地想以科学精神创造"少年中国"。最初成立那几年，大家热情洋溢，亲如手足，任何一个人每到一处，总是先找"少中"朋友。

包括唐现之在内，少年中国学会会员共计一百二十一人，皆个性独特，思想自由，吁衡时艰，写为文章，先后发行《少年中国》及《少年世界》两种杂志，风声所播，全国掀动。

二十年后，人们发现，活跃在政坛、文坛、学坛上的一些鼎鼎大名的人物，许多都是当年的少年中国学会会员。这是当年少年中国学会全体会员名单：

王光祈，周太玄，陈愚生，李大钊，雷宝菁，张尚龄，曾琦，魏嗣銮，赵曾俦，沈懋德，李璜，易家钺，李劼人，雷宝华，宗白华，左舜生，葛沣，黄日葵，袁同礼，罗益增，许德珩，陈宝锷，周炳琳，彭云生，李思纯，穆世清，周光煦，李珩，何鲁之，孙少荆，胡助，易赓甫，康白情，孟寿椿，徐彦之，刘正江，苏甲荣，雷国能，涂开舆，段子燮，陈登恪，赵子章，赵世炎，郑尚廉，黄仲苏，黄忏华，田汉，刘仁静，郑隆瑾，章志，沈君怡，杨德培，朱镜宙，邓中夏，张菘年，陈道衡，赵崇鼎，沈德济，蒋锡昌，阮真，杨贤江，王克仁，谢承训，方东美，王德熙，邰爽秋，恽代英，余家菊，梁空，张闻天，芮学曾，毛泽东，刘国钧，李贵诚，章一民，陈启天，恽震，王崇植，吴保丰，周佛海，张明纲，高君宇，陈政，汤腾汉，杨效春，张涤非，李初黎（梨），杨钟健，沈昌，鄢公复，唐现之，朱自清，常道直，刘拓，卢作孚，金海观，曹守逸，郝坤巽，童启泰，康纪鸿，侯绍裘，杨亮工，须恺，黄公觉，刘云汉，倪文宙，洪奠基，舒新城，苏里乐，吴俊升，张鸿渐，胡鹤龄，任启珊，许应期，浦薛凤，朱公谦，叶瑛，古柏良，程中行，王潜恒，汤元吉。

在少年中国学会里，唐现之结识了恽代英、邓中夏，相处友善。陈启天和左舜生本来就是他在南高师的同学，也有交情。他的朋友杨贤江，这时也是会友。恽代英、邓中夏、杨贤江，后来均成为中国共产党早期党员，陈启天和左舜生则成为中国青年党骨干。

也是"少中"会员的毛泽东，在重庆谈判时期，曾特约在渝"少中"会友一聚。唐现之参加了这次聚会，一起吃了饭。那段"恰同学少年，风华正茂，书生意气，挥斥方遒"的青春岁月，在他们的心中，大概都留下了美好的感觉吧。

1922年12月，唐现之提前半年修完规定学分，从南高师毕业，回到桂林，1923年2月出任母校（广西省立第二师范学校）教员。

1923年秋，唐现之应他在南高师的要好同学、四川省立第二女子师范学校教务主任成荣章之邀，去该校（位于重庆）任教，同事中有萧楚女（中国共产党早期党员）、卢作孚（实业家，主张实业救国，民生公司董事长）。他回忆说，这两人都对他很好。

在该校期间，唐现之编了一部话剧，名为《教育救国》，上演后在社会上影响很大。

第三章

志同道合卢作孚

教育救国,是唐现之毕生的理想。

唐现之晚年回忆说,他心中最关怀的,是中国的出路问题,加上他是师范学校出身的,所以有"教育救国"的思想,与陶行知、梁漱溟接近,关键也在于此。

当时的中国,国破民穷,内忧外患。深受传统教育影响的老一代知识分子,不坠青云之志,承担起民族救亡的使命,奋起救国,希望通过兴办教育来复兴农村,进而实现民族自救。

唐现之认为,帝国主义的侵略源于中国政治的腐败,而中国政治的腐败则源于读书人都想做官发财,而不爱国为民,因此拯救国家民族当从教育下手,改变这种腐败思想,培养一批不为腐败社会左右的爱国家、爱人民的中坚分子。

唐现之和卢作孚,既是少年中国学会的会友和四川省立第二女子师范学校的同事,更是志同道合的朋友,维持了一生的友谊。

卢作孚是重庆合川县人,出身贫寒却好学不倦,为人正直、有担当。早年做过教师、记者、编辑、报纸主笔,参加过同盟会和四川保路运动。很早就看到了"教育救国"的痛切需要,曾说"惟吾亦留心教育之一人,且始终认教育为救国不二之法门","一切病象,皆缘于人,须教育救治之;一切事业,皆待于人,须教育兴举之"。

为了实现"教育救国"的理想,卢作孚先后出任泸州永宁道尹公署教育科科长和成都通俗教育馆馆长,积极开展民众教育和通俗教育。

因川中军阀混战,政局动荡,卢作孚不得不改弦更张,转向"实业救国"。

他在重庆创办了民生公司,希望结合实业,开展乡村建设,把贫穷落后的乡村建成整洁美丽的城镇,并以此为样板,推广到全国,实现中国的现代化。

1934年,协助梁漱溟在邹平进行"乡村建设"的唐现之,因病到济南治疗。卢作孚在济南拜访了唐现之,畅谈邹平经验。卢作孚在重庆北碚实践乡村建设时,曾特地邀请抗战时期从桂林到重庆的唐现之担任他与国民政府社会部合办的北碚儿童福利实验区副主任。

除了开发建设北碚,卢作孚先生最令人感念的,是在1938年的中华民族危急存亡之秋,亲自坐镇宜昌,在短短的四十天内,指挥民生轮船公司运送一百五十万人和一百万吨货物撤退入川,保全了中国民族工业、文物、大学、科研的命脉。

第四章

中华书局

1924年8月,因四川内战,唐现之接受他在南高师(此时已改名为国立东南大学)时的老师廖世承先生邀请,回母校附中任教,兼任申报馆《青年》副刊编辑,写了一篇反对苏浙战争的短文,激怒了江苏当局,被迫离开南京。

唐现之在南高师读书期间,就开始发表教育论著。他曾翻译《近代教育家及其理想》一书,于1924年由中华书局出版,后来重印八版,受到中华书局创立人兼总经理陆费逵(字伯鸿)先生和总编辑舒新城先生的重视。《近代教育家及其思想》和唐现之编译的《近代西洋教育发达史》《欧洲新学校》,被商务印书馆和中华书局分别列入"教育丛书"和"师范丛书"系列。

1912年1月1日成立的中华书局,是中国历史最悠久的出版社之一,在当时是仅次于商务印书馆的第二大民间出版机构。

陆费逵先生和舒新城先生都是近代著名的出版家,中国出版界的元老,又都可称为教育家,写过不少教育学的文章,与唐现之可谓兴趣相合。在他们的恳切敦促下，唐现之于1925年8月离开南高师附中，赴沪任中华书局编辑，工作环境和人际关系都很好。

当时同在中华书局工作的，还有唐现之在南高师的同学陈启天和左舜生。陈、左二人此时正是青年党骨干，极力鼓动他参加青年党。

青年党全称为"中国青年党"，由少年中国学会创始人曾琦、李璜等一群主张国家主义的留学生于法国巴黎创立，在近代中国史上曾是仅次于中国国民党和中国共产党的第三大政党。

陈启天是湖北黄陂人，力倡"国家主义教育"，认定"教育是一种国家主权、国家事业、国家工具、国家制度"，曾参与组织国家教育协会。

左舜生是湖南长沙人，后来成为青年党党魁。

秉承唐家家传的强烈爱国心的唐现之，在陈、左这两位老同学"爱国""国家至上"的标榜和鼓动下，也参加了青年党，被推为内务部长，负责收发文件。1925年冬末，唐现之参加了青年党代表大会。

这时的唐现之，是赞成国家主义的。他回忆说，当时在报上看到英国人拨款到中国做反赤之用，于是在青年党机关刊物《醒狮》上发表一篇短文，大意是，反赤不反赤，是中国人自己的事，不要人越俎代庖，我们要干的事，是反对外国人侵占我们的矿山、河流、铁路。

同一时期在沪的，还有唐现之在少年中国学会时的朋友恽代英（国共合作后，在国民党上海执行部工作）和杨贤江（在商务印书馆主编学生杂志），他们不时见面，曾一起和陈启天、左舜生谈过几次，希望青年党参加国共合作的国民革命，共同救国，但谈不拢。唐现之因而对陈、左二人不满。

1926年2月，唐现之在广西省立第二师范学校的要好同学、此时担任二师校长的裴邦焘函电交驰，催请他回桂共建母校，唐现之遂向陆费逵、舒新城二君恳陈自己发展桑梓教育的心愿，回桂任二师教务主任，并被聘为广西省立第二女子师范学校（简称"女二师"）校长。抵桂后，唐现之与青年党不再有任何联系，并于1930年出具书面通知，与青年党断绝关系。

值得称道的是，唐现之与陈启天、左舜生虽然后来政治观点不同，但友情不变。他1933年在武昌教书时，1939年到重庆参加中央训练团时，1946年去南京为广西省立桂林图书馆买书时，都与陈启天见过面，都基于友谊，无政治意味。1944年冬到1945年，唐现之因广西沦陷而疏散到重庆，住在北碚，也见过陈启天和左舜生。当时陈、左二人既是民盟成员，又是国民参政会成员。陈启天对唐现之说"我们欢迎你回青年党"，唐现之拒绝了。

值得一说的是，当年积极拉拢唐现之加入青年党的陈、左二人，在社会活动家之外，也是教育家和历史学家。陈启天曾是四川大学教授和上海知行学院院长，著有《最近三十年中国教育史》《张居正评传》《中国法家概论》《近代中国教育史》《中国政治哲学概论》《民主宪政论》《寄园回忆录》等书。左舜生曾在香港新亚书院和清华书院任教，著有《中国近代史四讲》《黄兴评传》《近代中日外交关系小史》等书。

第五章

广西省立二师和国立中山大学

1926年10月,大革命浪潮波及桂林。在"双十节"(10月10日)的庆祝会上,二师一些青年学生高呼"打倒国家主义派唐谷"。次日,唐现之即辞职回乡。这一事件对他来说是相当大的震动。从此,他对政治斗争感到心悸。这也是对他千里迢迢回奔桑梓献身教育的第一次挫伤。

让人感念的是,失业期间的大外公唐现之,就是在这次回乡之时,应他的婶母(我外曾祖母)之请,带当年十岁的堂弟唐肇华(我外公)到桂林读书,所有费用都由他支付。真的是仁厚兄长,恩重如山。外婆生前,每当大外公来家,总是招待如贵宾,也因这份感念。

大外公这份仁厚,不仅是对自己弟弟,对学生也是如此。

我母亲唐桥星在重庆远大织布厂担任技术科副科长时,重庆织布厂技术科长李哲夫(又名李宝华)曾告诉她,他是天津人,1942年流亡到桂林,就住在她的大伯唐现之的家中。据李哲夫说,当时好些流亡学生都住在唐现之家中。

抗战胜利后，唐现之因位于桂林施家园的旧居（一栋竹篱批灰的房子，三房一厅）已在日军入侵时被焚毁，于是在伏和路北一里买了半亩地，向农民银行贷款，向广西省政府借款，加上一些朋友和学生的捐助，建了一栋三开间的平房给全家老幼居住，门牌号为"伏和路北一里七号"，院子正门上挂一木牌"半亩园"。今日的伏波山庄，正是唐现之旧居所在。

这栋房子，曾在母亲的娓娓讲述里，给童年的我留下了难忘的印象：

> 大伯爷一生虽享盛名，但生活简朴，平生积蓄皆投于教育，不治私产。唯一奢华之处，是喜爱花木。他那幢简单朴素的黄砖房子后面有一个颇大的花园，育有梅花、桃花、玉兰、兰花、米兰花等许多花木，其中最珍贵的是一株罕见的绿色梅花树与一株灌阳梨。幼时至其家，若正逢盛时，大伯爷总会折花以赠。

当时不到十岁的我，对母亲说，等我长大了，也要有一栋朴素温馨的红砖小楼，一个花木扶疏的后园。母亲当时觉得我在异想天开。

2012年，我把母亲接来加拿大住了半年，就在我靠着唐家血脉所传的那份坚毅，从留学美国时住黑人区地下室，暴风雪中也坚持出门打工，以全A的成绩取得硕士学位，移民加拿大三个月就找到专业工作后买的一栋红砖小楼里，当时已经六十五岁的母亲，用自己的双手为我在后园打造出一片花木扶疏，圆了我童年的美梦。

1926年11月到1927年秋，唐现之任全县（今全州）中学教务主

唐现之（后排中）与家人摄于桂林伏和路家中

任，校长是唐资生。

同年，唐现之的恩师陶行知先生在南京创办了一所按他自己的新教育理论施教的实验学校——晓庄师范学校（原名晓庄试验乡村师范学校），曾数度邀请唐现之去该校任教。唐现之尽心于桑梓教育，未能应约前往，深感惋惜。

1927年春，唐现之兼任全县小学教员养成所所长，同年8月，任平乐中学教务主任。不久，知道唐现之当初辞职非其过失的广西省立第二师范学校新任校长王觉约唐现之重回二师任教务主任。唐资生此时也在二师任教，和唐现之是要好的同事。

1928年9月，应省教育厅厅长黄华表邀请，唐现之到教育厅编译处任编译，后代处长，兼《广西教育》（旬刊）主编。他约请了一批省外的教育学者，包括阮真、邱椿、邵爽秋、夏刚伯、王克任等共同工作。该刊是广西省的大型教育理论刊物，以从事基础教育的人员为对象，从理论、学习和工作方面给予辅导和提高。唐现之不仅约请省内外一些教育家撰稿，介绍新教育理论和外国办基础教育的经验，针对广西教育的弊端提出许多积极的改进意见，还亲自动手，在每一期上以专论、"书刊介绍"和"编完以后"等各种形式发表自己的教育观点、对办学方针和对广西教育改革的意见等，特别是对广西的乡村教育、师范教育提出了许多中肯的建议。该刊向省内外公开发行，影响很大。

唐现之一直积极倡议在广西各地开办晓庄师范模式的师范学校，然而一时尚不为广西当局所理解，深感失望，乃于同年夏天离开，到上海、杭州一带旅行，在杭州遇到国立中山大学教育系主任庄泽宣，随即被聘为国立中山大学教育系副教授兼附中教导主任，1929年9月到广州任教，1930年秋升任附中主任（校长）。

国立中山大学建于1924年，由孙中山先生手创，前身是广东高等师范学校。当时的中山大学位于文明路，颇蒙国民政府重视和投入，正副校长是戴季陶和朱家骅，精英云集，声势浩大。教育系所聘教授几乎都是当时教育界的名人。唐现之在中山大学开的课程是教育哲学、中等教育、幼班教育。

唐现之当年在中山大学是小有名气的。十年后的1939年夏，他在重庆参加中央训练团，训练团教育长朱家骅逐一会见训练团成员，会

在国立中山大学教育系执教的唐现之和妻子熊志敏

见唐现之时还记得很清楚:"你就是那位附中的唐主任吗?"

八十年后,唐现之的甥孙冯原(唐现之堂妹唐荣珍的外孙)也成为中山大学教授。他曾特地考证中山大学文明路校址,写了一篇《西风东渐,以他为我——中山大学文明路、中山路校址》。

第六章

主持筹建广西师专

1931年冬,广西省教育厅厅长李任仁亲赴广州,约见唐现之,表示愿意接纳他重建广西高等师范教育的建议(清末广西曾有一所省立优级师范学堂,培养中学师资,辛亥革命后停办),请他回广西筹建一所师范专科学校。

虽然,此时全家迁穗不久,尚未安顿就绪,唐现之以此乃多年夙愿,欣然承诺,于1932年春毅然辞去国立中山大学待遇优厚的职位,领全家老幼,顶寒风,溯江西进,回到南宁,担任民国时期广西第一所高等师范学校——广西省立师范专科学校(广西师范大学前身)筹备处主任。

李任仁,广西临桂会仙乡人,白崇禧的同乡和老师。他与唐现之同是蒋士奇先生的弟子,又都是广西著名的教育家,素有来往。李任仁曾任广西省立第三中学校长和广西省立第二师范学校校长,后从政,出任广西省教育厅厅长和广西临时参议会议长。

作为五四青年的唐现之,接受"五四"提出的新的人的价值观,认为教育应是培养学生的自主意识，应为大多数人谋幸福。他认为，第一要尊重受教育者的人格，第二要使全社会的民众都有受教育的机会，第三要使人人有尽量发挥其才能的机会。这是他一生执着追求的目标。

乡村教育和师范教育，是唐现之最为关注的事业。他认为这是中国教育发展战略的重点，并为之献出了大半生的精力。他常说，中华民族是一个被压迫、被榨取的民族；受压迫最重、被榨取最多的，要算占全国人口百分之八十五以上的乡村民众。农业生产占全国产值的百分之九十，农民占全国人口的大多数，对国家民族的贡献最大，但他们不仅经济上不得温饱，政治上受压迫、受歧视，教育程度也最低。他说："这是最不公平的事。我们在教育界，即当用教育的方法去打抱不平：第一，使教育赶快普及；第二，使教育良好；第三，用教育方法以唤醒他们的自觉，不再给他人蹂躏；第四，以教育增加其能力，改进其生产。"

唐现之认为，没有乡村，便没有中国。乡村是国家的基础，民族的命脉；乡村有办法，国家民族才有办法；乡村得救，国家民族才可以得救。所以应该重视乡村教育，乡村教育与国家民族存亡兴衰紧密相关，推行乡村教育刻不容缓。

为了唤起大家对乡村教育的重视，在教育方面学贯中西的唐现之，还撰文介绍了日本和丹麦的经验。他说，日本的乡村学校招收十六岁到二十四岁的青年，传授农业经营知识，培养其成为乡村的中坚，使之成为乡村建设的动力，更灌输拓殖思想，日本能活跃于东亚，可说是它的乡村教育起很大的作用；而丹麦17—18世纪时国势颓弱，受英、德等国欺凌，丹麦教育家认为全是不良教育造成的，因此设立民众高等学校，招收十八岁以上的乡村青年，予以思想启蒙，给社会以新的生命，才有今天的丹麦。

是故，唐现之决心以他的恩师陶行知先生办晓庄师范的精神为办学宗旨，把广西师专办成晓庄式的学校。

多年以来，唐现之的梦想就是在广西推行晓庄式的师范教育。他常说，如果能按照晓庄师范模式去办师范学校，照燕子矶小学（晓庄师范附小）的精神与方法去办乡村小学，照晓庄师范所定的幼稚师范学校的目标去办幼稚师范，那么广西就有希望了。他认为，旧教育是一种循环教育，只为升官发财，教人吃饭不种田，教人穿衣不种棉，教人住屋不种林。他认为，受教育是人民的权利，乡村教育更是人民的权利教育。

为此，唐现之首先说服广西当局把办学校址从当时广西省政府所在的南宁（原计划的校址在南宁邕江畔，以1929年停办的广西省立工程专门学校的旧址为基础）迁到桂林良丰西林公园（又名雁山园），以接近农村，便于施行边学习边劳动，把学生培养成为"有农夫的身手，科学的头脑，改造社会的精神"的新型知识青年，毕业后到各县充任教师，与农民结合起来改造教育、改造社会，以实现他教育救国的理想。

广西师专是民国时期广西第一所高等师范学校。它的创建是广西当时的一件大事。1932年5月，广东一个称为"五五"旅行团的专家团队到广西考察，尚在筹建中的广西师专亦在其考察之列。

"五五"旅行团的成员，包括伍朝枢（曾任南京国民政府外交部部长,广东省政府主席)、叶恭绰(曾任北洋政府交通总长,广州国民政府财政部部长,南京国民政府铁道部部长,北京大学国学馆馆长)、傅秉常(曾任南京国民政府外交部政务次长)、吴尚鹰(曾负责起草中国土地法,曾任总统府行政院地政部部长)、谢保樵(美国霍金斯大学哲学博士,曾任北京法政大学、交通大学、北洋大学及广东大学教授)。他们对唐现之筹建中的师专作了如下评价:

此校现已筹备完竣,决于本年暑假招收新生。校址设在桂林之良丰花园。此园离桂林四十里,地址宽敞,风景幽雅,可以说是南中国唯一美丽的花园,现在以之开办师专真是再相宜不过。("五五"旅行团:《桂游半日记》,上海:国光印书局,1932年,第72—73页。)

据说,当年的西林公园,园内有水田、小溪、石桥、梅厅,厅前有两株大琼花树,还有梅花树、丹桂、银桂、相思树(红豆树)、水榭、桂厅、棋亭、鸟鱼亭、涵通楼。园门在北边,门前有一深潭。这样的读书环境,的确是得天独厚。

唐现之积极开展广西师专的各项筹备工作,从校址的选择到经费的筹措,从教师的聘定到招生简章的制定,都事事躬亲。

筹建经费三万元。一万元建校舍,一万元买书,一万元买仪器。

1932年六七月间,广西师专在桂、邕、梧三个专区招生。唐现之参与起草的招生公告规定,凡具备下列条件者均可报考:第一,年龄在十八岁以上、三十岁以下的本省青年;第二,曾在公立或立案之私立高级中学毕业,或在教育界服务两年以上,具有高中同等文化程度;

唐现之筹办广西师专的西林公园（雁山园）。雁山从此成为近代广西教育重镇

第三，服从团体训练，积极参加团体工作；第四，爱劳动爱读书者；第五，对教育事业有深切的兴趣，有志于乡村社会事业且对乡村社会有相当明了；第六，身体健康，语言清楚；第七，态度诚恳，和蔼可亲；第八，无不良嗜好。

入学考试分初试和复试。学制为二年。入学后第一学期为试学时期，期末举行甄别考试。入学后每个学生每月津贴膳费毫洋六元，书

雁山园中的原广西师专教室

籍费毫洋五元。学生在校住宿，受军事训练，从事田间工作，襄助校务，打扫校舍，一切生活均自行料理。学生毕业后须在本省教育界服务四年，否则追缴其在校时所需一切费用（每学期以毫洋百元计），以为广西乡村教育培养中坚力量。

为适应学校的发展，还在西林公园内增建教学楼、学生宿舍。学生宿舍尚未竣工时，来校报到求学心切的学生已逾百人。学生入学后，协助建筑校舍、辟球场、种菜。

在唐现之的努力下,广西师专作为国内第一所高等师范专科学校于1932年10月开学。他聘请了他南高师的同学——陶行知先生的高足张宗麟(中华人民共和国成立后任教育部计划司司长)、教育家陈子明(中华人民共和国成立后为华南师范大学教授)等人来校任教,还为学校特设了"田"字校徽。

虽然是培养中学师资,唐现之却敢于打破旧框框,不照搬旧的高等师范学校按专业分设系科那一套,课程设置以教育学科为重点,科目有:

党义:内容含三民主义、孙文学说、民权初步、建国方略、实业计划

国文:分设学术文、问学概论、应用文

教育学科:分设教育概论、教育心理、健康教育、各科心理、教育统计及测验、教育研究、教学法、教育问题、教育行政、教育史、教育实习

社会学科:分设社会进化史、经济学、科学方法论、合作、农村经济及调查、政治学、世界大势、本省研究、乡村自治

自然:设生物、理化常识

农业:设农业概论、田间工作

各门课程没有固定的教材,全由指导教师按照"有农夫的身手,科学的头脑,改造社会的精神"的培养目标自定,教学方法也不拘一

格。比如唐现之自己讲授"教育概论",就很少在课堂上讲课,而是让学生自行选择阅读有关教育方面的书,写读书笔记。(参见桂林市政协文史资料委员会编《桂林文史资料·第十七辑》,桂林:漓江出版社,1991年,第185页。)

唐现之当时还希望成立一个科学馆,作为全省研究科学的场所,帮助本校毕业生解决有关科学的问题,同时作为无力升学而有志研究的本省青年学习和研究科学的场所;扩建农场为农业实验坊,研究本省农业科学,协助毕业生解决农业上发生的问题;扩大图书馆,使之成为全省的一个大规模图书馆,搜集本省文献资料,并与各县乡村师范学校联系,实行图书流通借阅制,并帮助毕业生及全省教师解答问题,同时为本省有志开展学术研究的青年提供研究场所。

凡此种种,可以看出唐现之筹办广西师专的思想和抱负,反映出他为发展广西乡村教育的赤诚之心,在教育理念、授课方式、科学研究及图书流通等多方面的前瞻性。

近七十年后,我在美国读书时发现,美国大学的授课方式、教授自主性、不同大学之间的图书流通借阅,与大外公唐现之当年在广西师专的做法和想法完全一致。

我毕业之后,在华南农业大学社会工作系任教,讲授"团体社会工作"课程时,即采取了大外公当年倡导的不拘一格式教学法,不设期末考试,而是由学生分组自选主题,以小组的方式做课堂演讲(presentation);我在每堂课上都留出时间给他们分组讨论,同时答疑。学生非常投入,所做的课堂演讲之深入、之精彩,超过我的预期。当时所教的七个班共二百一十个学生都认为,这是真正的素质教育,学到的远大于考试所得的。

广西师专开学后,唐现之以身作则,搬到学生集体宿舍去住,身体力行,与学生同吃、同劳动。他为人亲切和蔼,深受学生们爱戴。开学第一天,全体师生齐集在梅厅前。唐现之对一百零八个新生诙谐地说,千百年前的梁山,出现了一百零八个英雄,千百年后的今天,雁山也来了一百零八个好汉。同学们哄堂大笑。之后,每天的朝会,他都会陪伴同学们学习,和他们谈生活、谈学习、谈进修;夜晚,一定要去学生自修室走一走,看他们有无疑难杂症,尽快帮助解决。

唐现之经常将陶行知先生提倡的"生活即教育""教学做合一"挂在口边。师专重视农业实践教育,设立了农业生产技术课程,每个同学都分得一块地,要下农田、挑大粪、干农活。师生都穿草鞋,生活艰苦朴素,自力更生。每天下午,百余学生挥舞镰刀锄头,开荒辟土。陶行知先生编的《锄头歌》,"手把锄头锄野草呀,锄去那野草好长苗嗨。依呀嗨,呀荷嗨,锄去那野草,好长苗呀,依呀嗨,呀荷嗨",经常回荡在校园内。礼堂内外,都贴着"教学做合一""即知即行"的醒目标语。

唐现之心怀以民为本,力行民主、仁爱,为社会服务,为大多数人服务的办学思想,孜孜不倦,尽职尽责,为师专的发展打下了基础。他崇尚孔孟之道,经常告诫同学们,"己所不欲,勿施于人","勿以恶小而为之,勿以善小而不为"。他注重学生教育,购进了很多图书,如杜威的著作,关于丹麦民众教育的著作,梁漱溟关于"乡村建设""村治运动"的著作,陶行知早年的教育著作。他要求学生一个学期读完十本教育书籍。

在他的真诚努力下,师专校园里弥漫着和谐的气氛,充满活力,到处是欢歌笑语,师生之间友爱、团结。晚饭后,学生经常三五成群,在校园里或马路上边散步边讨论学习。

作为广西师专的创始人,唐现之的名字和他作出的巨大贡献,永远载入了广西教育史。很多年前,我曾在《广西师范大学史稿:1932—1992》上读到这句话:"作为广西高等师范教育开拓者之一的唐现之先生,他的艰苦创业精神和他的办学思想,为后人所永远敬重和怀念。"

广西师专招生不久,桂系当局为了扩大自己的影响,与蒋介石逐鹿中原,打着"建设广西,复兴中国"的旗号,在省外积极聘请一批抗日反蒋和民主进步人士来桂工作。在这样的政治背景下,经桂系湘籍要员刘斐推荐,广西省政府委派时任中山大学教授的杨东莼(刘斐的湖南醴陵同乡和儿时朋友)出任师专校长,唐现之被改派为教导主任。

杨东莼早年就读于北京大学,是中国最早接触并研究马克思主义学说的学者之一,后留学日本。他主张"政治救国",力图把师专办成一所培养政工干部的学校。他认为教育不能脱离政治,中国衰弱的根本原因是帝、官、封的剥削压迫,只有用革命的手段才能救中国。因此,他主张利用桂系当局有限度的"开明"和"进步",在蒋桂矛盾的夹缝里对学生进行马列主义思想的教育。他提倡学生多读社会科学方面的书,关心国事,探究社会现实问题。

而唐现之深受陶行知先生教育思想的影响，同时又倾向于梁漱溟的乡村建设和杜威的实用主义教育，信奉"教育救国"，认为中国衰弱的原因是贫、愚、私、弱、乱，解决社会问题的办法是办好教育、发展农业生产。他虽然对社会现状也有所不满，但不主张学生参加社会政治活动，不主张用革命手段改造中国。

由于杨东莼与唐现之的政治观点和教育主张针锋相对，在培养目标及课程设置上也产生了分歧，师生中亦形成了不同的两派，矛盾激化。广西当局为平息事端，于1933年2月中旬把唐现之调离师专，到李任仁担任厅长的广西省教育厅任职。由唐现之聘来的老师也陆续离开师专。从此，学校完全按照杨东莼的教育主张办学。

唐现之离开前夕，杨东莼为他开了一个欢送会。会上，杨东莼赞扬唐现之是广西师专的开创者和奠基人，同学们的刻苦自学精神是唐现之一手培育起来的。唐现之也在会上称赞杨东莼是博学之士，是教育家，善于教育青年，勉励同学们在杨东莼的教育下发扬苦学钻研的精神，表现出良好的风度。

唐现之此次捐弃前嫌，再次千里迢迢回奔桑梓献身教育，刚起步又让贤，最后不得不离校他去，这是他教育生涯里的第二次挫伤。但他在师专所倡导的办学思想、学风、校风，得到了发扬光大，为广西教育事业培养出第一批中学师资骨干，如汤松年、汤永雁、麦世德、尤德洽、李捷三、徐惠规、刘冠群、唐兆民、路璋、路伟民、梁琴、潘昆华等，都是他创办师专初期的学生，后来在广西教育界和其他事业方面都颇负盛名。

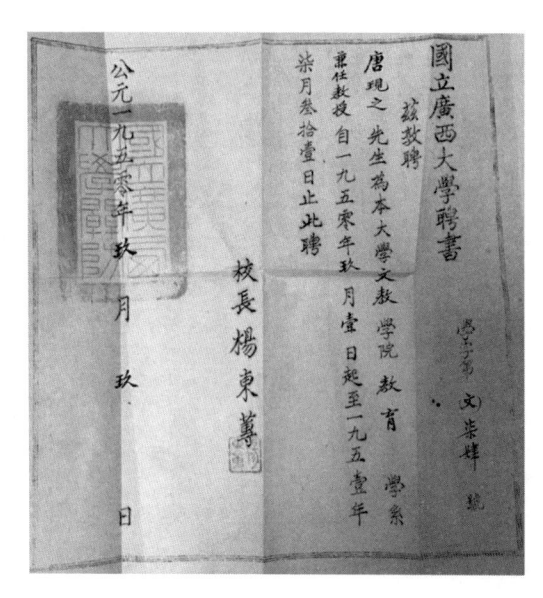

广西大学校长杨东莼聘唐现之为教育系教授的聘书（1950）

杨东莼后来亦因办学方针为白崇禧所不容，被迫辞职。

值得一提的是，杨东莼在多年以后出任广西大学校长时，聘请唐现之为兼职教授，并曾对作为他得力助手的唐现之堂弟唐肇华谈及他和唐现之的关系，有歉意，也有反思。

第七章

在梁漱溟的山东乡村建设研究院

1933年8月,唐现之应湖北省立教育学院院长罗廷光邀请,去该院任教授兼民众教育科主任。

当时的中国,正兴起一场乡村建设运动。以梁漱溟和晏阳初为代表的一些知识精英,到农村建立实验区,试图改造农村,曲线救国。

梁漱溟先生原籍广西桂林,1893年生于北京,有"中国最后一位儒家"之称。他认为,中国农村问题源于"文化破坏""教育不兴"。在山东省政府主席韩复榘的支持下,他创办了山东乡村建设研究院,一所训练乡村建设干部的专科学校。

山东乡村建设研究院于1931年筹建,同年6月正式成立,院址就在今天的邹平一中初中部。梁漱溟任研究部主任,7月继任院长。他秉持"政教合一"的理念,进行乡村建设,实践他的"乡建救国"理论。

山东乡村建设研究院设有一个研究部、一个训练部、一个农场、一个邹平实验县、一个菏泽实验区。研究部招收大学、专科毕业或同等学力的学员,学习乡建理论,再进修各种专题的研究工作。训练部招收中学程度的学员,培养乡村服务人员,担任乡村实际工作。训练部的课程繁多,如乡建理论、精神陶炼、乡村自治、乡村礼俗、乡村教育、农村经济、农村自卫、农业常识、土壤肥料、畜种改良、水利建设、农家副业、现行法令等。

梁漱溟和唐现之既有同乡之谊,又志同道合,惺惺相惜,友情笃深。1934年10月,唐现之应梁漱溟邀请,出任山东乡村建设研究院导师兼训练部主任,同时编辑《乡村建设》,还将梁漱溟有关教育方面的论著和演讲等辑成《梁漱溟先生教育论文集》出版,在序言中对梁漱溟作了较翔实的介绍。

唐现之在山东乡村建设研究院

他们是真正的理想主义者。梁漱溟说,"真力量要从乡村酝酿出来"。他认为:"中国问题之解决,从发动直至最后完成,全在于其社会中的知识分子与乡村平民打成一片,结合在一起所构成之伟大力量。"

梁漱溟和唐现之当年在邹平所践行的乡村建设,带有启蒙色彩,将知识分子的理念带给农民,同时也兼具启明的色彩,将一种新的生活方式带到农民生活中。邹平的乡村建设,很快成为全国乡建运动的"领头羊","是当时中国人超越政党而救国的卓越努力"。

第八章

沙塘的农村建设实验区

1932年3月,广西在柳城县沙塘建立广西垦殖水利试办区(后更名广西农村建设试办区),由曾任中将师长和广西省政府主席、省建设厅厅长的伍廷飏担任试办区主任。

沙塘的农村建设实验区,东起洛埠,南至黄村,西接洛满,北达沙埔,总面积两千多平方里,当时是一片野草丛生、荒凉贫瘠的土地。

半生戎马倥偬、四处征战的伍廷飏,对内战深感厌倦,在考察了日本和半个中国后,希望改造旧农村、建设新农村,在沙塘全力实施他的农村改良计划,开垦区,办农场,育苗圃,修马路,建商店,兴教育,还从玉林、北流、岑溪等地招募垦民二千五百余人,让无地之人开垦无人之地,自给自足。

1934年春,各垦区垦民家属纷纷来到实验区,儿童就学成为燃眉之急。伍廷飏决心引进国内优秀的教育人才,让实验区的所有儿童都受到自然环境与生活现状密切相关的教育;到中学时期,由主教者按其个性之所近,分配于区内各事业,在实际工作中施以教育,并通过考试，派送国内或国外从事专门研究。

为此，伍廷飏分别给当时著名的教育家陶行知和梁漱溟去信，殷切希望他们推荐能人。陶行知先生推荐了他的得意弟子唐现之。梁漱溟先生则回信给伍廷飏，支持他邀请唐现之去沙塘主持教育："弟本桂人，岂不关心桂事？自己纵不得回乡，亦岂可更阻唐君回乡？"

在伍廷飏积极促进下，当时正在济南养病的唐现之，收到广西省教育厅厅长雷沛鸿电邀，于1935年3月到达沙塘，以省政府顾问的名义担任农业训练班主任，兼负责督导沙塘小学。这是他第三次返乡办学，从培养研究生的导师任上回家乡办乡村小学，充分反映了他为桑梓教育牺牲一切的赤子之心。

唐现之聘请了赵清心（曾由唐现之介绍去晓庄师范学校学习）和熊绍琮（即朱达章）二人协助工作。他在沙塘开办农村服务人员训练班，学生四十人，三年结业；另办农人班一班，三十人，系青年垦民，在学一年。教学皆注重实际工作，以期养成垦民新村之中坚。训练班学生结业后，被分配到广西各县工作。

1936年夏，唐现之被广西省教育厅调任为编审室主任，负责教育书报的征集、编辑、审查等事项。省府迁桂林后，教育厅厅长由雷沛鸿改为邱昌渭，编审室与导学室合并，唐现之任导学室主任，负责中等教育、国民基础教育的视导事务。

雷沛鸿也是广西著名教育家，早年加入同盟会，曾参加黄花岗起义，后出国留学，获美国欧柏林大学文学学士学位和哈佛大学哲学硕士学位。他曾在暨南大学、中山大学、中央大学、浙江大学任教，经李宗仁先生邀请回桂，曾四任广西省教育厅厅长，也曾是广西省立第一中学校长、广西大学校长和广西教育研究所所长。

雷沛鸿是早期中国民众教育的倡导者之一。他曾在江苏无锡、昆山等地开展民众教育,在广西全省积极推进国民基础教育。他还创办了国民中学和国民大学(西江学院),初步构建了一个适合国情与省情、适应民众需要的民族教育体系。他和唐现之素有来往,两人曾在广西省教育厅和广西教育研究所共事。

第九章

内弟朱达章

协助唐现之办沙塘农业训练班的熊绍琮，是他妻子熊志敏的弟弟，后来化名朱达章。熊绍琮（朱达章）的一生，是典型的信仰共产主义的富家热血青年的写照。

熊绍琮1913年生于桂林。他天资聪颖，从小酷爱文学，能作诗词。就读于广州智用中学期间，正遇九一八事变，萌发了救国救民的思想。

1932年，熊绍琮中学毕业，回到桂林，决心不再升学。他对社会和人生有着自己的独特理解，一如他在作品中所写："我爱倒提着短棍，在朱门之下，悄悄看人忙乱的脚印，要从那上面体味一些欢喜或一些悲哀，来认识每个脚印的身世。"他开始做工，广泛接触社会，到硫酸厂当练习生，到桂林印刷厂当校对，到书店当店员，到学校当教员，到广西大学图书馆和广西省立图书馆当馆员。

在图书馆工作期间，他积极自修，常写诗填词，以抒发自己的爱国情怀。据说，他曾对他父亲说："国家在这存亡危急之秋，我堂堂七尺男儿，不思报国，而惜身苟且，将贻笑后世。"

1936年夏，他在桂林参加广西第四集团军，先后任中尉服务员和上尉宣传部主任。在此期间，他以笔为刀，揭露社会黑暗，反映民众疾苦，忧国忧民。

1937年年底，他以司徒华的笔名，在武汉出版了诗集《秦琵》。《秦琵》内容广泛，有的赞美祖国的山水风光，有的描述广大贫苦民众的生活，更多的是纪念"五一"运动、五卅惨案、七七事变等重大事件的诗篇。比如，《无声的中国》纪念五卅惨案：

我爱说："无声的中国"，
中国是无声的么？
我听见了，
十二年前的东南，
有一片众口同声的吼叫：
"我们要活！"

一个人用他的鲜血，
向时间的账簿上画一朵红花，
后来他悄然去了，
他是严肃而壮烈的。
……
有天你会不说"无声的中国"，
那时候将你震的昏去了，

那一声吼叫、一声雷。

《我们的卢沟桥》:

……
保卫你,我们保卫你!
你看,抗战的呼声响彻四方了。
永定河的水年年潮,
年年的潮不比今年高;
我们的心呀,随着潮!
潮在高,心在烧——
热的心,高的潮。
保卫卢沟桥!

熊绍琮在文字接触中和《桂林日报》编辑洪雪村(中国共产党地下组织成员)成为朋友,1939年由洪雪村介绍入党。

1937年年底,熊绍琮在武汉找到八路军办事处,要求去延安学习和工作。组织安排他进入第五路军一七一师做统战工作(因师长和他父亲是老相识),任政训处组织科少校科长。1939年年底,因形势变化,和其他党员一起撤离一七一师,进入淮南边区,从此以"朱达章"为名。

在淮南抗日根据地,朱达章被任命为安徽省滁县抗日民主政府秘书兼政府党团书记,不久后调入新四军江北指挥部,任政治部秘书,协助政治部主任邓子恢做地方工作，发展巩固抗日根据地。原新四军江北部队编为第二师后，他任二师政治部宣传部副部长。1944年秋，朱达章调中共中央华中局，任政策研究室研究员，专门研究民兵问题。他通过实地调查研究，写下有关民兵工作的论文，印发各地，很有实用价值，受到上级表扬。

1945年春，朱达章任华中建设大学教授兼文教系副主任。他的办学风格深受姐夫唐现之影响，任劳任怨，谦虚待人，在师生中享有很高威望。他带领师生，动手搭茅屋，劈木板当课桌，以笔记代课本，坚持学习。

1946年3月，朱达章奉命率六百多名师生自淮阴北上，到达华东局、新四军军部和山东省政府驻地临沂。山东大学与华中建设大学合并为山东大学。朱达章被任命为中共山东大学党委书记兼教务长，作为新山东大学初创时期的主要负责人，为学校的建设付出了全部的心血。像姐夫唐现之一样，他注重学生的劳动实践。他带领学生开垦了一片荒地作为学校的劳动基地，拖着病体和学生一起劳动。在他的言传身教下，学生们经常参加生产劳动，学习热情很高。

1946年7月，朱达章在临沂县册山后村（山东省政府驻地）牺牲。华东局为他举行了追悼会，陈毅致悼词，薛暮桥、陈辛等送了挽联。1954年追认为烈士。

朱达章的女儿熊凤鸣、儿子熊声宏，自小在姑母熊志敏家走动，也深受姑父唐现之影响，后来都成为教师。熊凤鸣曾是武汉大学教授，后来在深圳一所大学任教，熊声宏则在桂林市第六中学任教。

第十章

主持筹建桂林师范学校

1937年,唐现之当选广西临时参议会议员,并被聘为省政府顾问。他对政府乡村教育和师范教育再次提出许多意见,其中,恢复中级师范教育的意见被采纳。

抗战全面爆发后,李宗仁指示广西省教育厅,让唐现之负责筹办广西省立两江国民中学,为国育才。两江,即是李宗仁的家乡,临桂县两江圩。

1938年8月,为适应广西扩充师范教育的需要,筹建中的两江国民中学改称广西省立桂林师范学校(简称"桂师",又称桂林两江师范学校),唐现之成为首任校长。

广西当局对作为广西第一间中级师范的桂师十分重视,1938年12月25日的开学典礼上,广西省政府主席黄旭初、教育厅厅长邱昌渭、财政厅厅长黄钟岳都到场讲话,将桂师喻为"全省师范的楷模"。

此时,正值抗战的困难时期。秉承唐家祖传的浓厚家国情怀的唐现之,对于日军的侵略和掠杀,认为是中华民族的莫大耻辱,必须抗战到底。他深信抗战必胜，深刻认识到全民抗战的重要性。他说，要抗战必胜和建国必成，必须动员广大民众参加，非一致奋斗不可；要是没有广大乡村民众参加，便没有了兵员，没有了粮食，没有了税收，其结果便没有了军事、经济，乃至于政治。

唐现之相信，教育可以改造人、改造社会，教育与抗战建国的成败息息相关。他决心把桂师办成一所坚持抗日，同时实现民主自由、团结和谐、尊重理性、维护人的价值和尊严的学校。他希望，桂师培养出来的学生，到农村去提高民众的文化素质，唤醒民众、组织民众积极投身于抗战建国的伟大事业。

唐现之矢志于教育，但不是为教育而教育。他认为，教育不可无目的，教育必须以民为本，为社会服务，为大多数人谋福利的事业服务，而乡村教育必须为乡村谋福利的事业服务。为此，他全神贯注，兢兢业业，全身心投入于桂师办学。

为了加强乡村教育，同时防止日军骚扰，唐现之特意把校址设在地势高旷、松林环绕、有利于防空防洪的大岭心村（今两江中学校址）。他聘请著名建筑设计师林乐义设计画图，于1937年冬备料动工，1938年12月建成，工程耗资四万元。

事实证明，唐现之为桂师的选址极为正确，后来桂林沦陷之时，日军曾多次到两江圩扫荡，但从未去过桂师校园。

八十年过去了。当年桂师的绿树白墙，颇具江南书院风格的校舍，李宗仁郭德洁夫妇种植的罗汉松，百米文化长廊内的丰子恺、陶行知、胡适之、王鲁彦和唐现之的题字或影像，时至今日仍然保存完好。

桂师，是唐现之办广西的晓庄师范的第二次尝试。他将办桂师作

唐现之创办的广西省立桂林师范学校（校址在今桂林市临桂区两江中学）

桂师成立时，李宗仁郭德洁夫妇手植的罗汉松，如今已成参天大树

为当初办广西师专的延续，以实现他的夙愿。

唐现之后来回忆说，他办桂师的主导思想，是陶行知先生希望的"锄头革命"——培养一万个师范生，办一万个小学，改造一万个农村。其次，是唐现之自己的思想，主要是承袭杜威的思想——提倡民主，发展个性，言论思想自由。学校实行阅读、言论、思想自由，爱护学生，尊重学生，了解学生；经常征求学生的意见，学校经费公开，学生膳费由学生自己管，师生参加劳动。他大力推行陶行知"生活即教育""社会即学校""教学做合一"的生活教育理论，提倡人人都是先生，人人也都是学生，在做上教，在做上学，会的教人，不会的跟人学，推行"兼容并蓄，学求民主，学习自由"的办学方针，引导学生走自主、自理、自觉、自动、自治的道路。

桂师的校舍，是在大岭心村的空地上建的。一部分教室盖上了瓦，窗户还没有装，即开始上课。唐现之和学生们最初都以教室为寝室。他回忆说，校舍还没有建成时，陶行知先生即到学校参观，并对学生讲话。

桂师虽然是新建的，但在唐现之的努力下，从校舍到图书仪器，都不比当时广西的一些历史长的学校差。图书仪器都是从邢台师范学校借来的。邢台师范学校的图书仪器当时疏散到武汉。唐现之在桂林遇见该校校长张新一，商请借用，获得同意。桂师又陆续添补图书，只要市面上有，即购买，对于教师和学生都是很大的帮助。

在开学之前，唐现之已聘好教师。他认为，要办好桂师，首要的

桂师教舍的江南书院风格

是有一批学识丰富、思想开明、能为人师表的教师，于是千方百计聘请人才来校。不分地域，不分党派，不分毕业院校，只要品学兼优，他都礼贤下士，登门聘请。经他聘请到校任教的优秀教师就有丰子恺、杨晦、陈润泉、贾祖璋、林举岱、傅彬然、陈啸天等，都深受学生爱戴和尊敬。

在桂师，教师有完全的讲课自由，作为校长的唐现之，从不干预。学校内民主自由的学术气氛很浓。教师大都是从外省逃难到广西，来自五湖四海，饱受颠沛流离之苦。唐现之经常串门走访，了解情况，为他们解决生活上的困难，征求他们对学校的意见，与他们相处得很好。

桂师最初招的是师范一班、简师一班（两年毕业）、小学教师训练班一班。前者招初中毕业生，后者招高小毕业生。学生一般在二十岁左右，绝大多数来自农村，也有一部分是在职的国民学校教师，都能吃苦耐劳，勤奋学习。

唐现之很注意培养学生的自学能力。当时的师范学校功课多，又有军训。唐现之认为，这样学生没有时间自行学习、劳动和娱乐。他便不顾一切，把上课时间从普通的五十分钟一节改为四十分钟一节，得到学生和教师的一致赞同。他还在校内成立各种学术研究会，经常举行各种内容的座谈会，请陶行知先生讲"世界形势与抗战教育"，请梁漱溟先生讲"延安归来"。著名作家、教育家叶圣陶，也曾应唐现之邀请为桂师毕业生演讲，内容是训练教学之要及文艺写作之要。

为了培养学生的教学能力，进行教育科学研究，唐现之改进各科教学方法，并在学校附近的大岭心村办了一所中心小学作为实习场所。

另外，还把学校附近两江圩的两所小学作为"特约中心小学"。这样就有了三所实习基地。当时的教学实习是全面的实习，实习的学生要身兼多种角色，包括校长、主任、班主任，实习小学各年级的各科教学。另一方面，在教学实习期间，实习学校校长、教师还要共同学习有关教育的资料和教学法，共同研究制订必要的规章制度，共同研究讨论上课的教案以至记分考核、学生出勤登记等。所有这些，实习后认为好的成果，都留存下来。学生获得的知识技能比较多，实习学校也获得教育和帮助。

学校有劳作课，主要种蔬菜，也有老师参加，收获供学生食用。有菜地，也有稻田。学生劳动热情很高。学生组织的膳食委员会还养猪，每逢年节杀猪，请老师聚餐，师生欢乐无间。有一时期由于货币贬值，学生膳食不够吃，唐现之和一部分教职员与学生们一道上山砍柴，这对于学生来说很有教育意义。

唐现之还组织学生走出学校，深入农村，积极开展抗日救亡运动。每周周日，都有一班学生（有的班导师也参加）风雨无阻地去离校十余里的苏桥伤兵医院慰问伤兵，天亮即启程，步行两小时到达，日落西山才戴月归来。慰问内容包括代写书信投邮、缝补、洗衣服、打扫卫生、送书刊报、节日送礼，还进行个别访问、座谈会，及文艺演出。归来后，用壁报形式报道前方抗战情况，宣传抗日救国，师生都深受感染。许多同学在日记中写道，"要坚持抗日救国，要坚决反对投降，要坚决收复失地……"，有的同学还刺破手指，将鲜血涂在"坚决"二字上。1939年7月7日，七七抗战两周年纪念日，唐现之亲自率领师生，抬一头大猪、几大缸酒，去苏桥慰问伤兵，举行纪念演出游艺会。

许多伤兵（有的还扶着拐杖）含着热泪送他们离开，挥手告别。

在苏桥，还成立了少年工学团，让十三四岁的失学少年边学习边劳动，既可获得一定报酬，也接受了抗日教育。每周由赴苏桥慰问团的同学给他们上课，讲抗日道理，唱抗日歌曲。在两江，成立抗战救国室，在此基础上扩大为两江、永德两乡社会教育实验室，包括举办成人夜学班、研究速成识字法、推广"小先生制"、建立抗战阅览室、陈列通俗书刊供群众阅览、举办抗日时事座谈会和报告会等等。

在两江和苏桥组织少年工作团，成百的青少年得到教育，学语文、数学，还上抗日形势课。在福村、大岭心村办农民（男女班）夜校，教他们读书识字，同时宣传抗日。识字课本是围绕抗日和农业生产需要自编并免费发给农民的。来读书的成年人往往带儿孙一起来。孩子学得快，很快成为教师的助手。一个班都有几个"小先生"，又通过这些"小先生""即知即传人"去教没来学习的左邻右舍的成人和儿童，很快整个村都出现了学习的热潮。还组织青年补习班，帮助一些小学毕业生继续深造，开设语文、数学、抗日等功课。桂师学生还办义务小学，帮助附近农民教育子女。桂师的校医对于附近农村的儿童健康也有出力。

凡此种种，以桂师为基地，围绕抗战救国，辐射带动周边乡镇农村，形成一个全民教育区。

唐现之为桂师提出的校训是一个"仁"字，把它悬挂在大礼堂讲台的前檐上。他解释说，"仁者爱人民，在学校就是爱学生"；"仁爱"思想，即"热诚、敬人、爱人"。他说，"我要凭我的热诚激发他人的热诚，手携着手、肩并着肩地来克服它，我想人同此心，心同此感，没有不可以激发的人心"。"我又相信人皆可以为尧舜,其所以有贤不肖者,教育的力量不够耳,教育者的热诚不够耳。"他希望通过"仁爱"思想的教育使学校成为"一堂之内,彼此毫无戒心,师生之间,相处无恶念,人人以至诚之心相向,个个以友爱之情相待。满室春风,一团和气,兴高采烈,奋发蓬勃,生趣盎然,兴致激越,整个学校如一炉熊熊之火,不特可以自暖,并且可以暖人,暖社会,暖民族"。

唐现之认为,师生间的关系应是平等的、民主的,互相尊重,彼此知无不言,言无不尽,教学相长。他每晚必定去学生自修室走一圈,看有无问题需要解决;每学期末,油印《意见询问表》,发给学生,征求他们对校长、教职员、学习、经费等方面的意见。他经常找学生座谈或谈心。学生也喜欢找他谈话,所提问题,大至国家、世界,小至个人生活、婚姻问题。学生有不对的地方,通过班主任说服,或他亲自谈话,都解决了。他后来说,"我认为一个人的自尊心及廉耻心最为重要,万不可自己丧失,或加以摧残……我有意要培养师生的自尊心及廉耻心,所以始终以至诚的心意去对待他们,不肯轻定规章与轻意处罚"。他在桂师的三年中,没有开除一个学生,处罚一个学生。在他的以身作则下,桂师的教师之间、师生之间,感情都很融洽,彼此敬爱,校园内充满生命的活力。

"燃烧着自己,照耀着别人",是桂师校门内二重门两侧的一副对联,横额是"为人师表"。这是唐现之常常赞美蜡烛的两句话,用以自勉和激励献身于教育事业的师生。他还让人在桂师大门外大书标语来鼓励学生:"抬起头来,挺起胸来","一往无前"。他为桂师创立了一个民主、自由、进步、团结、抗战的优良校风,为桂师呕心沥血、鞠躬尽瘁，八十年来一直为桂师（今桂林师范高等专科学校）历届师生深情缅怀。

当年的桂师导师和教务主任汤松年回忆说，唐现之校长热心教育，为人亦艰苦朴实，无官僚习气，尊重教师，热爱学生，自奉甚俭，冬天穿的就是一件旧大衣，夏天穿的就是两套不太合身的布制服，学生曾称呼他是"活着的武训"。

当年的桂师学生魏华龄回忆说，桂师是他真正思想启蒙的地方。学校悬挂的对联"燃烧着自己，照耀着别人"，唐现之校长是这么想的，也是这么做的。

当年的桂师学生廖焱回忆说，桂师这个学校对他们这些学生的影响是很大的，主持人唐现之，主张"自由""开明"，军训、思想功课上的束缚也减轻，因此，同学们思想奔放，大家努力学习社会科学、哲学。

当年桂师的学习，可以说，是在抗战烽火中进行的。廖焱回忆说，那个时候，是在敌机轰炸下学习的。1938年冬，每天要躲三四次警报。1942年6月12日早上的毕业考试，敌机与我机在屋顶上空战，同学们就在屋里考试。这是怎样的一个情景！查考史料，1942年6月12日的桂林空战，飞虎队击落八架日机。

烽火岁月的桂师，可亲可敬的唐现之校长，在当年这些桂师学子的心中，留下了永生难忘的记忆。

第十一章

与丰子恺的君子之交

百年之计树人，

教育根本在心。

桂林师范仁为训，

克己复礼泛爱群。

洛水之滨，大岭心村。

心地播耕，普雨悉皆萌。

这是丰子恺为桂师谱写的校歌，也铭记着他与唐现之的君子之交。

丰子恺，浙江桐乡人，是以博学多才著称的高僧弘一法师（李叔同）的得意弟子，曾留学日本。他是著名的漫画家、散文家、翻译家，也是一位教育家，曾在上海大学、复旦大学、浙江大学任教。

1938年，正是日军凌暴中国大地、国难当头的岁月，用丰子恺的诗来说是"血雨腥风卷落花"。他一家十口于3月逃难到长沙。5月，他收到了唐现之从桂林发来的信。作为筹建中的桂师的校长，唐现之力邀丰子恺到桂师任教。

感动之余,丰子恺决定举家赴桂。他后来在《未来的国民——新枚》这篇文章中说:"且在这禽兽逼人的时候,桂人不忘人间和平幸福之母的艺术,特为开班训练,这实在是泱泱大国的风度,也是最后胜利之征兆,假使他们不来聘请我,我也想学毛遂自荐呢。"

1938年6月,丰子恺举家抵桂。他提出的三点要求:不住校;有权自选国文教材,不照搬课本篇目;保留开明书店编辑职务。唐现之一一答应,还安排房间让他课间休息。

在山清水秀的桂林,丰子恺一家度过了一段难得的安宁时光。他的散文集《缘缘堂随笔》就是在这段时间完成的。著名的《教师日记》也是于此时开始着笔,记录了他在桂师任教的乡居生活、家务琐事、友朋往来等。他在《序》中曰:"及抵两江,安居而有定业,生活又成平凡,然蛮夷猾夏不已,神州丧乱日甚。吾身虽得安居敬业于山水之间,吾心岂能如故国平居时之悠逸哉?夫往而不返者时也,兴而不息者感也。而况得虎口之余生,睹苍生之浩劫,吾今后岂得优游卒岁,放怀于云林泉石之间哉?于是立此日记。"

由于对唐现之的办学思想"甚钦佩",丰子恺推荐了好友傅彬然、王星贤、贾祖璋等到桂师任教。后来,丰子恺去浙江大学任教。在桂师为他举行的欢送会上,他动情地说:"子恺非常荣幸得到唐校长的错爱,千里飞书,聘子恺来有模范省光荣称号的广西,来山水甲天下的桂林,来桂师和大家共同学习。在这里,子恺和诸位度过了快乐的一个学期。我十年不教课了。抗战后,才在桂师再执教鞭。桂师犹如我的母校。今后远游他方,想到桂师,当有老家之感。"

丰子恺"赠现之尊兄"的《艺术与人生》
（1944年桂林民友书店出版）

　　送别晚宴结束时，已六点。丰子恺还要回到五里外的泮塘岭的家。这是一段乡间小路，如果走捷径，还要经过一片松树林、一片田野。唐现之执意要送丰子恺返家，然后再返回桂师。这一夜，丰子恺久久难眠，在日记里写下了这样的话："此情此景，今后永不能忘。"

第十二章

中山纪念学校

1941年皖南事变之后,广西当局对各级学校加强了控制。

1940年8月接替病故的马君武先生担任国立广西大学(简称"西大")校长,宣称要按蔡元培先生办北京大学的精神来办广西大学的雷沛鸿,于1941年8月被突然免职后,西大爆发建校以来规模最大、持续时间最长的一次学潮。新校长高阳(原江苏教育学院院长)到校接任,被学生拒之门外,最后在武装军警保护下强行接任,一批师生被逮捕、开除、勒令离校。

在广西大学学潮之后,唐现之的处境也越来越困难,流言蜚语日多。雷沛鸿的前车之鉴,对于唐现之个人事小,对于桂师师生则干系甚大,何去何从,不得不早为之计。是故,他审时度势,自动辞职,同时推荐汤松年继任校长。

汤松年,广西永福人,1931年投考广西省立师范专科学校时,因"文章不错",被唐现之破格录取。在师专学习期间,是唐现之的得意门生。因才学出众,与汤有雁、邓蔼然被称为师专"三杰"。作为师专第一届毕业生,他随唐现之工作多年,在桂师先后任导师和教导主任,对桂师颇有建树。接任校长之后,他声称要本着"萧规曹随"的准则办校。1944年2月到1947年8月底,任桂师校长的汤有雁也坚持唐现之的办学思想。

唐现之离开桂师前夕,师生眷恋难舍。有的食不下咽,有的在寝室内哭泣。唐现之为许多同学写了临别赠言,"岁寒然后知松柏之后凋"。他这种傲霜斗雪的凛然之气,正是他的祖父唐镜澄和伯祖父唐镜沅被《灌阳县志》记载的"重士爱民""秉性骨鲠",是唐家家风的延续。

1941年10月,唐现之含泪离开他倾注了三年多心血的桂师,受聘为广西大学教授兼一年级分部(分部设于桂林市区普陀山麓)主任,兼西大师专教导主任。这是对他献身教育事业的第三次挫伤。

1942年7月,唐现之到广西教育研究所任职。所长是雷沛鸿,唐现之和苏希洵、谢康、曾作忠为委员。

1943年2月,因着唐现之在广西教育界的声誉,广西当局为了表示"妥善"安排,要他出任私立中山纪念学校(今桂林中山中学)校长兼校董。

中山纪念学校的前身是"广西省立桂林实验国民基础学校"。1936年,广西省教育行政当局着手推行普及国民基础教育运动。为解决省级机关子女就学问题,教育厅厅长邱昌渭建议办一所小学。桂系首领李宗仁、白崇禧、黄旭初等人发起募捐建校。1937年5月,广西中山纪念学校正式成立。之后,增办初中部,不久又开办高中部。

广西当局让唐现之担任中山纪念学校校长,一方面借此提高该校的社会地位，一方面架空他，使他的教育思想不能再感化学生。但唐现之仍坚持他一贯的办学三原则：（一）学校行政完全由校长负责，校外人士不得干预；（二）学校用人权全属校长；（三）学校经费公开，涓滴用于办学，独立自主地延聘了一批进步教师到校任教。

当年中山纪念学校小学部学生，1937年出生的台湾作家白先勇（白崇禧之子）曾经回忆说，当年的中山纪念学校，无论师资还是设备，在桂林都是相当好的。1944年在战火中离开中山纪念学校，七十年后重返母校访问的白先勇，依然能够完整地唱出当年那首由邱昌渭作词，音乐家吴伯超、满谦子作曲的校歌：

> 我敬中山先生，我爱中山学校。
> 中山是我们的学园，中山是我们的师表。
> 我们要努力求学，共同研讨，
> 我们要整齐活泼，刻苦耐劳。
> 遵遗训，从师教，勿忘先烈革命功高，
> 年虽小，志气高，发奋图强国家永保！
> 我敬中山先生，我爱中山学校，
> 中山是我们的学园，中山是我们的师表。

第十三章

北碚儿童福利实验区，广西省立桂林图书馆

外公曾经对我说，"你大外公一生最鄙视政客的追名逐利，不愿为官"。但李宗仁、白崇禧、黄旭初等桂系首脑却很器重唐现之的人品与才能。外高祖母范氏出殡时，桂系要人均送了挽联。李宗仁先生1965年从海外归来后，曾与他见面话旧。

唐现之晚年回忆说，1938年12月参加三青团，是在他自己都不知情的情况下发生的。当时，程思远从武汉回到桂林，筹备三青团广西分团，在报上发表分团筹备干事名单：指导员李任仁，主任干事黄旭初，名单中还有唐现之的名字。唐现之在两江乡下的桂林师范学校看到报纸，觉得奇怪，问程思远，他说这是李任仁的意思。唐现之当时心中有些不快，但为了办桂师，需要各方面配合，也就没有推托。20世纪60年代，唐现之就此事问过李任仁，李任仁说不是他的意思。到底是谁的意思，就是一个历史之谜了。

1939年，三青团广西支团正式成立。唐现之被选为监事。监事中

有雷沛鸿、李运华（曾任国立广西大学校长）。主任干事是黄旭初。干事有程思远、邱昌渭、韦赞唐、覃泽汉、蒋培英等。书记为韦赞唐，副书记为覃泽汉。

1939年初夏，唐现之又被选派到重庆，接受一个月的中央训练团党政训练班。团长是蒋介石，教育长是朱家骅，大队长是王东原。同学中桂籍的有邱昌渭、冯瑛、韦赞唐等。结业前，党政训练班要求包括唐现之在内的所有没有加入国民党的人填表，集体入党。回桂不久，唐现之被选为国民党广西省执行委员会委员。执委会主任是黄旭初，书记是刘士衡。

唐现之后来被推为三青团广西支团常务理事，1947年9月去南京出席三青团监察会议，同去的有黄旭初、黄朴心、韦赞唐等，蒋经国、张治中、白崇禧都来讲了话。党团合并后，唐现之在党团监委联席会议上被选为国民党广西省监委会常务监察。

1942年，蒋介石到桂林，接见中央训练团毕业成员，唐现之参加了这次接见。他回忆说，当时蒋介石问大家身体如何，要大家注意身体健康。

1944年秋，日军进犯桂林。唐现之率领中山纪念学校部分师生疏散到广西蒙山，后至重庆。1945年2月，唐现之应挚友卢作孚先生邀请，在重庆担任北碚儿童福利实验区副主任，当时的主任为章柳泉。

北碚儿童福利实验区是中国历史上第一个由中央政府主办的普惠性儿童福利实验社区，是社会部开辟的第一个儿童福利实验基地，试图在推行普惠性儿童福利服务的同时，将科学化的保、教、研融合一体，使中国儿童福利事业既与国际接轨，又富于本土特色。

北碚儿童福利实验区以北碚管理局辖境为范围，设区主任一人，综理全区事务。主任以下设副主任一人，襄助主任处理事务。主任以下又分设总务、业务、推广及研究四组，总务组掌理文书、出纳、庶务，业务组掌理儿童福利事业规划实施，推广组掌理儿童福利展览、竞赛、访问、宣传推广，研究组掌理儿童福利事业研究、试验、调查、统计、编辑等事项。另设会计、人事和统计三室。

实验区最初拟设托儿所一所、儿童辅导院一所、儿童教养院一所，在各乡镇设规模不等的儿童福利所，与当地工厂及公务机关洽办附设托儿所，并举办季节托儿站等，但因战时困难，真正付诸实施的仅有托儿所一处、儿童福利所一处、儿童福利站一处、托儿站两处。托儿所包括所长、股长、医师、教师、保育员等二十人，儿童福利所包括所长、股长、医师、指导员、干事、护士、助产士等二十六人，儿童福利站包括站长和保育人员若干。

虽然筚路蓝缕，条件有限，实验区的实验成果仍然在当时让"社会人士之观感一新"，新闻舆论也"时予鼓励"，引起了社会广泛关注，促进了"儿童福利"一词在中国的普及。后来的南京儿童福利实验区，便在相当程度上取其长足。

在北碚期间，唐现之还在1945年兼任中国乡村建设学院教授，教教育课，下学期兼训导主任。中国乡村建设学院位于北碚歇马场附近的大磨滩，拥有农村教育、农业、社会、水利四个系和一个研究生部，院长是被誉为"世界平民教育运动之父"、与陶行知先生并称"南陶北晏"的晏阳初先生。

1946年2月，唐现之从重庆回到桂林，出任广西省立桂林图书馆馆长。广西省立桂林图书馆是广西历史最悠久的图书馆，筹建于1909年（清宣统元年），1911年2月竣工开馆，馆址设在靖江王城。当时名为广西图书馆，之后曾改名广西省立第一图书馆、广西省政府图书馆、广西省立桂林图书馆、广西图书馆等，是广西最早的公共图书馆，也是中国建馆最早的十座省级公共图书馆之一，藏书曾达三十万余册，以其"藏书之丰富，设备之完善，在西南各省首屈一指"。

1944年，桂林沦陷，馆舍及大部分藏书毁于兵灾，幸好之前将珍贵藏书转移到了广西昭平，抗战胜利后搬回了桂林。当时还不是馆长的唐现之，对此也有参与——唐现之的表弟沈德谦几十年后才从一位老同学口中得知，唐现之在抗战时曾筹办育才小学，桂林图书馆的珍贵藏书就是根据唐现之的提议转移到昭平的育才小学保存。

战后的桂林，一片废墟。唐现之在百废待举中受命重建广西省立桂林图书馆。省政府限令于3月15日前开放阅览。当时，既无馆舍，也无设备，只有三四个工作人员和昭平幸存的七万余册图书。唐现之一面着手招收人员，一面在王城省府旧址觅得破屋两大间，稍事修葺，充任临时馆舍。他带领仅有的几个工作人员，整理图书，重新开馆，为读者服务，接着又筹划建新馆舍。他不但要筹措经费，还经常到现场检查施工进度。在他的努力之下，新馆舍仅用四个月即告竣工，在1946年9月1日举行落成典礼。

同年年底，唐现之亲自到京沪等地采购新书万余册，同时号召社会各界捐赠图书，亦不断增加人员，设总务、采编、阅览、特藏、研究、辅导六部。他对读者服务工作也十分重视，开设了普通、特藏、杂志、儿童等阅览室，每天开放十二个小时，坚持天天开放。馆内阅读人次不断增加，至1948年，全年阅览人数为二十三万余人次，对于当时仅有九万人口的桂林来说，是一个十分可观的数字。

唐现之第五子，继承父业、终生从教的唐振中（南宁第二十六中学原校长）还记得，靖江王城内的广西省立桂林图书馆是他十岁以前的儿童乐园，当年在图书馆的儿童阅览室看书、登城墙的情景，至今历历在目，记忆犹新。

一生热爱教育的唐现之，献身教育，用教育移风易俗改造社会的心愿始终不渝。平民教育的经历使他深切地认识到图书馆对民众知识普及的重要，力求把图书馆办成一所社会大学，加强对读者的指导与

大外公唐现之和外公唐肇华1946年从重庆回到桂林后的全家福
后排左起：唐振元（唐现之次子）、熊彬（熊声宏大姐）、外婆周婉琼、外公唐肇华、大外公唐现之、大外婆熊志敏、熊志敏兄嫂、唐振邕（唐现之第三子）
前排左起：熊声宏（熊志敏之侄）、唐榕邹（唐现之第三女）、外曾祖母何满姑、熊志敏祖母、熊志敏之母抱唐振中（唐现之第五子）、唐振春（唐现之第四子）、熊凤鸣（熊声宏二姐）

唐现之熊志敏夫妇和子女合影
后排左起：唐榕邹、唐振元、唐振邕
前排右起：唐振春、唐振中

1946年,唐现之一家与堂弟唐肇华夫妇及友人摄于桂林(右一为唐现之的学生汤松年)

服务工作,开办工人业余夜校,亲自兼任校长;在《广西日报》开辟《图书园地》专栏,出版《广西图书馆简讯》,向读者介绍图书馆;举办各种演讲、展览、读书报告会、读者座谈会,出版黑板报,编印书目索引,试行图书开架阅览,在工厂、农村附近设立图书流通站,以多种形式向读者传播文化,向社会扩散文化知识,提高民众的文化素养。

唐现之还为图书馆勾画了一幅蓝图,他设想要建筑钢筋水泥的馆舍,可藏书一百万册。除各种阅览室,还要开放研究室、演讲厅、音

唐现之1946年在桂林王城重建的桂林图书馆旧址

唐现之1954年选定的桂林图书馆榕湖馆址

乐室、书画室、实验室等，要聘特约教授指导读者。1954年，因原馆址拨归广西师范学院使用，他又以一向的长远眼光，选定榕湖北路作为新的馆址。

同时，唐现之也致力于儿童教育和儿童福利事业。他在北碚儿童福利实验区任职时，那里有个儿童福利协会。回到桂林后，他约了蒙贤征、汤松年等人，于1946年5月成立中国儿童福利协会桂林分会，并出版《儿童教养》杂志。

唐现之认为，儿童教育，还在于使父母都知道如何教养他们的儿女，让所有的儿童都能受到良好的教育。为此，他还举办过一两次"父母教育"的资料展览。

同年，唐现之应桂林市市长苏新民之约，创办私立育德小学（后来的桂林市四会路小学、桂林市第十三中学），并担任校长。据当

唐现之（中排黑衣者）创办的私立育德小学1949年毕业照

时担任校务主任的汤松年回忆，育德小学是唐现之用"武训"精神创办的，他亲自登门拜访豪富，请予乐捐补助，育德小学才得以兴学。成立未满一年，在桂林市的小学中即出类拔萃，学生达三百余人，十一二个班，不少家长还乐捐金钱为学校建筑房屋。

在一本1947年出版的由唐现之主编的《儿童教养》杂志中，人们发现，原来当年就有许多有关儿童教养方面的新潮思想。比如，《儿童假期生活的指导》对父母、教师有以下建议："不破坏学校有秩序的生活习惯，利用假期调整学业和做健康缺点的矫正，给儿童自由的学习和课外活动的充分机会，最重要的是给儿童提供一个可获得丰富经验的环境，等。"《性教育从幼稚园开始》一文则提出："性教育的实施由幼稚园开始较为适宜，因为幼稚园的小孩多是三四岁光景，他们从此时开始就有涉及性方面的问题。"

唐现之在教育思想方面，的确具有超前的眼光。

第十四章

1949—1975年

唐现之一生热爱教育，著述很多。他根据自己的教育思想与实践经验，撰写了《十六字薪传与教育》、《教育随笔》、《国民教师手册》、《教育救国》（话剧），翻译和编写了《近代教育家及其理想》《欧洲新学校》《学生学习法》《幼稚园、小学低年级的沟通教学法（上册）》《你的孩子，你的将来》《近代西洋教育发达史》《美国乡村小学标准学生学习法》等著作，还参与编撰《（民国）广西通志稿·文化编》。

唐现之和当时中国教育界的著名人物都有来往，受邀参加了中国教育协会，陶行知领导的生活教育社，黄炎培领导的职业教育社，陈鹤琴领导的儿童教育社和梁漱溟、晏阳初领导的中国社会教育社。1947年以后，还与朱尧元、莫一庸一起担任广西省教育会理监事，由莫一庸驻会办理日常事务。

1946年至1954年，唐现之先后在广西大学、广西医学院任教授。1947年任广西通志馆编纂，负责主编历代名贤传记。《广西通志稿》是对广西有史以来历朝历代的政治、经济、文化、社会风俗、山川风景的历史叙述。历代编书者皆是有学之士，形同史官。

作为有学之士秉笔写史的唐现之，也是一个超然于政治之外的人，崇尚民主，尊重不同信仰，兼容并包。他是学教育的，始终爱护青年，所以在任何地方工作，都爱护进步学生，尊重进步教师，公开反对特务活动。他办的育德小学，是中共桂林地下组织的活动据点之一。

唐现之的堂弟唐肇华曾回忆说，当年有学生被捕，唐现之积极找程思远交涉，把学生保出来。唐现之第四子唐振春之妻郭月姣回忆说，唐现之在办学时，聘请的教师中就有一些地下组织成员。他的长子唐振裘、次子唐振元，都是很早就参加了共产党。唐振元当年跑回桂林家中躲避，唐现之冒着极大风险，在特务追捕的紧急关头，从外人不知的家中后门把他放跑了。

1949年桂林解放前夕，和他的叔父唐超寰一样热爱乡土、故土难离的唐现之，推脱了白崇禧派人到图书馆传达的把图书押运南宁的要求，在一次会议上带头反对全市中小学和文化单位疏散，还极力动员自己的姑丈、教会办的道生医院董事长沈明燧牧师，保护道生医院（桂林市第一所西医医院，即今桂林市妇女儿童医院）的设备不散、人员不走。

1949年11月22日，桂林解放。唐现之全家扶老携幼到中山中路欢迎解放大军。新成立的人民政府，对于在广西声望卓著的唐现之颇为看重，先后安排他担任桂林市军事管制委员会委员、桂林市人民政府委员、广西省人民政府参事室参事、广西省政协副秘书长、广西省第一图书馆馆长等职。1950年曾列席中南军政会议，1952年曾参加中国人民第二届赴朝慰问团，1954年被选为广西省人大代表、广西省政协

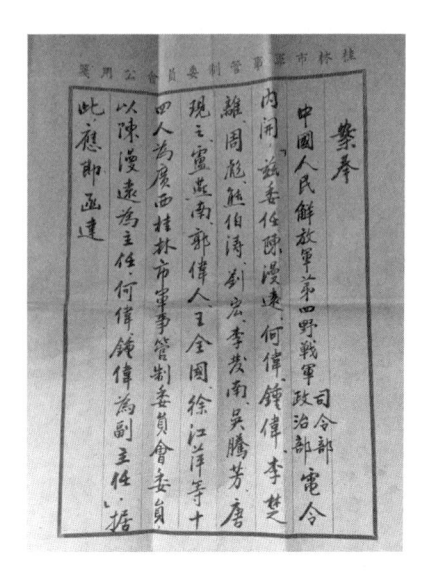

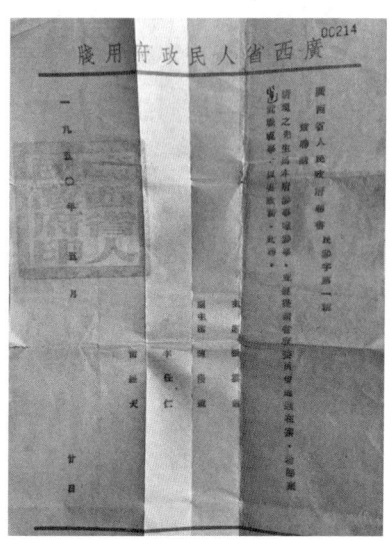

唐现之1949年被委任为桂林市军事管制委员会委员

广西省人民政府参事聘书

唐现之1951年被任命为广西省人民政府参事

唐现之1951年被任命为桂林市人民政府委员

唐现之1955年被任命为广西省司法厅厅长

常委、广西省教育工会常委、中苏友好协会广西分会理事。1955年，唐现之被任命为广西省司法厅厅长。这是他生平第一次"做官"，被委以重任，但没能从其所爱、用其所长，使得唐现之后半生未能继续为他所热爱的广西教育事业作出贡献，也是遗憾。

1957年，传承了唐家先人的骨鲠的唐现之，被错划为右派分子，撤销司法厅厅长职务，安排到广西壮族自治区政协文史资料工作组任组员。

1960年，唐现之摘掉右派帽子，任广西政协委员。

1966—1975年，唐现之经历了抄家、批斗，冲击巨大，1975年9月14日在桂林人民医院因胃癌逝世，享年七十八岁。

唐现之本质上是一个具有唐家祖传的儒家气质的中国传统士大夫，

唐现之（后排右四）1952年出席广西省人民政府全体委员会的合影

1955年广西省第一图书馆欢送唐现之（前排中）赴南宁任广西司法厅厅长

唐现之（中）1962年国庆前与家人合影
后排左起：媳黄丽芬，女唐榕洮，子唐振中、唐振邕、唐振春，媳郭月姣，女唐榕邹
前排左起：孙女唐双前、孙唐春晓、唐榕邹之长子、孙女唐双进、唐榕邹之次子、子唐振秋（唐双进后）、孙女唐若兰（唐振中手抱）、唐爱兰（郭月姣手抱）

唐现之（二排中）1974年春节与家人合影

一位心怀国家民族的爱国者,一位千方百计寻求祖国民富国强之路的探索者。他找到的"教育救国"之路,正如他的口号和目标,"培养一万个师范生,办一万个小学,改造一万个农村"。只要是有利于这一目标的事,他就去做,不屈不挠,历尽艰辛。他大半生为广西教育倾尽心力,艰苦创业,忍辱负重,虽三折其志,但毫不气馁,不计较个人得失恩怨,一往情深,以教育大业为重,希望国强民富。他为人刚正不阿,鄙视官场,不争名逐利,但政治却屡屡来找他,晚年更是因此遭罪不少,也是特定的历史时代造成的悲剧吧。

第十五章

无尽的怀念

1978年,唐现之生前的右派头衔被予以改正,次年恢复了政治名誉。他一生对广西教育事业的巨大贡献得到了充分肯定。很多教育界人士纷纷撰写回忆文章,表达对唐现之无尽的追思和怀念。

陶行知之子陶城,通过很多人找到唐现之第三子唐振邕,希望有朝一日能相见,共怀父辈。1982年9月19日,陶城还给唐振邕寄来了题款"振邕弟惠存"的《行知研究》,并在信中写道,两代人相见,意义非凡。遗憾的是,未及会面,唐振邕已于1983年辞世。

据唐现之的长孙唐春晓回忆,1988年,桂林市育才小学成立的时候,校方请来了陶行知先生之子(不记得是否为陶城),住在榕湖饭店,并找人寻访唐现之后人,然后唐春晓和他的四叔唐振春前去相见,终于实现了"意义非凡的两代人的会面"。

有些感情,的确是传自先人,时空不隔,岁月无阻。

2006年,我曾写过一篇纪念大外公唐现之的文章,发表在两个文史论坛上,被大外公的学生、桂林有名的教育家汤松年(曾任桂林师范学校校长、桂林中学校长、桂林市副市长兼教育局局长）之长子、原桂林市广播电视局副局长汤玉成看到了。当时已逾花甲的汤世兄，连来两信，说是心情格外激动，希望和我取得联系。我回信之后，他一再述说，他们一家对大外公当年如何破格录取一个贫苦的乡下孩子（汤松年）进入广西师专、如何教导、如何爱护的由衷感念。自此之后，素未谋面，而年龄如我叔伯的汤世兄，逢年过节必致问候，还不惜斥昂贵邮资，给我寄来他们兄弟为亡父整理的文集《滴水留痕》，一直保持联络到今天。

汤松年生前回忆说，当年桂师师生及广西教育界同人，因唐现之的外貌和刻苦精神都像印度的圣雄甘地，称他为"广西甘地"。他创办私立育德小学时，又被称为"武训"。

陶行知之子陶城寄给唐现之第三子唐振邕的《行知研究》

唐现之在桂师的学生、广西龙胜各族自治县人大常委会原副主任廖焱，生前曾对他的女儿廖新华（广西壮族自治区统计局局长、人大财经委员会主任）谈到"唐校长"。廖新华正巧是唐现之的侄女唐桥星在中央党校进修时的同学。她记得父亲曾说，"唐校长很强调知行合一"。她母亲也记得，"唐校长很和气"。

在父亲廖焱生前写下的自述上，廖新华读到了"唐现之校长"对他的巨大影响，并将之展示给原来也是世交的老同学唐桥星。

廖焱回忆说，他1939年春入桂师，读高中师范科，1942年夏毕业。他在私立育德小学和广西省立桂林图书馆任过职，也在中国儿童福利协会桂林分会做过监事。他认为，唐现之的思想是自由主义的开明思想，有进步认识，生活刻苦，不贪污，给学生的影响是让学生自由发展，不加限制。受唐现之影响，从1942年到1949年，廖焱的思想就是尽力做一个好老师，服务教育事业。

2018年，桂林师范高等专科学校庆祝建校八十周年，特邀唐现之第五子唐振中夫妇出席庆典。在桂师，唐振中夫妇感受到了桂师师生对创校校长唐现之的无限敬重和怀念。桂师的临桂校区，一入门就是一条"现之大道"，校史馆里陈列了关于唐现之的资料介绍，庆典晚会也着重演绎了唐现之在桂师的办学思想、理念和贡献。

唐现之一生有过三次婚姻，子女十人。

1914年，他在家庭包办下，和土溪廪贡生文翔淇之侄女结婚。1917年长子唐振裘出生。1919年，文氏病故。1940年，唐振裘病故。

1923年，唐现之在桂林和唐文昭结婚。唐文昭是广西兴安县白石乡三友村人，出身地主家庭，家里也做粮油生意，规模很大。生子振元,女榕洮、榕宁,1930年病故。

唐文昭的哥哥唐文佐,字任雄,1914年留学日本,攻读政治经济专业,1930年任桂林县县长,1933年任三江县县长,曾聘邑绅龙澄波、覃卓吾修纂《三江县志》,1934年任榴江县县长,曾变卖武庙产田、屋地,修建寨沙体育场,还曾任全县县长、广西田赋粮食管理处副处长、珊瑚锡矿负责人。另一个哥哥唐文弼,1912年留学日本,攻读工科纺织专业,曾任义宁县县长。

唐文佐和唐文弼,是唐氏族谱里对唐文昭的娘家的记载。唐现之侄女唐雁星的高中同学唐中衡说,她二姑嫁给了唐现之,她父亲唐民亚则做过县长,也曾是兴安中学第一任校长。不知唐民亚和唐文弼是否为同一人。

1931年,唐现之在广州和熊志敏结婚。她的父亲熊福元,曾是军官,后来经商。熊志敏当时是国立中山大学教育系的学生。结婚后,她一直跟随唐现之搞教育。20世纪50年代曾任桂林市妇联副主任,广西省妇联部长、省人大代表、省政协委员,1956年病故。

唐现之送给童年时的堂弟唐肇华的铜墨盒。这个墨盒,唐肇华保存了一生,以感念兄恩

熊志敏生子振邕、振春、振中、振平、振秋，生女榕邹。

唐现之是独生子，和堂兄弟姐妹中最亲的是比他年幼十九岁的堂弟，由他抚养成人、视如胞弟的唐肇华，也就是我的外公。经历了无数"运动"后的外公，平时沉默寡言，但对我谈起"你大外公"的一生时，虽已年近八旬，却可以滔滔不绝，通宵达旦。最难忘的，是平日坚强的外公有一次竟当着我的面掉泪，只因为想起了他的大哥。这份敬爱和感念，就此传递给了从未见过大外公的我，以至今日。

2018年是大外公投身教育、为国育才的百年纪念。远在加拿大的我，遵母亲之嘱，不辞夜以继日，呕心沥血，在本书中专为大外公书写一生，以"教育报国"名之，以为永久之纪念。想来，大外公和外公的在天之灵，也会很欣慰吧。

第十六章

教育报国

国难从戎,太平从教,家风传承,生生不息。

有些感情,是与生俱来的。从大外公唐现之1918年首次执教开始,我们家族从此与教育结缘,如今已历百年,四代中共有十九人从教,从小学、高中、中专,到大学,一代又一代地执鞭杏坛,教育报国。其中,"唐校长"就有五位(唐现之、唐肇华、唐振邕、唐振中、唐晓桥)。

四代为师,百年情结,这一生,对校园的爱,可以说至深至厚。对我来说,没有什么比漫步在校园、挥洒于讲台,更开心快乐了。要说这一生最大的喜悦,一定是曾经在讲台上不负先人,赢得了所有学生的高度评价和跨越大洋绵延十年的教师节问候。

儿时就听母亲讲她在国立广西大学将军桥校园(现为中国人民解放军陆军特种作战学院校址)的童年:校园很大,原始而自然;她们粘知了、捉蜻蜓,在雨后的树林里采蘑菇;草的清新,家所在的那栋树木掩映间的小平房,晚餐时蘑菇的鲜美,就像童话里才有的场景一般，让我悠然神往。正因此，海归时，我选择的是全广州最美、校园生态最自然的华南农业大学。走在这个原是国立中山大学石牌校区的校园里，总会想起自己的童年、母亲的童年。

这一生，我都记得八岁那年的夏天，和弟弟、两个表妹一起坐在广西师范学院（今广西师范大学）王城校园的草地上，望着当时担任师院副院长的外公唐肇华表彰当年的优秀毕业生。外公那欣慰的笑容、温暖的目光，大哥哥大姐姐们眼中的敬爱和感念，永远地留在了当年那个小女孩的心上。那一天，我对自己说，长大以后也要做老师，继承祖业。

2005年，我留美归来，执教于华南农业大学。直到今天，还很怀念那个有着深厚人文沉淀和美丽景观的南国校园：长长的椰树大道，安静的小湖，中西合璧风格的老建筑，草坪上青春焕发的莘莘学子……对于自小在校园里长大、对校园有百年家族情结的我来说，没有比这更幸福的了。校园之于我，犹如生命的一部分。

也正是因为童年和少年的校园记忆太过美好，难以适应国内的校园氛围，我决定再次出国。这一生，都忘不了我最敬爱的外公当时的反应——无言，而眼神不舍。一年多以后的2007年11月8日，他以九十二岁高龄驾鹤西去。身在万里之外，没能赶上见老人家最后一面，这是我一生的痛，每思则泣下。

这，正是我要撰写此书的主要原因。在外公辞世十年之际，提笔为祭，记录我们家族的百年故事，尤其是从大外公唐现之和外公唐肇华开始的四代为师，百年从教，以尽孝思，慰先人于九泉。

外公唐肇华走上教育报国之路，正因他敬爱的兄长的指引。

我们三代人的"家",广西师范大学王城校园

外公曾经是国立广西大学学生会主席。1941年6月毕业后,因成绩优异,被校方聘为助教,留校任教。1941年8月,广西大学发生学潮,拒绝新校长高阳到任。此时外公虽已毕业,应同学之请,仍暂兼学生会主席。校方怀疑学潮是外公在幕后领导,不欲其留任,但因大外公在广西教育界有很高的声望和地位,遂托人婉转告知大外公。

外公回忆说,当时大外公叫他去见梁漱溟先生(因为大外公的缘故,梁先生一向对外公视若小弟),说梁先生有事找他。外公去后,梁先生告诉了他事情的经过,同时还告诉他,"你哥哥已经帮你安排好了去处，去桂师任教"。1941年9月，外公到桂师任教，担任师范三班、四班的合班导师和五班的物理教师，直到1942年7月。

据外公在桂师的学生、曾任桂林市政协副主席的魏华龄回忆，外公当时经常和同学们谈时事、谈学习、谈青年们关心的问题，引导同学们树立正确的人生观和世界观。他记得，外公虽然教的是理科，却鼓励同学们要学点社会科学和哲学，他自己正在读英文版的《联共（布）党史简明教程》，建议同学们找中文版的来读。

不拘泥于本身的专业，重视社会科学和哲学，一直是外公的风格。八岁那年的夏天，我正是在外公的书房里，认识了《红楼梦》《三国演义》《水浒传》《西游记》《封神榜》《东周列国志》，在囫囵吞枣的喜悦中，开启了这一生对中国传统文化的热爱。古典文学之外，还有中国历史。成沓的《广西文史资料》，是我从八岁到十六岁，每回外公家的必读刊物。

外公的英文功底，也是我很小就知道的。记得八岁那年，他和我提到美国加利福尼亚时，直接用英文说，那是我有记忆以来第一次听到英文，印象深刻。后来听母亲说，外公早年在国立广西大学物理系读书时，名师云集，课本都是麻省理工学院的英文原版，他的笔记和手稿，都是用英文书写的。

七十岁时（1986）的外公

好学、深思、严谨,这些优秀的学人素质,是外公终身具备的。除了英文,他还会德文和法文,1949年后又自学了俄文。家中保存的几本麻省理工学院原著物理课本上,有外公当时的阅读批注,密密麻麻,细致清楚,可见他当年学习之刻苦、认真、努力。那时的教学用书,与美国同步,外公虽然没有出国留学,但对世界物理学理论之关注、追踪,不逊于在美国的同行。1975年,我的四姨父吴虹和四姨结婚后,将这几本旧书作为英文学习课本带到他当时工作的安徽去读,几年下来,英文大有长进,回桂探亲时又抓紧问外公问题,所获知识对他后来考研和取得今日的学术成就,打下了重要基础。

当年常向外公借阅书刊的四姨父回忆说,外公的阅读面很广,除了他从事的物理学领域,科学哲学、科学技术史、科学研究的艺术、20世纪世界科技"新三论"等也都广泛涉猎。四姨父记得,外公当时认真阅读并标注圈画了"新三论"前沿书《探索复杂性》(尼科里斯与

外公在国立广西大学物理系读书时所用美国麻省理工学院的英文原版教材

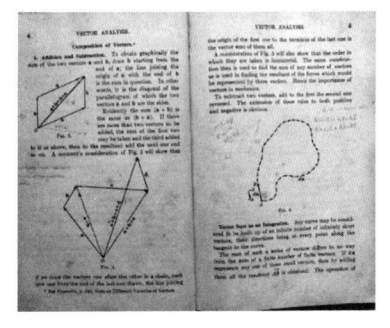

外公在麻省理工学院原版教材上的细致阅读批注

外公在国立广西大学任教时函购的世界物理学书籍

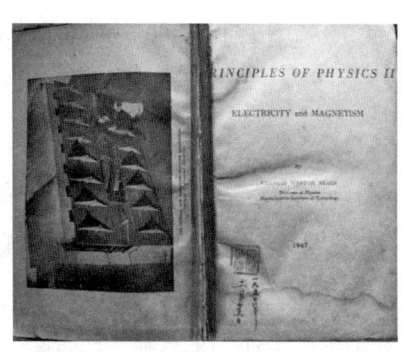

外公在国立广西大学任教时自购的世界物理学专著

普利高津合著），还建议他看，一起探讨自然界的复杂性问题。外公有时还与四姨父探讨四姨父的专业领域问题，提出自己的见解，如水库是否破坏地表受力平衡问题、卫星定位准确性问题等等，促使四姨父思考，受益匪浅。

1980年，外公复出授课，立即采用了美国最新的大学物理书。四姨父当时在他的书架上看到几本美国当时最新的物理书（英文原版），其中有一本精装16开本的 Berkely Physics Course（国内译为《伯克利物理学教程》），四姨父借阅之后，收获甚巨。优秀的科学家必须具备国际视野。外公做到了。

外公讲课讲得好，教材编得好，在他执教大半生的广西师范大学里，全校皆知。直到他八十高龄，还应从广西师大调到广西大学的一位物理系晚辈之请，为之编写上课教材。

可惜，汇集了外公半辈子心血的物理学手稿，毁于1966—1976

年。外公从此长时间未著书，那份伤痛后的平静，正是佛家所说的"心如止水"吧。直到晚年，他才又应邀与人把1980年重上讲台的自编教材《广义相对论导论》（另编著有大学讲义《力学》《热学》《电磁学》《光学》《电动力学》）交由广西师范大学出版社于1997年出版。

以外公为楷模，耳濡目染，自称"近朱者赤"的四姨父吴虹，如今已年过古稀，退休前任桂林理工大学教授、中南林业科技大学和桂林理工大学博士生导师、广西遥感学会副理事长。他满怀深情地对我说，外公的为人品行、学识学德、思想思维、举止言谈，都是他学习的楷模，无限敬重与怀念。

正是因为有着这样扎实的学术功底、持之以恒的好学精神、严谨细致的治学风格，外公无论是在中央研究院（科学馆）做研究，还是在国立广西大学和广西师范大学任教，都表现优异。从他的师长，李四光先生、余青松先生这样的学术大家，到他几十年来培育的无数学生，都欣赏他、喜爱他。

抗战胜利后，中央研究院准备从重庆迁回南京。李四光先生力邀外公同去南京，让外公回桂接家眷。外公因外曾祖父母年迈，遂婉言谢绝，适逢广西重建科学实验馆，外公于1946年5月离开重庆，6月回到桂林，以副研究员的身份参加筹建工作。

外公自渝返桂的路线，是重庆—香港—广州—桂林。久别重逢的外公外婆在广州小住了一段，请了一位顺德自梳妹做家务。顺德自梳妹做得一手好菜。我少时有幸品尝的顺德煎酿三宝——凉瓜、茄子、尖椒，就是外公因此学得的。外公曾回忆说，当年的广州沙面比香港繁华得多。这段乱世离别后的夫妻相聚、幸福温馨，在外公心中留下了浓浓的怀念。我的母亲，就孕育于这一时期。一直到了1989年，七十三岁高龄的外公和五姨一家去海南岛旅游，还特地绕道广州，前去怀旧。

科学馆筹建工作完成后，国立广西大学理工学院院长郑建宣教授邀请外公回母校任教。之前已是教育部科学仪器制造所研究员和广西科学实验馆副研究员的外公，在"教育报国"的信念下，不计较级别，受聘为物理系讲师。

1942—1943年任广西省政府工业试验所化验室技士，1943—1944年任广西大学助教，1945年任灌阳国民中学教师，1946年任桂林松坡中学教师的外婆，此时也夫唱妇随，接了化学系助教的聘书，和外公同返母校执教。

国立广西大学之于吾家，是永远的深情回忆。我的母亲就出生于西大的将军桥校园。外公请大外公取名，大外公取"将军桥"之"桥"，大侄女雁星之"星"，为母亲取名为"桥星"。

从西大过来广西师大的老教授，在我童年的记忆里，从学识到品德、人格，都令人敬佩。比如国际知名的历史学家黄现璠教授，曾被错划为中国史学界五大右派之一，是位被整二十多年都不肯低头的硬汉。他的女儿黄文魁是我母亲的发小。曾任中国左翼作家联盟东京支盟书记、香港南方学院院长、大夏大学教授的林焕平教授和外公也是几十年的交情，在外公八十华诞时还特意挥毫，书写寿联以贺。

1948年，在西大师生中享有声望的外公，被选为讲师会负责人。1949年桂林解放前夕，校长盘珠祁离校，一时人心惶惶，为防止学校被人破坏，西大师生成立了护校委员会，黄现璠任主任。外公以讲师会负责人的身份进入护校委员会任委员，并担任秘书，负责护校委员会的日常工作。为便于行动，他让外婆带着三个女儿回藤县老家，自己只身留在西大。

桂林解放之后，中国人民解放军桂林市军事管制委员会（简称"军管会"）派梁唐晋和袁似瑶接管广西大学。1949年12月28日，军管会任命二十三人组成广西大学校务委员会，行使学校的最高权力。主任委员为张映南。外公是常务委员之一。

1950年春，杨东莼被任命为西大校长，他指派外公担任他的秘书。杨校长住在市区，每日到校工作平均两三个小时，全校日常工作大多委派外公处理。时逢新旧交替，事务繁杂，外公日理万机，秉公办事，难免会得罪一些人，在后来的思想改造运动中就难免"麻烦"了。

1951年6月，外公晋升为副教授。在中央研究院时的师长李四光先生，此时担任中国科学院副院长，要调外公到中国科学院，但广西大学看重外公的才能，不予放行。1952年秋，广西大学新设备专修科，外公出任物理专修科副主任。

1953年，在全国高校院系调整中，广西大学被撤销，分散并入武汉大学、华中工学院（今华中科技大学）、中山大学、华南工学院（今华南理工大学）、华南师范学院（今华南师范大学）等十三所高校，文教学院、理学院的五十三名教师和师范专修科的二百五十八名学生在将军桥原址成立新的广西师范学院。这是当时广西的最高学府。外公曾要求调离，被广西师范学院筹备委员会副主任黄羽和后来担任桂林市委书记的陈亮强行留下，任命为筹备委员会委员，并兼院副教务长。教务长相当于主管教学的副校长。因为广西师范学院长期无正职的教务长，外公以副教务长身份全面主持教学工作几十年。

虽然处于实权位置，外公从不谋私利。每逢评级升职，总是主动谦让，担任副教务长初期就主动将外婆调离教师岗位，转到图书馆，以示避嫌。外婆的工资因而比同期任教的广西大学1942届同学低了很多。图书馆的工作也不轻松，母亲回忆说，外婆那时还把打字机从图书馆搬回家，方便晚上加班。

1954年，在周恩来总理亲自过问下，广西师范学院奉命与中国人民解放军第二十四步兵学校（时名"中国人民解放军西南军区特科学校"）对换校址，迁至桂林王城。外公为了学校搬迁之事，废寝忘食，导致胃出血，落下病根。1964年参加农村"四清"工作队时，曾因劳累过度，再次胃出血，昏倒在田里，被紧急送往医院住院治疗。

学校迁至王城后，校园面积小了许多。外公认为这样制约了学校的发展，极力主张设立分校。20世纪60年代初，学校先在市郊猫儿山设立了分部，继而在三里店设立了分校（今育才校区）。外公为分校的选址、搬迁，倾注了大量心血。

在担任副教务长的同时，外公仍坚持在物理系授课。他和他的大哥唐现之一样，是个极受学生爱戴的老师。

外公在广西师范学院物理系的第一届学生，1956年入学，1960年毕业后留校给外公的普通物理课和理论物理课当助教，如今已年过八旬的广西师范大学原物理系教授孔令江回忆说："我当学生时，唐肇华老师总是想办法让学生学得好。他采取笔试和口试相结合的考试方法，通过口试了解学生学得怎么样。这在物理系是头一次。电动力学教材是唐老师自编的。同学们都认为唐老师的课讲得好，概念清晰。同学中毕业后有不少人在中学当物理老师，学生们也说他们的课讲得好。20世纪80年代同学聚会，集体到唐老师家看望，给他鞠躬。"

也已年过八旬的广西师范大学原物理系教授张振球回忆说："我是1962年唐肇华教授为物理系59级讲授理论物理（电动力学）时的助教，是与唐教授接触最多的一个助教。唐教授教学认真负责、执着专一，语言表达精确，攻关克难的技巧，深受学生爱戴，也给我留下了深刻的印记。他对年青老师的关心、教诲，是值得我们永远铭记、留念的。他虽然是教务长，但坚持上课，是物理系的顶梁柱，经常给年轻老师上示范课。大家都崇拜他，喜欢听他的课。唐教授在教学上是很有名的老师，在行政上是很有名的教务长。20世纪80年代，唐教授当副校长后，学校里热气腾腾的。他对全校学生的培养，整体教学工作的运筹，教师队伍的建设，特别是对青年教师的培养，都有深入谋划。令人难忘的是，他积极鼓励青年教师不仅勇于承担教学科研任务，还要敢于参加相关专业的社会实践活动。他也为广西高校特别是广西师大教师职称的改善和晋升制度花了大力气。他是完全把一生无保留地献给了中国教育。"

母亲记得，有一次周末回家（她平时住校），发现家里有半瓶彩珠糖，一问才知，是外公上课时作为道具给学生演示用的。和外公一样喜爱理工科，在桂林中学读书时数学、物理、化学经常是第一名的母亲，后来学到物理斜坡运动，眼前就浮现出外公上课的生动场景。

外公也是当年所有教授里最年轻的一个。

三年困难时期那场蔓延全国的大灾荒夺去了许多人的生命，其中就包括外婆。

那时，都是按口粮定量，而年幼的四姨、五姨正处在长身体的时候，在逃难中的山洞生产二姨妈时已落下病根、身体一直比较虚弱的外婆，此时不惜节省己食，保证幼女成长，加上困难时期无法再请保姆，还需承担家务，健康状况随之恶化，导致心力衰竭。1963年2月27日，外婆病逝，年仅四十六岁。那一年，母亲十六岁，最小的五姨十岁。

四岁那年，我跟随母亲，去给从未见过的外婆上坟。荒郊野外的坟区，靖江王陵遗留的残破石人、石马，西风残照下的外婆孤坟，在记忆之中，永远鲜明。

这么多年了，每次上外婆的坟，都是这样的感受。当年那个"谢

左起：儿时的母亲、四姨、大姨、三姨，在西大家中

外公外婆的五个女儿（1964年夏）
后排左起：唐雁星、唐小雁
前排左起：唐晓桥、唐桥星、唐小峰

母亲五姐妹（1971年春节）

时为物理系教授的外公在第一届科学报告会上（1960）

外公和他的五个女儿在他执教大半生的广西师大校园（1988年夏）

公最小偏怜女"的富家小姐,"誓扫倭奴不顾身"的抗日战士,所有人口中的"最善良的人",在不应该离去的年龄凄然离去,孤零零地长眠在这里,"独留青冢向黄昏"。

每念及此,有泪如倾。

外公和外婆是恩爱夫妻,相敬如宾,甘苦与共,其时悼亡之痛,令人不忍睹视。很多热心人给外公介绍续弦。近一年之后,外公再婚,对方是一位丧偶多年的护士。这门亲事遭到了几乎所有人的反对。外公晚年对我说,正是因为外婆去世太早,他才考虑找一个懂医的,比较能长久。然而,因为双方个性、学识相距太远,彼此相处得并不融洽,对方于20世纪90年代先行去世。

1966—1976年,外公被打成"反动学术权威""漏网大右派",每天挂着竹垫制成的大牌子打扫宿舍区的路,然后去学校工厂当车工。其间不时被揪去大会批斗,有一次还被抓到第七中学关了半个月。工资被停发,只给一点生活费,家中生活日益困难,客厅也被造反派强占。学校到处贴上批判他的大字报。最令人心酸的是,耗费半生心血的物理学专著初稿,外公含泪亲手焚毁了。

1978年,外公获得全面平反。1980年6月,在学校上下一片呼吁下,学校领导三顾茅庐,学识渊博、治学严谨、具有公认的教学管理能力的外公成为主持教学工作的副院长,同时仍兼物理系教授,坚持在讲台授课,直到退休。

外公担任副院长以后,对在"文革"期间打过他、批斗过他的人,不计前嫌,实事求是地对待,展现了唐家传统的善良和正气。

我的表哥唐春晓一直记得,在同样经历了磨难的父亲、已故桂林工艺美术学校副校长和桂林市二轻干校副校长唐振邕的追悼会（1983）上，外公作为出席者中年纪最大的一个，全程站立，震服了许多前来悼念的人，尤其是其中部分有理由惭愧的人。春晓表哥认为，他的满爷爷无声地展现了唐家人的尊严与教养，是一个有优秀人格品质的人。

表叔公沈德谦回忆说，他的父亲沈明燧牧师，20世纪50年代初曾经一度没有收入，而当时他正是在长身体、特别能吃的时候。为了减轻他家的负担，当时在广西大学任教的外公，以西大附中很好为由，鼓动当时在桂林中学读初中的他转学到西大附中，吃住都在外公家，

外公唐肇华和李德韩校长为广西师范大学更名挂牌（1983）

整整两个学期,在客厅搭了一个帆布木架的行军床,晚上由外公帮他支起,白天收起。六十七年后已是八十二岁高龄的表叔公,仍然记得"肇华表哥"当年的音容笑貌,感念他的用心良苦。

1983年9月1日,广西师范学院改为广西师范大学,外公任副校长。1986年外公退休。

如今享誉中国出版界、备受读者欢迎的广西师范大学出版社,正是外公在任时支持成立的。我四姨唐晓桥回忆说,当时,广西师大几位老师想办出版社,来我们家与外公商量,得到了外公的大力支持。出版社的首任社长党玉敏,当时晚上常来我家向外公请示工作。正是因为有了时任广西师大校领导的外公的支持,在包括林焕平教授在内的广西师大人的共同努力下,广西师范大学出版社这个"婴儿"终于在1986年11月18日诞生了。

外公退休之后的生活仍很充实。因在广西高教界、学术界德高望重,他被选为广西物理学会副理事长、名誉理事长,广西教育学会中学物理教学研究会名誉理事长,桂林市科学技术协会名誉主席,桂林市老年科技工作者协会会长,广西师范大学科学技术协会顾问,广西师范大学马君武研究中心顾问。平日仍是手不释卷,潜心研究,不时应邀审阅修订各类物理教研及广西地方史书刊,有时还帮着校对外文资料。闲来搭乘火车,周游祖国的大好山川,种花、烹调,颇有生活情趣。与外公在青年时代相识、维持了终生友谊的一些老友,熊健(北京外国语大学教授)、温致义(上海海运学院教授)、肖杏村(湖北教育学院副院长)、庄炎林(中国侨联主席)、卢蒙坚(广西日报社资深编辑)、陈太一(中国工程院院士),也都曾来桂看望。外公晚年,五姨一家搬回去一起居住,方便照料。

2007年11月8日,外公逝世。次日火化的时候,数百名外公的亲友、同事、学生,从全国各地赶来向他老人家告别。广西师范大学在《桂林晚报》上刊登讣告,在外公的遗体告别会上也给予了高度评价:

唐肇华同志一生致力于人民的教育事业,从事高等教育及学校管理工作几十年,为教育事业和学校的发展做了许多有益的工作……唐肇华同志的一生,勤奋好学,治学严谨,为人师表,教书育人,以身作则,作风深入,注重实效,廉洁奉公,严于律己,深得广大师生员工的信任和爱戴……

这是当时身在北京的张振球教授发来的唁电,感人至深:

老师为广西教育事业耗尽毕生精力,为广西教育界、广西师范大学留下一大批宝贵财产;老师为祖国的教育事业兢兢业业,培养了大批有用之才,桃李满天下……胸襟豁达,品德高尚……将铭刻学生心中。永别了,敬爱的老师!……您的炽热虽已燃尽,但您的温暖会永远留在学生心中。您发光的能力虽已不再,但一辈子所发的光波会载着您的功绩在宇宙中不断向前!

从执教大半生的广西师大到当年的学生,都给予了这样的"盖棺定论"。外公,可以说是不负他所敬爱的兄长,燃尽一生于"教育报国"了。

风云湘江

外一篇

前　言

一

这是一个家族的百年记忆，也是一个家族保存了数代的秘密。

作为灌阳唐家的后人，我从小就知道，外公唐肇华的祖父、我的外高祖父芷和公（唐镜澄），作为晚清历史人物唐景崧的族弟和亲信幕僚，曾协助唐景崧在越南抗法、在台湾抗日，内渡后曾出任湖南通道、新化、醴陵知县。清代《灌阳县志》亦有言：唐镜澄天资奇颖，协助唐景崧在中法战争的越南战场作战，以功获保知县；在湖南通道、新化、醴陵任上，清勤励政，重士爱民。总而言之，从家族传说到方志记载，他老人家都是一位典型的儒家士大夫。

如果不是家族目前辈分最高的长辈、我的表叔公沈德谦（芷和公的外孙）读到我记述家族百年历史的《百年家国》书稿，唤起了内心深藏几十年的记忆，我们还不知道，芷和公曾以私人笔记的方式记录了与景崧公从台湾内渡回桂途中在湖南洞庭湖的奇遇，和因而收编的一支由太平军将士后裔组成的江湖武装，以及这支由他奉景崧公之命化名"唐景尧"秘密掌管、以会党方式运行的江湖武装在戊戌变法、庚子勤王、辛亥革命等历史事件中的涉入。原来，芷和公不仅是一位儒家士大夫，更是一位在清末的历史风云中与时俱进、有勇气、有担当的爱国者和革命同道。他宦游湖南十四年，与近代史人物陈宝箴、赵尔巽、岑春煊、唐才常、沈荩、谭人凤、马福益、焦达峰等人的交集，也是值得记录的第一手史料。

为了不让这些可为历史补白的珍贵史料湮灭于历史烟云之中，表叔公以八十三岁高龄，不辞劳苦，抢救历史，夜以继日地写出了他三十多年前从阅读过芷和公笔记的舅父唐超寰和父亲沈明燧口中听到的这些故事，并郑重地交付于我，希望我加以考证，撰写成书，保存这段家史即国史的家族百年记忆。对此，我虽远在海外，工作繁忙，亦不敢辞。无论是生为芷和公的直系后人，还是身为自小酷爱中国历史的华夏子孙，我都有责任、有义务，去整理、拼图，尽力还原这段历史。

需要说明的是，《百年家国》篇是根据家族长辈们生前的叙述，结合家族传说、家谱、方志，辅以史料考证，属于"正史型"写法。《风云湘江》篇则是根据表叔公沈德谦的转述，考证相关历史，属于"拼图型"写法。

真实的历史，往往正是由一片片拼图组成的。

是为记。

何 倩
二〇一八年六月二十八日于多伦多

引　子

一

1936年出生的沈德谦，从小就是个喜观察、爱思考的孩子。

从童年开始，他就觉得，自己的家庭与别人的很不一样。

位于广西灌阳县文市镇老街丁字路口的沈家，是一间名为"沈记福星堂"的书铺。作为一家之主的祖父沈道宽，是一位刻书、印书、卖书的小作坊主，却没有一般小生意人的谨小慎微。沈德谦记得，祖父满身是伤疤，最深的有两厘米，形成一个皱起来长达十几厘米的凹槽，像是刀伤。祖母杨玉秀，也不像一般女子，是那个年代罕见的天足，走路行事都很快，也不会一般女子都会的女红。祖父母都习武，经常在家中天井对练。

开书铺的沈家，却具有一般书铺并不需要的条件。房子很大，属五进式建筑，有四个天井，水陆交通四通八达。出了大门往前走，是湖南的道州、宁远，往左走则是全州、桂林，往右走可到灌阳县城、恭城、平乐，后门是灌水码头，可通湘江，然后直达湖南衡阳、长沙。

沈德谦的父亲沈明燧，作为沈道宽与杨玉秀的独子，在那个婚姻首重门当户对的年代，却娶了一位门不当户不对的妻子。沈德谦的母亲唐松贞，出自灌阳有名的书宦世家——文市镇田心村唐家。她的伯父唐镜沅是清光绪年间的崖州知州,父亲唐镜澄曾任湖南通道、新化、醴陵知县。

在这样的家庭长大,唐松贞是标准的大家闺秀,喜读史,善绘画,曾亲自向儿子讲解《春秋左传》和南宋吕祖谦《详注东莱先生左氏博议》,学问之好,连老学究的私塾先生也自愧不如。她的几个姐姐都嫁到和唐家门户相当的高门大户,比如她的八姐,就嫁到也是仕宦之家的全州龙水蒋家。唯独她,五岁时就由父亲亲自许配给比她小三岁的沈明燧,而且,还一直等到沈明燧完成学业的1933年,才以二十六岁"大龄"出嫁。这在那个年代,也是很不可思议的事情。

沈德谦从来没有见过他的外祖父,却是自小熟知其名。他的祖父母经常谈到这位和他们兄弟相称的亲家,奇怪的是,称之为"景尧三哥"。喜好舞文弄墨的父亲沈明燧,对于这位只在幼时见过一次的岳父的崇敬更是溢于言表,曾取笔名为"尧胥"(景尧之婿);对于岳父留下的一些书籍更是束之高阁,悉心珍藏,严禁年幼的儿子触摸,还曾泫然感叹"你的外公很有才气,很有见识,有政治头脑,可惜,生不逢时"。

更奇怪的是,沈德谦完全听不懂他祖父母私下说的话,等到后来在桂林就读从南京迁来的汉民中学时,才知那是浙江话。祖父母的灌阳话也与当地人不一样,以至于文市老街上的江西人都称他们为"下江人"。后来,他才知道,祖父来自浙江绍兴城北沈家湾,祖母来自浙江诸暨。而且,祖母本姓李,后来才改姓杨。

沈德谦记得,祖父除了书铺,还主动承办了始于清朝的文市镇唯一一间邮政代办所,所以家里经常有从全州、道州、桂林、恭城来的邮差。奇诡的是，所有的邮差，在将邮包交给他祖父之后，一定会到后进房见他祖母。这些邮差称呼本是家庭妇女的杨玉秀为"师孃孃"或"师姐"，对她的尊重明显超过了对作为邮政代办人的沈道宽。

抗战时期，日军进犯桂林、灌阳，沈家举家逃难到附近资源县一个四面环山的小山村。这个名为山崎的村子，几乎全民皆兵，村民拿着各种刀枪，像是组成了一支武装力量，统领者竟然是沈德谦的七舅唐叔易。本该称呼姻伯母杨玉秀为"亲家妈"的唐叔易，却称之为"小孃孃"（灌阳话"小姑姑"）。山崎村的武装村民们也对杨玉秀极为尊敬。令人意外的是，长年在外闯荡的六舅唐叔重，有一天也突然来到这个山村，第二天就带走了一半武装，去了灌阳的千家峒。千家峒位于越城岭山区，据说是瑶族的发祥地。1947年，灌阳、全州大旱，饥民遍地，瑶王蒋爹爹（凤福山）在此发动瑶族起义。1950年桂林地区第一届政治协商会议召开，蒋爹爹当选为政协副主席，而貌似与之不搭界的教育家唐现之和牧师沈明燧，居然早就认识蒋爹爹，并为之欣喜。

所有这一切，沈德谦在心里疑惑了几十年，却不知具体原因。一直到了2018年，沈德谦已是八十三岁高龄，读到表侄孙女（本书作者）结合家族传说、家谱、县志、历史考证而撰写的唐家百年家史《百年家国》书稿，回忆起了他三十多年前多次听到的，当时已是晚年、时常相聚怀旧的舅父唐超寰和父亲沈明燧的闲话忆往，尤其是谈到他们的父亲和岳父唐镜澄留下的私人笔记，才明白，所有这一切，始于1895年的风云湘江的唐家秘密……

沈道宽，杨玉秀（中坐者）与子沈明燧（后排中），媳唐松贞（后排左），孙沈德谦（后排右）、沈德恭、沈德良、沈德逊、沈德放，孙女沈亚兰（摄于1950年）

第一部

洞庭奇遇

第一章

唐景崧唐镜澄台湾归来

对于唐镜澄和他的族兄唐景崧来说，1895年是出生入死的一年。

不同于他们十年前在越南战场上那种明刀明枪的出生入死，这一年，是迭遇乱兵与强盗，在火光与乱箭中的九死一生。

作为台湾巡抚的唐景崧，在《马关条约》签订后，本可卸下守土重责，奉旨回京。作为台湾安平税关局长的唐镜澄，也可像大多数大陆籍官员一样，阖家内渡。他们兄弟俩却在一腔爱国热血中，选择了最为艰难的一条路——抗旨保台，惨淡经营，自立抗日。

然而，面对强日来袭，毕竟孤立无援，内外交困。基隆失陷之后，乱兵溃退，全城掳掠，火烧抚署。他们不得不易装携眷，在亲兵护卫下，从后门逃出，仓皇内渡。

到达厦门之后，稍事整顿，即赴江宁（南京），与时任两江总督的张之洞相见，一番恳陈，请其代奏是否仍如前命，入京陛见。

张之洞之于唐景崧，是翰林前辈，更是提携他的恩师。从越南抗法开始，到抗日保台，一直鼎力支持。但是，这一次，舆论汹汹，千夫所指，深知唐景崧已经竭尽全力的张之洞，也无法为国留才了。

奉到"着即休致回籍"的诏令后，唐景崧交割了从台湾携回的库银，准备返乡。他的心情，自然是百感交集。当年万里请缨，抗法成名，何等意气风发，而今回天无力，败于倭寇，劫后余生。也罢，从此归山，不问世事。

回桂的路线，是从江宁经长江到汉阳，再经两湖下洞庭湖，入湘江，过长沙，抵达广西全州后，便可弃舟登陆，回到灌阳老家。同行的，共二百余人，除了眷属、亲随，还有一些广西籍亲兵。

考虑到唐景崧一行二百余人，张之洞命人为他们包了轮船招商局的客轮。对于在台湾多年，熟悉洋务，而今归心似箭的唐景崧、唐镜澄兄弟来说，乘坐轮船招商局的客轮是比较快捷和省心的。1873年在上海成立、以官督商办模式运行的轮船招商局，是洋务运动的产物，也是当时中国最大的航运企业。

客轮抵达汉阳后，由张之洞的亲信幕僚、湖北铁政局总办蔡锡勇安排，在汉阳兵工厂码头停靠一晚。第二天，蔡锡勇受张之洞委托，送上十万两银票，另送现银五百两作为盘缠。

内渡之后，一路行来，遇到的都是冷眼和指责，只有张之洞，待之如故，雪中送炭。

第二章

张之洞的师弟之义

唐景崧和张之洞相识于1884年。

张之洞，同治二年（1863）探花，曾任翰林院编修。

唐景崧，同治四年（1865）己丑科二甲第八名进士，曾任翰林院庶吉士。

相似的背景、经历，让他们很是投缘。

时任吏部主事的唐景崧，在越南已待了一年，策动黑旗军刘永福内附，以功赏四品卿衔，奔走于越南、广西、广东、云南之间，联络各方，共同抗法。

时任两广总督的张之洞，积极支持唐景崧的活动，令其回桂招募乡勇，自组景字军四营，独当一面。作为唐景崧得力助手的唐镜澄，则在景字军中管军饷，管钱粮，也参与作战。

景字军先后参加了宣光战役和临洮战役，两战皆捷。

中法战争胜利后，唐景崧以功晋二品，赐号迦春巴图鲁，除福建台湾道。唐镜澄则由张之洞与云贵总督岑毓英"合词上其功，以知县用（候补）"。

张之洞对唐景崧有知遇之恩，唐景崧对张之洞执弟子之礼。

唐景崧在甲午战争中临危受命，由台湾布政使署理台湾巡抚，抗命保台，孤立无援。时任两江总督的张之洞，除了频频来电关心，还不顾朝廷禁令，运去大量枪支，援助三十万两银，支持唐景崧"自立"保台。

可以说，唐景崧甲午保台的全过程，都有张之洞的遥相呼应。他向朝廷上奏："唐现在办法，洵属无可奈何之苦心。事成则国家受其利，不成则该抚身受其害。"

唐景崧在兵乱之中内渡，也有张之洞的作用。"奉钧署阳电，令前护台抚唐景崧设法脱身即归，以免枝节；遵旨转达等因。当即转达去后，兹该前护抚已遵旨内渡。"

在唐景崧被不明真相的世人指责乃至唾骂"逃跑""弃台"时，张之洞依然对其欣赏有加，不离不弃。

这，就是中国传统的师弟之义。

第三章

蔡锡勇在汉阳兵工厂的接待

代表张之洞在汉阳接待唐景崧唐镜澄一行的蔡锡勇，是近代史中一位值得细说的人物。和同为张之洞幕僚、同籍福建、同样精通多国语言的辜鸿铭相比，蔡锡勇至今还不太为世人所知。

蔡锡勇可以说是张之洞的左膀右臂。

据说，当年张之洞每次遇到有关西洋的法律问题，都会委托蔡锡勇查阅资料，相机处理。张之洞引以为豪的汉阳铁厂和自强学堂，其实是交给蔡锡勇操办的。

据说，蔡锡勇祖籍福建，在广州出生，十七岁时考入广州同文馆，学习西方语言和新知识。因成绩优异，被推荐到京师同文馆深造。之后，被首任驻美公使陈兰彬（荔秋）看中，带到美国，担任使馆翻译。

蔡锡勇后来在他所著的速记学著作《传音快字》序中回忆说："余昔随陈荔秋副宪，出使美日秘三国，驻华盛顿四年，翻译之暇，时考察其政教风俗。尝观其议政事、判词讼，大庭广众，各持一说，反复辩论，杂还纷纭，事毕各散。"

回国后，蔡锡勇出任广州实习馆教员，从此成为两广总督张之洞的幕僚。他恪尽职守，能力超群，深得张之洞器重。张之洞委派他为广东洋务局总办，负责开设银元局、枪炮厂、广东水陆师学堂以及制造兵轮等事。

张之洞改任湖广总督后，蔡锡勇随之到湖北，出任湖北铁政局总办。在张之洞的主持下，他先后筹办汉阳铁厂、汉阳兵工厂、织布局、纺纱局、缫丝局、自强学堂、武备学堂。

据说，蔡锡勇精通英、日、法等国语言，擅长天文、格致和测算，故取法美国凌士礼一派速记术，研制中国拼音文字方案，写出了《传音快字》。这是中国最早的速记教材。他也因此被视为中国速记学的开创人。

蔡锡勇被认为是近代中国第一位高校校长。张之洞创办的自强学堂，正是由蔡锡勇担任总办（校长）。这是一所学习近代西方自然科学的高等学堂，蔡锡勇为之倾注了大量心血。同时，他仍作为张之洞的亲信幕僚，襄赞政务，参与机密。

送走唐景崧、唐镜澄兄弟后的第二年，蔡锡勇升任江汉关道。可惜的是，不过两年，他即患脑出血，不治去世。

从张之洞到蔡锡勇，从唐景崧到唐镜澄，这些晚清督抚及亲信幕僚，都可谓生逢乱世，在内忧外患、国弱民穷中举步维艰。然，作为华夏士人，他们仍然心存国家，心念黎民，不畏艰险，不计毁誉。

第四章

洞庭湖遇袭

辞别蔡锡勇之后,唐景崧唐镜澄一行从汉阳沿长江而下,抵达洞庭湖口的湖南岳阳。

对于唐景崧和唐镜澄来说,一旦到了洞庭湖,再顺着湘江往南走,就到家了。

他们的家乡灌阳,属于湘江水系,语言也是湘语。建县于汉文帝前元十二年(公元前168)的灌阳,本来一直隶属湖南永州府,直到明太祖洪武二十八年(1395)才划给广西桂林府。灌阳唐家的始祖,也是来自永州(零陵)。

因湘江还未开通大火轮航路,一到岳阳,他们就不得不从大火轮的客轮换乘拖船——用小火轮拖中式帆船。二百多人分乘六艘大帆船,由两艘小火轮用缆索拖拉而行,像是一个船队,比较醒目。

此时的湖南,行路不太安全。清代湖南人口数量剧增,耕地开发空前绝后,生存空间有限,所以江湖会党迭出,颇有些打劫为生的。

虽然已解甲归田,还是被尊称为"维帅""唐抚帅"的唐景崧,为安全起见，在六艘帆船上都安排了亲兵把守。

船队进入洞庭湖的汨罗县境后，经过一个名为黄茅口的港汊。

所谓港汊，是清末湖南因人口增加而产生的围湖造田，和湘、资、沅、澧四水的泥沙淤积在各江出入口形成的无数港汊通道，往来船只必须通过这些港汊才能进出湘江。

黄茅口正是这样一处港汊。东岸是叠叠群山，西边是一片望不到边的芦苇水域。

船队正行进之时，突然从芦苇丛中冲出数十艘小船，船上的人员看样子像是一群江湖强人。他们首先斩断小火轮与帆船连接的缆索，使帆船不能前进，然后夺取帆船。唐景崧的亲兵们虽然奋力抵抗，终因寡不敌众，被强人制服，帆船也被一艘一艘地拉到岸边。

正在此时，东岸冲出另一群江湖强人，约有数百人，与打劫的这股强人搏斗，仗义相救。其中二位义士，带着数十人直奔唐镜澄所在的大船；打劫的强人们正在逼迫唐镜澄等人上岸。平日练拳的唐镜澄，不肯上岸，正率亲兵与之打斗。有强人用刀向他劈来，带头的义士却冲上前来，替他挡了一刀，受了重伤，倒在地上。义士的手下也甚是勇猛，有些挂了彩，照样拼杀。

一番较量下来，打劫的强人们见讨不了便宜，尽皆乘船逃回芦苇丛中。

第五章

江湖义士来相救

黄茅口恢复平静之后,众人忙于救治伤员。

十年前在越南有过战场历练的唐镜澄,立即为挡刀的带头义士包扎伤口,然后扶至自己船舱歇息。

义士说自己姓杨,流落江湖已久,听到风声,有惯匪要打窃"保台抗倭的唐抚帅",是以特来相救,并要求拜见"唐抚帅"一面。

唐镜澄立即去见唐景崧。此时,唐景崧带领亲随们处理诸事已毕,遂登上唐镜澄之船,与杨义士相见。不料,杨义士竟然不顾身体有伤,对唐景崧行跪拜之礼,并说"感谢唐抚帅保台抗倭,虽败犹胜"。

唐景崧大为惊异。"虽败犹胜"之说,还是内渡之后第一次听到。他甚为感动,立即回以长揖,"感谢义士相救之恩"。然后,他让杨义士好好休息,便和唐镜澄一起走到舱外船头。

河岸上的数百义士,正整齐地坐在草地上休息,不说话,更不争吵,静静地坐着,望着唐景崧、唐镜澄和船队。

唐景崧带唐镜澄回到他的船上,对唐镜澄说:"我看这支人马不可小觑，这位杨姓首领既有见识，又有领兵之才，才带得出这样的队伍。你不妨和他多谈谈，问明白他这支队伍的事情。"

唐镜澄回到自己船上，与杨义士深谈。

杨义士坦言，他们这支队伍约有三千人，都是太平军将士的后代。先辈是忠王李秀成及其堂弟侍王李世贤的旧部，大都是浙江人。太平天国失败之后，先辈们流落江湖，三十多年过去，大多已故，如今的弟兄基本是第二、第三代了。前两任首领都已去世，杨义士是第三任首领。他们之前在江西、湖南边界讨生活十几年，约半年前才来这一带，在离此地不远的谭家山安营。还说，在这里讨生活很不容易，尽是水，他们没有船，吃了不少亏。

唐景崧听了唐镜澄的禀报之后，顿时心起波澜。这里正是屈子自沉的汨罗县，千百年来，无数国人为屈子感叹，尚有可为，为何放弃？而今列强环伺，华夏命悬一线，正士人奋起救国之时，岂能就此束手无为？不如收编这支武装，以待他日东山再起。

想到这里，唐景崧让唐镜澄去问问杨义士，愿不愿意随他们一起去广西？又用商量的口气对唐镜澄说："他既然为你挡了一刀，你们是有缘分的。如果他愿意，你们可否义结金兰？你就说是我弟弟，叫唐景尧。"

第六章

唐镜澄杨玉明湖边结义

唐镜澄对杨义士转达了唐景崧的意思,告诉他,"唐抚帅"可以提供一些资金和帮助,以类似流民安置的形式帮助他们在广西安定下来,不过主要还得靠他们自己努力,可以一边种地一边练兵,以江湖帮派的形式联系活动,日后"唐抚帅"若再出山,他们自然有用武之地。

结果,杨义士毫不犹豫地回答:"我们愿意投靠唐抚帅。他和朝廷的官员们大不相同。"

对于结拜,他也立即同意,但要求结拜时将这支队伍的前两任已故首领排为大哥二哥,唐景尧(唐镜澄)为三哥,他自己为四弟。

唐景崧得到唐镜澄回报后,反问他意见如何。素来思虑渊沉、断事果决的唐镜澄回答说:"一感其挡刀之恩,二念其相救之义,三视其为人颇识大体,有见识,为人忠义,可以与其结义。若说什么发匪余孽,时隔已三四十年,朝廷也未见追讨,又有谁还记得?"唐景崧表示同意。

于是,时年四十有三的唐镜澄,在族兄唐景崧的安排下,和这位救了他们一行人的太平军将士后代杨玉明，在洞庭湖边正式结拜。

杨玉明之妹，时年十五的杨玉秀，和她的未婚夫，时年十七的沈道宽（杨玉明副手沈道之的弟弟），也从此称呼唐镜澄为"景尧三哥"。

唐景崧下令腾空一艘帆船，将杨玉明和他手下的伤员用一艘小火轮拖着，快速运至长沙救治。另一艘小火轮拖着五条帆船在后面慢慢跟着，也赶往长沙会合。

杨玉明的人马，包括妇孺眷属，则由杨玉明指定他的副手沈道之带领，分期分批赶到永州冷水滩，唐景崧派人在那里接应，然后前往广西。

两天后，五艘帆船也到达长沙，只等伤员们痊愈，便可继续返程。此时又节外生枝，租用的两艘小火轮，到长沙后，再也不肯等待，加银子也不行，只有任其回去。大部分伤员的伤势都有好转，杨玉明的伤势却急剧恶化，性命只在旦夕之间。唐景崧立即派快马去谭家山接杨玉明的夫人王氏及其子赶来长沙相见。

王氏夫人和时年一岁的幼子赶到长沙后，杨玉明已奄奄一息，不能说话，只指着幼子，眼望唐镜澄，似有托孤之意。唐镜澄立即郑重承诺，收杨玉明之子为义子，改名唐叔易，小名木生（木、易，即"杨"），和自己子女同等看待，成人后让其恢复本姓。

杨玉明这才闭眼，安心逝去。

第七章

杨玉明不治身亡，唐镜澄"被迫"接任

唐景崧指示，将杨玉明遗体在长沙就地埋葬，入土为安。唐镜澄考虑到让养子唐叔易日后祭拜方便，坚持带杨玉明遗体回灌阳安葬，于是立即开船返桂。但此时已无小火轮拖船，只能依靠纤夫拉纤，逆湘江而上，行船甚为缓慢，到达衡山之时，遗体已大有异味。船过衡山后，经王氏夫人一再要求，唐镜澄决定找地安葬。一个叫"高积湾"的地方，有一河湾，又有一高坡，他就决定暂时在此地安葬遗体，以后再迁移。唐镜澄用木柱亲题墓碑，命人深深打入地中，以免被人拔去。

安葬仪式草草结束，准备登船之际，杨玉明的王氏夫人突然向唐镜澄跪拜，连磕三个响头，又向唐镜澄的吴氏夫人也连磕三个响头，然后再无言语，转身向远处山林狂奔而去。杨玉秀想带人追赶嫂嫂，被唐镜澄制止，说："由她去吧，她要去了结她的心愿，谁也拦不住的。"

原来，唐镜澄之前已留意到，杨玉明入殓时，也是江湖出身的王氏夫人，仔细察看了丈夫的伤口，可能已猜到凶手是谁，将儿子托付给唐镜澄之后，便去报杀夫之仇了。

此后，船到全州，唐景崧去桂林，唐镜澄则回灌阳文市镇田心村老家。不久，唐景崧也回到灌阳，住在田心村附近的月岭村，这也是唐氏聚族之地。唐景崧在月岭村一边建立桂剧戏班，一边密会唐镜澄，商量如何安置杨玉明的三千人马。他毕竟是夺官归里，此事只能低调进行。为此，他们兄弟俩在明面上的往来也减少了许多。

唐景崧带来一个师爷和几个助手协助唐镜澄办理安置工作。师爷遵照唐景崧的指示，在桂林周边的灌阳、全州、兴安找了十几个安置点，都是群山环绕、易守难攻之地。最为有利的是，这些地方人烟稀少，有荒地可开垦，熟地可耕种。需要的款项，由唐景崧拨付。唐景崧向唐镜澄特别交代，"这些安置地，你最好亲自去看一下，能租就租，能买就买，能占就占"。

除了师爷和几个助手，唐镜澄将已康复的伤员也投入工作。由杨玉明的副手沈道之带领的人马，也陆续分批到达灌阳。沈道之一到达，便向唐镜澄交差。他认为自己只是奉杨玉明之命带人过来，如今杨玉明不治身亡，理应由其结拜兄弟唐景尧（唐镜澄）接掌这支队伍。唐镜澄毫无思想准备，马上带沈道之到桂林找唐景崧。唐景崧也认为，唐镜澄应该负起这个责任。

于是，出身仕宦之家的唐镜澄，在阴错阳差之下，竟然成了一支由太平军将士后代组成的江湖武装的首领，由原首领杨玉明的副手沈道之协助，背后主宰则是他那位貌似安于桂剧其实雄心不减的族兄、前封疆大吏唐景崧。

第八章

养子唐叔易的奇异身世

唐镜澄统领的这支江湖武装，在桂北站住脚之后，成为湘桂边境的一支会党力量。

广西地处边陲，山高路远，民风强悍，灌阳一带尤其如此。作为灌阳人的唐景崧唐镜澄兄弟，虽然都是读书人，却不是文弱书生型，而是能文能武，有胆有识。

说起来，他们兄弟一直有和江湖会党打交道的经历。

早在中法战争之前，唐景崧万里请缨的联络对象，就是一支由"乱匪"组成的江湖会党武装、出身天地会的刘永福和他率领的黑旗军。

甲午战争时期，唐景崧再次想到利用会党力量抗日，为此上奏："请旨号召海内豪杰，无论海寇、马贼，有能夺回失地一处者，予爵赏，世守其土；有能捐输枪械助人立功者，爵赏同。"

他的族兄和知交，当时在广东做知州的唐镜沅（唐镜澄的嫡亲堂兄），就推荐了一位粤中闻名的江洋大盗吴国华，"访得有一大侠，将来可令多带兵，可以往攻日本，其手下义士骁将极多"。唐景崧于是请吴国华来台，令其回粤招募兵勇，防卫台湾。不过，他后来才发现，吴国华的粤勇，只是为钱而来，军纪坏、战斗力差，一触即溃。

经历了台湾的挫折，唐景崧更感到一支善战而纪律严明的军队是何等重要。回桂途中，遇到这支他认为"不可小觑"的江湖武装，机缘巧合，收为己用，也就不奇怪了。

而这支江湖武装的首领杨玉明的身世，也颇有些奇异。他之所以愿意跟唐景崧回广西，可能与其身世有关。

据唐镜澄的一子一婿，读过他留下的私人笔记的唐超寰和沈明燧推测，杨玉明是原籍广西桂平的太平天国东王杨秀清的后人。杨玉明或其父，是杨秀清外室所生之子，儿时随母逃过了天京事变的灭门惨案，安置在浙江诸暨，后来加入了一向敬仰东王的忠王李秀成部，太平天国失败后，流落江湖。杨玉明之妹、沈明燧之母杨玉秀，本来姓李，也因而改为杨姓。

不过，鉴于唐镜澄没有记载杨玉明的具体年龄，沈明燧推测，时年十五的杨玉秀，与杨玉明年纪相差比较大，应该不是胞妹而是义妹。唐镜澄的养子唐叔易，则是杨秀清之孙或曾孙。

唐叔易在唐家排行第七。据唐镜澄的孙女，如今年近九十的唐见仁回忆，七伯唐叔易是祖父的养子，却不知从何而来。她记得，七伯是练武之人，会舞石斧头。

第九章

沈道宽杨玉秀的秘密联络站

在唐景崧和唐镜澄的筹划和安排下,杨玉明遗下的这支三千人的江湖武装,被分散到灌阳、全州、兴安的十几个安置地。

按照唐镜澄的提议,各个安置地的人员,以原来的地域和亲疏关系划分,自愿组合,自选统领。各个安置地之间无统属关系,但守望相助。每个安置地不打任何旗号,只以会党形式活动,会党名称可以自己决定,但不可牵涉太平军,也不可谈论旧事。一切生存和发展,都靠自己努力。可按帮会活动方式行事,除了种地,也可收过路客商一点保护费。可扩展地盘,吸收人员,但千万不可乱杀人。一旦唐景崧有令,需服从调遣。

唐镜澄认为,冬天快要来了,眼前最紧要的事是尽快建造一批可挡风避雨的简易房子。在他的请求之下,唐景崧派人在桂林买了一大批泥水木工工具和各种农具,送到各个安置地。在这一年的严冬到来之前,十几个安置地都建造了简易房屋。除了唐景崧提供的资金,弟兄们也拿出自己的多年积蓄,购买耕牛,为下一年的春耕作准备。

副首领沈道之，带着一些弟兄、眷属，安置在全州石塘北边的安置地。这个安置地，取名为沈家村。慢慢地，沈道之部和全州的一些江湖武装也有了联系，逐渐发展壮大。

他的弟弟沈道宽及其未婚妻杨玉秀，则接受唐景崧和唐镜澄的安排，完婚之后，在灌阳文市镇街上开一个小铺子，作为各个安置地的联络站，收集、汇总各种消息，报给唐镜澄处理。重大事件再由唐镜澄急报唐景崧，同时下达唐景崧的指令。

原籍浙江绍兴的沈道宽，父祖两代在绍兴都开书铺，自己刻书，也卖书，被太平军裹挟后，也是帮太平军刻书。沈道宽自幼就在军中随父亲学习刻书方法，他的梦想就是自己开一间书铺。

于是，灌阳文市镇街上开了一间叫"沈记福星堂"的书铺。这是沈道宽的祖辈在绍兴开的书铺的招牌。

铺面是唐镜澄亲自挑选并购买的，原是一家生药铺，房子很大，五进式，有四个天井，后门就是灌水码头，水陆交通四通八达，非常适合做联络站。

一切都安排妥当后，唐镜澄先后两次派人去衡山县高积湾将杨玉明的骨殖迁到文市镇。此时，距离他回到灌阳不过几个月而已，尸骨竟已不可寻觅。唐叔易长大后也去寻找过，全无痕迹。他的生母王氏夫人也再未出现。或许，她最后报仇成功，将杨玉明骨殖迁回老家浙江诸暨安葬，然后隐退江湖，栖身古寺，静度余生。

第十章

从太平军到哥老会

唐镜澄接掌的这支队伍,既是太平军(后裔),也是哥老会。

哥老会和洪门(天地会)、青帮,并列为晚清民国的三大帮会。

哥老会又名哥弟会、兄弟会,首领称老大哥,成员以兄弟相称。

光绪年间,各地会党活跃,哥老会流行于云南、贵州、湖北、江西、广东、广西、陕西、甘肃等省,尤其是四川、湖南。

在四川的哥老会被称为袍哥,因"异姓如同胞,见面称哥弟,取'胞''袍'谐音之义"。

哥老会之于近代中国,可谓影响深远。清末很多革命党人都是哥老会中人。保路运动和护国战争,哥老会都积极参与。抗战时期的川军,有一半是袍哥。

哥老会的起源,也和太平天国有关。

据陶成章在《教会源流考》中说,太平天国即将失败之际,"李秀成、李世贤等知大势已去,甚为痛心疾首。逆知湘勇嗣后必见重于满政府,日后能左右中国之势力者,必为湘勇无疑。于是乃隐遣福建、江西之洪门兄弟，投降于湘军，以引导之。复又避去三点、三合之名称，因会党首领有老大哥之别号，故遂易名曰哥老会"。

哥老会在湘军中影响不小。曾国藩认为，原因在于："一曰在营会聚之时，打仗则互相救援，有事则免受人欺；二曰出营离散之后，贫困而遇同会，可周衣食，孤行而遇同会，可免抢劫。因此，同心入会。"

太平天国灭亡之后，曾国藩解散湘军。很多湘军被解散后，无以为业，选择加入哥老会，以图生存。参加了哥老会的湘军和太平军旧部，就此散落在民间，成为一股股互相独立的江湖武装。

由唐镜澄接管、唐景崧在幕后掌控的这支队伍，正是其中之一。

因为其同时具有反清性质的太平军和哥老会的背景，唐景崧和唐镜澄一直坚守着这个秘密。唐镜澄的子女中也只有后来曾统领过小部分余部的唐叔易和唐叔重知晓。

一百多年过去了，这个秘密，已差不多湮灭于历史风云之中，除了唐镜澄的私人笔记中透露出一些蛛丝马迹……

第二部 戊戌变法

第一章

康有为来桂维新

时光荏苒,岁月如流。

转眼间,这支以浙江人为主的江湖武装,在桂林周边的灌阳、全州、兴安已经生活了一年多。他们学会了广西话,也都熟悉了附近环境,白手开发的山区安置地逐渐发展成了村庄。

他们的统领唐镜澄,则一直住在灌阳文市镇田心村的老家,通过文市镇上沈道宽杨玉秀夫妇经营的"沈记福星堂"书铺,和他们保持着联系。

幕后的大统领唐景崧,则用蔡锡勇代表张之洞赠送的十万两银,在桂林榕湖边建了五美堂别墅,隐居其间,终日吟诗、下棋、种菜、唱戏,静待时机再起。

1897年1月,以"公车上书"闻名全国的康有为,来到桂林讲学。

作为桂林士绅中的重量级人物,唐景崧与康有为一见如故。

经历了甲午割台的刻骨铭心的唐景崧,对康有为在《马关条约》签订之后,率领在京会试的各省举人"公车上书",反对割台,要求迁都再战的行动，印象深刻；对于他力主变法图强，极感共鸣。康有为也极钦佩唐景崧抗命不归"自立"保台的胆识，欣赏其翰林出身的学识、文采。

唐景崧利用自己的声望、人脉，积极支持康有为在桂林宣传维新变法。他不但自己慷慨解囊，还为之上下疏通，并拉来好友——当时弃官在桂的岑春煊（后任两广总督、四川总督）——共同兴办圣学会、广仁学堂，还创办了广西第一份报纸《广仁报》。

康有为在《康南海自编年谱》中记载了当年圣学会的盛况："与唐薇卿（唐景崧）、岑云阶（岑春煊）议开圣学会，史淳之拨善后局万金，游子岱布政捐千金。蔡仲岐按察希邠激昂高义主持之，乃为草章程序文行之，借广仁善堂供孔子。行礼日，士夫云集，威仪甚盛。既而移之依仁坊彭公祠，设书藏讲堂义学，规模甚敞。"

广仁学堂除开设经学等传统课程外，还有中外历史、地理等课程。《广仁报》以宣传变法图强为宗旨，内容丰富，有论说、时事新闻、地方要闻、中西译述、杂谈、短评等。

远在边陲的桂林，因而成为全国维新运动的活跃地区之一。康有为的大弟子，"康梁"并称的维新派首领梁启超，对于桂林的维新活动，作了如下评价："北肇强学于京师，南开圣学于桂海，湖湘陕右，角出条奏，云雾既拨，风气大开。"

第二章

五美堂密谈

康有为在桂林住了五个月。

唐景崧常请他来五美堂看戏。

五美堂中的大戏台,悬挂着唐景崧撰写的楹联:"眼前灯火笙歌,直到收场犹绚烂;背后湖光山色,偶然退步亦清凉。"

大戏台旁有一亭,名为"看棋亭",亦有楹联一副:"纵然局外闲身,每到关怀惊劫急;多少棋中妙手,何堪束手让人先。"

这两副楹联,正是唐景崧自台湾归来后的心情写照。

深知唐景崧心境的康有为,当时曾经赋诗,"妙音历尽几多春,往返人天等一尘。偶转金轮开世界,更无净土著无亲。黑风吹海都成梦,红袖题诗更有神。谁识看花皆是泪,雄心岂忍白他人",对甲午时竭力保台、兵乱中不得已仓皇内渡的唐景崧表示理解和同情。

鲜为人知的是,他们在看戏、吟诗之外,还有很多涉及敏感时局的密谈。

作为唐景崧的族弟和亲信,有时也去五美堂的唐镜澄,在笔记中记录了唐景崧和康有为当时的一些谈话。

康有为对唐景崧谈到他的变法大计，寄望于年轻的光绪皇帝。

唐景崧认为，"变法事大，帝又无权、无兵，难以成功"。

康有为则说，"你和唐才常一样，多虑了"。并笑称，"你和唐伯平（唐才常）都是张南皮（张之洞）的弟子，难怪想法相同"。又称，"我已经请唐伯平说服张南皮支持我等的变法主张"。

康有为提到的唐才常，是维新派的一员干将，与唐景崧颇有渊源。

唐才常的知交挚友，也是维新派领袖之一的谭嗣同，正是唐景崧的弟媳谭嗣淑之弟。谭嗣同之兄谭嗣襄，曾投奔当时任台湾道的唐景崧，被唐景崧荐为凤山县盐税，客死台南。谭嗣同本人也曾两度赴台。

唐才常则肄业于唐景崧的恩师张之洞创办的两湖书院，与唐景崧算是师出同门。

此时，谭嗣同和唐才常正在湖南倡办时务学堂，积极宣传变法。

第三章

梁启超、谭嗣同、唐才常的时务学堂

时务学堂,是谭嗣同和唐才常倡办的湖南第一所新式学堂。

此前,谭唐二人已经在家乡浏阳办过一间名为算学社的新式学校。

中日甲午战争爆发后,湘军北上,出关应战,结果大败。作为湘人的谭嗣同,深感忧愤,给老师欧阳中鹄写了一封长信。在这封两万多字的信中,谭嗣同认为,时下正面临深重的民族危机,若要改变,必须变西法、开风气、育人才。他主张"变法必先从士始,从士始必先变科举,使人人自占一门,争自奋于实学";先可"小试于一县",从算学、格致开始,因"算学为中国所本有",格致"亦杂见于古子书中";可先立算学馆,"而置格致为后图,以待经费之充足"。

欧阳中鹄是一位饱学之士,见识自是不凡。他非常赞同谭嗣同信中的观点,于是在信上加以批改,请人印成小册子,取名《兴算学议》,在浏阳士人中广为传发,争取他们的支持。不久,谭嗣同和唐才常回到浏阳,联同欧阳中鹄,召集同仁,集资办学,终于在浏阳文庙后山的奎文阁开办了"算学社"。这是中国第一个数学馆。谭嗣同亲自授课，在讲授算学的同时，因势利导，向学生灌输变法思想。

谭嗣同在京与康有为的大弟子梁启超相识，志同道合，成为知己。

回到湖南后，在以"变法开新"为己任的湖南巡抚陈宝箴支持下，谭嗣同和唐才常又投入了"时务学堂"的兴办。在他们的推动下，梁启超被聘为中文总教习，谭嗣同和唐才常则任中文分教习。

在时务学堂，梁启超提出"以政学为主义，以艺学为附庸"的教育理念，要求学生将读书、立志与经世紧密结合，树立"平治天下，当今之世，舍我其谁"的远大志向，为国家自强、民族救亡献身。谭嗣同把《明夷待访录》《扬州十日记》等含有民族主义意识的书籍发给学生，灌输革命意识。他们殷殷期望，"吾湘变，则吾中国变；吾湘立，则中国存。用可用之士气，开未开之民智，其以视今日之日本宁有让焉！"

湖南，因而成为当时全国最富朝气的一省。

1919年，毛泽东曾评价："湖南之有学校，应推原戊戌春季的时务学堂。时务以短促的寿命，却养成了若干勇敢有为的青年。唐才常汉口一役，时务学生之死难者颇不乏人。"

时务学堂最出名的学生蔡锷，后来则成为兴师讨袁、再造共和的英雄。

第四章

唐景崧康有为策划试兵

就在湖南的维新变法活动开展得生气勃勃的同时,作为维新派首脑的康有为,在桂林和唐景崧秘密策划了一次行动。

这天,唐镜澄来到五美堂,向唐景崧报告,全州石塘的哥弟会(哥老会)首领王名卿、胡栋廷,准备出兵两千攻打灌阳县城,邀请同在石塘的沈道之一伙人参加,以壮声势。沈道之不敢擅自决定,请示唐镜澄,唐镜澄即来请示唐景崧。

此时,康有为正在五美堂做客。唐景崧没有避讳,反而把自己手下的会党义军的情况告诉了康有为。

康有为大喜。他深知,若想成事,手中有兵是何等重要。对于变法来说,有武装力量支持,便多了几分胜算。他们商谈之后,唐景崧指示唐镜澄:"可以一试战力,事后不管成败,趁混乱之际,撤往湖南一带安置。"

唐镜澄其实认为,哥弟会攻打灌阳一事,不宜参与。但既然唐景崧有此决定,他当然服从。不过,出于谨慎,他只令沈道之带领五百人参加，且令只可在城外助威，不可入城。

灌阳县城很快被攻下。哥弟会图谋继续向前，准备攻打兴安。欲攻兴安，须取道全州内建乡。内建乡大塘村的唐必见（同治丁卯科武举人）闻讯之后，立即联络内建乡青龙山村的蒋连杰（光绪戊子科武举人加庚寅恩科武进士），齐心协力，共保家乡。他们聚集了内、外建乡的团练数千人，在内建乡四所村将哥弟会武装包围起来。一阵打杀过后，哥弟会阵亡两百多人，被俘十余人。

经过这番挫折，士气高昂、本欲图谋大举的全州哥弟会武装就此消失，不知所终。而化名"王道之"参加战斗的沈道之及所部五百人，则已撤往黄沙河以北的湖南境内待命。

鲜为人知的是，唐景崧在1897年6月初回灌阳住了一个月，就与这次全州哥弟会起事有关。他带领随从亲兵五十名，以回乡小住为名，回灌阳善后。

此时，哥弟会会党虽已散去，人心仍然不稳。县中乡绅前来拜望唐景崧，呈上一本会党名册，给他查阅，还说："有人见城外有一匪首，高大长须，到过文市镇福星堂买书。"

唐景崧几乎惊出一身冷汗。

"高大长须"，正是他见过的沈道之的外表特征。作为秘密联络站的福星堂，竟然也被牵扯进来了。

于是，他不动声色，借点烟之际，将名册烧毁，并问哥弟会一事还有无证据。

在座乡绅答"无"。

唐景崧即说，外县会众已离去，本县又无哥弟会，地方平靖，各安其业，何须大惊小怪。

此事因而平息。

第五章

陈宝箴义助善后

撤往湖南的沈道之部,唐景崧和唐镜澄都认为不宜再回广西了。

唐镜澄把这个想法告诉了沈道之。不料,沈道之完全同意。他认为,要走就走远点,就回到汨罗县谭家山,在那里多少还有点根基。

唐景崧与唐镜澄又反复商量。他们认为,康有为对变法成功过于自信,而变法过程中早晚会有流血、用兵的一天,不妨在长江边上设立一个立足之地,便于今后对北用兵。而时任湖南巡抚陈宝箴,与唐景崧交好,或可共机密。

可巧的是,陈宝箴此时正在桂林。

陈宝箴是江西义宁人,弱冠中举,曾随父办团练,抵御太平军。受郭嵩焘举荐,曾任曾国藩幕僚。曾国藩视之为"海内奇士",礼为上宾,并赠一联:"万户春风为子寿,半杯浊酒待君温。"

为有更多实战历练,陈宝箴后来投入湘军名将席宝田军中。

湘军攻入天京后,幼天王洪天贵福在李秀成、洪仁玕等人协助下逃出天京,一路逃到江西。陈宝箴敏锐地判断出,他们必定路过瑞金,于是向席宝田献一奇策:"奔逸数千里,日夜疾行,辎重妇女相随,见无追军,怠甚,行必缓。我亟趋间道,要击广昌、石城间,寇可灭也。"席宝田依其计,果然俘获了洪天贵福及洪仁玕、黄文瑛、洪仁政等太平天国重要人物。

陈宝箴由此名动公卿,声布朝野,历任湖南知府、浙江按察使、直隶布政使。

甲午战败,《马关条约》签订后,陈宝箴悲愤交集,痛哭流涕,叹曰:"无以为国矣!"后屡屡上疏,痛陈利害,希望变法图强。

光绪二十一年(1895),陈宝箴被任命为湖南巡抚。他锐意"营一隅为天下倡,立富强之根基",政绩斐然,湘人爱戴。在他的大力支持下,湖南成为全国维新运动的中心之一。

时任广西巡抚史念祖、粮道谢光绮,正深陷于被参的各种官司中。作为邻省湖南巡抚的陈宝琛,奉命前来查案。

唐景崧带同唐镜澄,专程前去和陈宝箴商量,告知原委,请求陈宝箴予以照应。陈宝箴严肃地回答:"此事事关机密,不可再提,我已尽知。为大事计,必不负所托。"

第六章

"匪首"沈道之加入湖南防军

几个月后,在湖南的沈道之传来消息,陈宝箴竟把他和所部收编为湖南防军,驻地就在汨罗县谭家山,任务是负责"剿灭湖匪,保一方平安",每月还有粮饷发放。

得到唐镜澄的报告,唐景崧不由惊呼:"陈抚帅,大义也!"

陈宝箴仗义将沈道之部编入的防军,清末各省都有设立,是由各省督抚控制的地方军队。

有意思的是,湖南防军和他们要剿灭的"湖匪",其实同根共源。

"湖匪"的一个来源,是太平天国被镇压后,被裁撤而生活无着的一些湘军。防军,则是未予遣散的勇营(湘军)。

防军又称防勇,取的就是"勇营留防"之意。防军的主要来源湘军、淮军,特点就是"因事而募,事毕即撤"。因此,防军也由各省督抚自己招募和掌握,"兵自招,将亲选,饷帅筹","故兵随将转,兵为将有"。

随着绿营的衰退,清政府不得不依靠防军为主要的军事力量。

防军初期的战斗力很强，后来却逐渐颓废，军纪废弛，枪械腐朽。

中日甲午战争时，防军几乎战无不败，问题暴露无遗。清政府于是着手操练新军，即完全使用近代武器装备的新型军队。袁世凯小站练兵，就是新军之始。

清政府同时计划整顿防军，诏令各省裁撤。

然而，对于清政府想削弱地方军权的这一举措，各省督抚要么强烈反对，要么阳奉阴违。总计几十万的各省防军，最后裁撤的微乎其微。比如四川，只裁了一百二十人，江苏只裁了四百八十人。

无奈之下，清政府在1906年把防军改为巡防营，又名巡防队，与新军有所区别。平时缉拿盗贼，防卫地方，有事之时为陆军声援，协力守御。

但是，巡防营与其前身防军一样，军饷的筹拨、军队的调遣、兵员的增减，都由各省督抚做主，依然是半私人性质的武装。

辛亥革命后，各省纷纷独立，巡防营遂改为师旅、警备队或保安队。

第七章

唐镜澄湖南上任

陈宝箴不仅在湖南安置了沈道之,还将唐镜澄带到湖南任职。

在桂林的会面,让他对唐镜澄的见识、能力,留下了很好的印象。

知道唐镜澄有拔贡功名,以越南之功一直在候补知县,也曾在台湾担任台中厘金局总办和安平税关局长后,陈宝箴不免起了揽才之心,向唐景崧提出,延请唐镜澄到湖南去做税务局长,日后有知县的空缺,再安排接任。

唐景崧和唐镜澄都欣然同意。

沈道之部既然已经安置在湖南,唐镜澄去湖南,可以就近统领。何况,税务局长比较清闲,一年只是夏秋两季有事做,平时还有很多时间回灌阳,联络和管理手下的会党义军。

自从康熙遵从父训"永不加赋"以来,清朝的税收制度一直处于混乱之中,总是入不敷出。

于是,各个地方便设立了厘金局或厘捐局,收税对象主要是商人和手工业作坊主,收取比例由各地自定。

高于厘金局的税务局，则是管田税的，收取比例由中央统一规定。

晚清时，各地大多实行包税制，即根据统计的田亩数字定一个收税数量，粮食多少斤，或折合现银多少两。收税对象是地主和自耕农，且一年只收两次，即夏收和秋收。

地方的税务局长，亦照例分包一个或几个大户，由他们出面办理征收具体事宜，交够原定数量即可。

这些，对于在台湾有过相关经验的唐镜澄来说，是易如反掌的事。

陈宝箴任命唐镜澄为湖南芦林潭税务局长。

芦林潭位于湖南洞庭湖区，离沈道之所在的汨罗县不远。

陈宝箴"为大事计"的苦心，可见一斑。

从陈宝箴到唐景崧，都是有眼光、有识见的封疆大吏。他们都希望，这场轰轰烈烈的维新变法运动能够成功，救国救民。

第八章

戊戌变法的结局

然而,就像唐景崧、唐镜澄预计的那样,康有为对于变法成功过于自信。他主领的戊戌变法,不过区区百日,终于还是以流血告终。

1897年11月,德国强占胶州湾。康有为再次上书,指出亡国已迫在眉睫,请求变法。

1898年1月,光绪皇帝下令康有为条陈变法意见。康有为呈上《应诏统筹全局折》及自己所著《日本明治变政考》《俄罗斯大彼得变政记》二书。

1898年6月11日,光绪皇帝在颐和园勤政殿召见康有为,一番畅谈之后,颁发"明定国是"诏书,正式开始变法。随后又颁布了一系列诏书,希望学习列强,实行君主立宪,奖励和保护工商业,设立新式学堂,倡导言论自由,变法图强。

然而,康有为过于激进,甚至有囚禁慈禧太后的计划。他低估了貌似退居颐和园山光水色中的慈禧太后的政治根基和还击能力。

1898年9月21日,慈禧太后以迅雷不及掩耳之势,发动政变,将光绪皇帝囚禁于中南海瀛台。

21日凌晨，梁启超和谭嗣同收到消息，康有为寄居的南海会馆被查抄，康有为堂弟康广仁被捕，以及火车停开。

谭嗣同决心舍身流血，唤醒国人。梁启超力劝无效，只身逃入日本使馆，在日本公使林权助的帮助下，转到天津日本领事馆，再搭日本军舰前往日本。之前的20日凌晨，康有为已在李提摩太牧师协助下逃离北京，搭重庆号到上海，再由英国领事馆职员协助，前往香港，再逃到日本。

1898年9月28日，谭嗣同、林旭、杨锐、杨深秀、刘光第、康广仁在北京菜市口遇害，史称"戊戌六君子"。

1898年10月6日，支持变法的湖南巡抚陈宝箴，以"滥保匪人"（杨锐、刘光第），"着即行革职，永不叙用"。陈宝箴之子，吏部主事陈三立因"招引奸邪"，一并革职。

唐镜澄闻讯大惊，与唐景崧商量后，派人传信沈道之，"不可轻动"。

幸好，新任湖南巡抚俞廉三，未改陈宝箴大政，一切如故。

第三部

庚子勤王

第一章

唐景崧桂林办学

戊戌变法失败之后，谭嗣同壮烈成仁，康有为、梁启超远走海外，陈宝箴挂冠归隐，时务学堂也被停办。

在时务学堂任教，同时在与谭嗣同一起创办的南学会担任议事会友的唐才常，本已接到谭嗣同电召赴京，行至汉口，即闻戊戌政变发生、谭嗣同就义的消息，于是南返，前往香港、新加坡、日本游历。

唐景崧、唐镜澄和他们手中那支已经从桂北延伸到湖南、从三千人发展到万人的会党义军，也被迫暂时沉寂。

幸好，时任湖南巡抚俞廉三，本来是陈宝箴的主要助手（湖南布政使），一直协助陈宝箴推行新政，接任之后，以培养元气、团结舆情为根本，唐镜澄这些由陈宝箴任命的官员，因而得以留任。

唐镜澄在芦林潭税务局任满后，又被先后调任沣安和津市，在湘西、常德一带。

自幼接受儒家正统教育的唐镜澄，为官廉洁，刚正不阿。他在津市任上，曾自撰一联：

为国理财　要识国家宽大意

取民有制　应消民众怨尤声

将之高悬于税务局大堂之上，以为自勉。

税务局只需在夏秋两季收税，所以唐镜澄每年冬春都住在灌阳老家。

唐景崧则开始在桂林兴办教育，担任了桂林四大书院中的桂山书院和榕湖书院的山长（校长）。

1899年，时任广西巡抚的黄槐森，开始筹备一所新式学堂——广西体用学堂。唐景崧被聘为堂务（校长）。

以广西布政使身份接替史念祖出任广西巡抚的黄槐森，是广东香山人，同治元年进士，也曾任翰林院庶吉士，无论年龄还是科名，都算是唐景崧的前辈。

在黄槐森的支持下，唐景崧全力投入了体用学堂的兴办。

体用学堂最有名的学生，是尊唐景崧为"恩师"的同盟会元老，中国第一个留德工学博士，与蔡元培并称"北蔡南马"的近代著名教育家马君武。

第二章

康有为海外保皇

沉寂了一年多以后，唐景崧和唐镜澄终于得到了康有为和唐才常传来的消息。

1898年秋，康有为到达日本。

不久，立志为谭嗣同复仇的唐才常也东渡扶桑，与康有为会晤，商讨起兵勤王，讨伐慈禧太后。

康有为向日本东亚同文会会员宗方小太郎表示，拟在湖南举事，向日本借兵援助。

为了取得日本方面的支持，康有为声称，谭嗣同与唐才常在湖南主办的南学会有会员一万二千人，一旦举事，将引军直进，夺取武昌，而后沿江东下，攻占南京，然后移军北上。

康有为并称，此番有可能得到张之洞的响应。

日本方面只表示了同情，没有实质行动。

康有为转向英国求援，也没有得到回应。无奈之下，他开始依靠海外华侨，决心自主勤王。

1899年7月,康有为在加拿大成立了保救大清皇帝会,简称"保皇会","专以救皇上,以变法救中国、救黄种为主",自任会长,梁启超等任副会长。

保皇会发展很快,遍布世界一百七十多个地方,拥会众数十万,在海外华侨当中招股集资,从事投资,开办实业,支持华侨教育,推行留学规划,并广泛刊行各种报纸杂志,深化宣传,还在美国开办各类干城学校,培养文武兼备的人才,及专项资助从事暗杀活动的敢死队和刺客。

慈禧倍感压力,以十万两白银的巨额悬赏捕杀康有为和梁启超。

另一方面,慈禧决定釜底抽薪,废黜光绪皇帝,使保皇党人无"皇"可"保"。

1900年1月24日,慈禧封端王之子溥儁为大阿哥(等同皇储),准备废立。然而,废立之举遭到以刘坤一为首的各省督抚反对,加上列强不支持,最终不了了之。

康有为闻听慈禧将行废立之后,立即策划起兵,解救光绪。

保皇会在澳门设立总局,就近指挥国内事宜。

第三章

唐才常的代表沈荩来桂联唐

最早倡议勤王计划的唐才常,此时已从日本回国。

1899年11月,唐才常经已加入兴中会的南学会会员毕永年介绍,和同在日本的孙中山会晤,两人决定合作,并商讨在湘、鄂及长江流域的起兵计划。

按照唐才常的设想,长江、珠江应同时起兵,由保皇、兴中两会共同发动。

康有为否定了这一计划。

他的战略部署,是"以全力取桂、袭湘、攻鄂,而直捣京师"。

在他心目中,广西,是这次起兵勤王的首取之地。

在广西的唐景崧,自然是康有为倚重的对象。

在上海的唐才常,按照康有为之前与唐景崧约定的联络方式,派代表沈荩赶赴广西灌阳找唐镜澄,从而与唐景崧密会、商谈。

沈荩,字禹希,原籍江苏吴县,1872年生于湖南长沙。戊戌变法时期,沈荩与谭嗣同、唐才常相交,思想接近,经常来往。

戊戌变法失败后，沈荩留学日本。

1900年，沈荩回到国内，协助唐才常在上海成立正气会，后改名自立会。

沈荩任自立会干事，主持交通。

这是唐才常派他前来联络唐景崧的原因。

据说，沈荩"性直倔强，雄于胆略"。

据唐镜澄的笔记，当年才二十八岁的沈荩，对唐景崧极为恭敬，两人相谈甚欢。

唐镜澄按照唐景崧的要求，对沈荩详细讲述了广西的会党武装的情况。

临别之前，唐景崧对沈荩说："回去对伯平兄（唐才常）讲，把你借给我用，我缺少一名领军大将。"

喜爱之情，溢于言表。

第四章

筹办上海国会的沈荩再次来桂

勤王计划主要集中在三个方向：长江、广西、广东。

康有为设想，派南关游勇大头目陈翼亭取道钦州、廉州，与龙州、梧州、思恩等地会党游勇配合，袭取桂林，然后留唐景崧驻守，陈翼亭率军收桂省，由全州趋袭长沙，唐景崧再招抚桂北、湘南会党万人成立后队，亲率入湘接应。

他指示："薇以亲统为宜，以将来破长沙、武昌，捣中原，当有大帅指挥之也。其应派人前敌或留守，由薇指挥。"

唐景崧实际上被康有为委以勤王军全军统帅的重任，这当然是有杀头风险的。不过，经历了甲午台湾的丧权辱国之痛，唐景崧对清廷的懦弱无能深有感触，不无怨愤。他认为，维新变法是中国的希望。为此，他愿意冒险。不过，因陈翼亭丁忧归家，迟迟未能行动。

广东方面，康有为派梁子刚、张智若、叶湘南等到新安、东莞等地办团练，联络惠、潮、嘉的会党游勇如林玉、"版筑"、"三品"等，并得到当年和唐景崧一起自立保台的丘逢甲的赞助。丘逢甲本来同意参与勤王起兵，后因家事而搁置。

长江方面，唐才常和沈荩以自立会的名义设富有山堂，发富有票，将长江一线的会党都招纳入会，声势浩大，会员达十余万人。

1900年，义和团运动爆发，八国联军入侵。6月19日，对列强积怨已久的慈禧太后向各国宣战。全国震动。

沈荩再次来到灌阳。他告诉唐镜澄，唐才常在上海筹备一个"挽救时局，保种救国"的大会，邀请唐景崧前去参加。

唐景崧欣然同意。不料，当他启程前往上海，在岳阳候船期间，却又见沈荩匆匆赶来，告诉唐景崧"不要去了"。

原来，会议筹备者中有很多人都很反感康有为，尤其反感康有为在海外指定勤王军由唐景崧统领，因此对唐景崧参加会议也抱抵制态度。不少人甚至扬言，如果唐景崧来参加会议，他们将退出会议。

为大局计，唐才常和沈荩不得不对唐景崧表示歉意。

唐景崧气愤之余，还是顾全大局，对沈荩表示，"如伯平（唐才常）起事，定当鼎力相助"。然后，他郁郁不乐地回到桂林。

第五章

被张之洞提前镇压的自立军起事

唐才常正在准备起事。他是典型的湖南人，血性，实干。

1900年7月，唐才常和沈荩邀集容闳、严复、章炳麟、文廷式、龙泽厚等八十余位社会名流，在上海愚园南新厅成立中国国会（后改称中国议会）。容闳为会长，严复为副会长，唐才常为总干事。

容闳起草了国会对外宣言："中国自立会有鉴于端王、荣禄、刚毅等之顽固守旧，煽动义和团以败国事也，决定不认满洲（清）政府有统治清国之权，将欲更始，以谋人民之乐利，因以伸张乐利于全世界，端在复起光绪帝，立二十世纪最文明之政治模范，以立宪自由之政治权与之人民，藉以驱除排外篡夺之妄举。"

唐才常计划在安徽大通和安庆、湖北汉口、湖南常德同时起义。他坐镇汉口，设立机关，组织自立军——由新军士兵和江湖会党组成，共七军，计两万人。安徽大通为前军，秦力山、吴禄贞统领；安徽安庆为后军，田邦璇统领；湖南常德为左军，陈犹龙统领；湖北新堤为右军，沈荩统领；汉口为中军，林圭、傅慈祥统领。另设总会亲军和先锋营，由唐才常直接指挥。唐才常并节制全军，兼任总粮台。起事的费用则由康有为在海外筹集。

唐才常选择汉口作为指挥中心，除了"地利"，还有"人和"。汉口，正是他的老师、湖广总督张之洞治下。

在两湖书院读书时，成绩优秀的唐才常深受张之洞器重。张之洞在湖北实行的新政，也让唐才常深具好感。况且，张之洞对自立军的迅速扩展采取了不予干预的态度，还默许了湖北新军的一些下级军官和士兵参加自立军。

唐才常因而对张之洞抱有幻想，甚至有拥张之洞宣布两湖独立的想法。他的得力助手林圭（原时务学堂学生）等人都提前拟好了自立军檄文，布告各国照会，安抚百姓告示。

他们没想到的是，宦海沉浮几十年的张之洞，在开明之外，还有政客的老谋深算。

因为康有为的汇款迟迟未到，武器严重不足，唐才常原定8月9日的起义，不得不推迟到8月23日。安徽大通的秦力山未得通知，按期起事，迅即失败。

8月22日清晨，张之洞派兵将唐才常、林圭、傅慈祥等二十多名起义首领尽数抓捕。

第六章

唐才常就义

张之洞其实内心挣扎。

自从慈禧在激愤之下,昏招频出,竟然以一国对八国宣战,他和两江总督刘坤一都知道即将大祸临头,于是策划"东南互保",以"保境安民"。

在这种情况下,他当然不希望所辖境内发生"叛乱",落人口实。

之前,他对自立军的活动采取睁一只眼闭一只眼的态度,是因为入侵的八国素来支持光绪,加之康有为组织勤王,形势还不明朗。

而今,已逃到西安的慈禧依然大权在握,光绪仍在她的严密掌控之中。

张之洞不得不作出选择,抓捕这个他素来欣赏的学生。

唐才常被捕之时,面无惧色,仍与同志谈笑自若,"予早已誓为国死",夜过长江,还仰望星空,感慨好星光。

被关押在汉口巡防营之时,唐才常口占两首七绝:

新亭鬼哭月昏黄，
我欲高歌学楚狂。
莫谓秋风太肃杀，
风吹枷锁满城香。

徒劳口舌难为我，
剩好头颅付与谁？
慷慨临刑真快事，
英雄结束总为斯。

入狱之后，张之洞不敢相见，派幕僚郑孝胥前去审问。

唐才常答曰："此才常所为，勤王事，酬死友，今请速杀！"供状仅二十一字："湖南丁酉拔贡唐才常，为救皇上复权，机事不密，请死。"

1900年8月22日，唐才常等十一人被处死于武昌紫阳湖畔天府庙旁。

就义之时，唐才常年仅三十三岁，神色不变，慷慨如平生，临绝大呼："天不成吾事者再！"

不愧是谭嗣同的知己。

第七章

前后谭唐殉公义，国民终古哭浏阳

庚子蒙难的唐才常与戊戌蒙难的谭嗣同，可以说是刎颈之交。

他们相识于少年之时。当时，唐才常只有十岁。

二十年间，他们一直亲如兄弟，肝胆相照。谭嗣同曾多次提到，"二十年刎颈交，绂丞（唐才常）一人而已"。

唐才常与谭嗣同曾经一起去武汉参加两湖书院的入学考试，然而，入学名额只剩一个。谭嗣同将名额让给了唐才常。在两湖书院读书的日子，对唐才常来说，是"游息自如，了无束缚，可谓极人生自在之乐"。

唐才常担任《湘学报》主笔时，大力呼吁科学，希望开启民智。谭嗣同当时在南京，为了帮助挚友，不惜在暴雨交加之夜，登门拜访钟山书院山长缪荃孙，托其代销《湘学报》，并将所得资金汇给唐才常，以支持办报。

谭嗣同进京参与戊戌变法前，特地与唐才常在长沙饮酒话别，当时口占两句："三户亡秦缘敌忾，勋成犁扫两昆仑。"

这是他们最后一次见面。

之后,就是谭嗣同慷慨就义,"我自横刀向天笑,去留肝胆两昆仑"。

再之后,唐才常"七尺微躯酬故友,一腔热血溅荒丘"。

后来,他们在时务学堂的学生蔡锷,专门为他们书写了一副挽联:"前后谭唐殉公义,国民终古哭浏阳。"

唐才常遇害后,他的弟弟唐才中从汉口逃出,潜往新堤,与沈荩商量对策。唐才中主张入湖南聚集力量,沈荩则比较持重,认为湖南地方狭小,容易失手,不如一起逃到上海,托身租界,伺机再起。唐才中不听,潜回老家湖南浏阳,被团防抓获并杀害。沈荩则从新堤潜回武昌,转道流亡上海。

从湖南回桂林报信的唐镜澄,把这些消息告诉了唐景崧。唐景崧听后半天说不出话,在悲痛中喃喃自语:"如此不顾师生之情,如此不顾师生之情。"

他是说他与唐才常共同的老师,张之洞。

张之洞可能是问心有愧,对于唐才常的自立会和国会同志,还是网开一面。他令人在两湖贴布告,勒令自立会会员投案自首,缴出富有票,悔过自新。他还发布《劝告国会文》,谓除康梁二人外,众党徒"果能悔悟改行,自不株连穷治",即使"现在通缉之列者,若早能诣官首悔,尚可许其自新"。

唐才常之死,让很多还在保皇和革命之间犹豫的人,对清廷彻底失望。

唐才常的自立军旧部,很多都是辛亥革命的参与者。岳州自立军司令孙武，就是武昌首义的领导者之一。唐才常曾就读的两湖书院，后来则出了黄兴、宋教仁这两位辛亥元勋。

他们最终实现了唐才常的理想："顶天立地奇男子，要把乾坤扭转来！"

第八章

唐景崧去世

唐才常之死,对唐景崧打击很大。

他意识到,这几年为之倾尽心力的维新变法,包括这次轰轰烈烈的勤王运动,只能半途而废了。

唐才常慷慨就义后,海内外同表痛惜之余,亦有很多传言。有称唐才常之所以迟迟未能举事北上,是因为康有为承诺从海外筹集的二十万两经费迟迟未寄到。更有甚者,传闻这二十万两银子早已寄到唐景崧处,而唐景崧之所以不拿出来,是因为他未能参加上海的国会。似乎在说,唐才常起事失败,唐景崧也要承担责任。

但实际上,保皇会原计划筹款百万,只得三十余万。澳门总局急于举事,实行"散款招伙"之策,结果"杂进群才","愈益滥支",左支右绌,根本无力兼顾长江。而保皇会在港澳等地购械运货,准备在康有为视为重心的两广起事,却被两广总督李鸿章四处查堵,迟迟不能发动。

义和团起,李鸿章被急召进京,本是广东起事的好时机,康有为又在广西和广东之间举棋不定，一误再误。而他倚重的会党豪强，也多不知大义，贪图钱财。

作为勤王运动的总指挥，康有为缺乏勇气和胆识，不敢亲入内地统军，且身在南洋，无法应付瞬息万变的局势。

一位素来敬仰康有为的加拿大华侨，也斥其"有救世之力，而无救世之勇"。曾经对康有为寄予厚望的唐景崧，也终于明白，康有为虽有才学，行动起来还是纸上谈兵，力不从心。

希望越大，失望就越大。

更让唐景崧悲痛的是，已经罢官还乡的陈宝箴，竟被慈禧太后以密旨白绫赐死。

从甲午年到庚子年，一波接一波。从国家到个人，都可谓多事之秋。

接下来的一年多，唐景崧都在悲痛和悔恨中生活，极少见人。唐镜澄每次去看他，都觉得他的身体每况愈下。

唐镜澄印象最深的一次，是他这位族兄前所未有地感叹，"命途多舛，空有报国之心，早知道，还不如在台湾一战而死"。同时还说，"明夷误我"。

1903年3月2日，唐景崧病逝。根据唐镜澄的记载，唐景崧是"气结而亡"。

按照中医的理论，"思则气结"，意思是，过思则伤脾，脾伤则吃饭不香、睡眠不佳，日久则气结不畅，百病随之而起。

唐景崧在何处去世，唐镜澄未有记载。他当时已升任湖南通道知县，不知是特地赶来探病，还是事后才听说"气结而亡"。

唐景崧去世之地，到底是桂林还是广州，至今仍有争议。

据当时香港《华字日报》《循环日报》和上海《申报》报道："去岁前台湾巡抚唐薇卿大中丞，闻某大员有奏请起用之说，即由珂里束装赴东粤，以便航海入都。旋后因事逗留，假寓省垣大市街某宅。本月初四日，偶罹小极，遽尔骑箕，人皆惜之。"

如果真是如此，应该与慈禧1902年回銮后开始推行新政有关。经历了巨变的慈禧，痛定思痛，决心变革救亡，新政的力度和深度都超过了戊戌变法，让唐景崧看到了希望。

他始终还是心怀报国大志，不甘心无所作为，即使已身感不适，还是带病出行。

这，就是传统士人特有的家国情怀使然吧！国族至上。

从越南抗法到甲午保台，从戊戌变法到庚子勤王，贯穿一生。

第四部

辛亥同道

第一章

通道知县唐镜澄的治绩

1902年,唐镜澄被湖南巡抚俞廉三委任为通道知县。

这一年,他已经五十岁,距离两广总督张之洞和云贵总督岑毓英联合保奏,以越南之功候补知县,已经有十七年。

他出生在一个传承千年的书宦之家。自晚唐以来,家族几乎代代为官,造福一方。他的曾祖父唐滋椿、大哥唐镜沅,都官至知州,治绩斐然,士民爱戴。

生长在这样的家庭中,唐镜澄"天资奇颖,学有渊源"(《灌阳县志》),"自幼曾通经史,长成亦有权谋"(《唐氏族谱》),光绪乙酉年(1885)考获拔贡。

拔贡,是一个颇有前途的功名。

曾任广西巡抚、直隶总督的晚清重臣、湘军大将刘长佑,就是拔贡出身。

清制,各省学政对通省生员(秀才)进行考试,遴选文行兼优者,贡于京师,入国子监,称为拔贡。自乾隆七年(1742)始,每十二年拔选一次，府学两人，县学一人，经学政考选后，送礼部参加朝考。待会试、廷试合格，入选者分为一、二、三等，一等任七品京官，二等以知县分发试用，三等任教职。

按照《灌阳县志》的记载，唐镜澄是"分发湖南试用"。但是，正如他的乙酉同年、吏部主事叶德辉所言，"公性过于质直，不宜乎时"，始终不肯诣上骄下，是以不获大用。

他赴任的通道县，是一个位于湖南、广西、贵州交界，侗、汉、苗、瑶杂居，山高田少，土地瘠薄，人口稀少，别人多不愿去的贫穷县份。

唐镜澄却不在乎这些。他所想的，是效法兄、祖，为一方父母，切实施泽于民。

他的努力，立竿见影。

1904年年初，湖南巡抚赵尔巽前来通道视察。他发现，唐镜澄调和侗汉矛盾颇有成效，两不相争，和谐共处，安居乐业，百业兴旺。而且，唐镜澄居然还在通道境内发现了铁矿。

赵尔巽兴致勃勃地去看了新发现的铁矿。

第二章

湖南巡抚赵尔巽的提拔

汉军正蓝旗出身的赵尔巽，是清末督抚中的能员，也是《清史稿》的主修者。

1903年1月，赵尔巽由山西布政使升任湖南巡抚。他思想开放，颇能顺应时代潮流，延续了前任巡抚陈宝箴、俞廉三执行的新政，甚至还支持兴办女子学堂。他对吏治甚为严格，每个县都要亲自视察考核，不拘一格降人才。

比如，因"戊戌之变"而"革职永不叙用，交地方官严加管束"的熊希龄，因应巡抚衙门要求各道、府设一所师范学堂以解决中小学堂师资匮乏的号召，联合湘西士绅，要求在常德设立西路师范学堂。赵尔巽不因熊希龄的身份而有所犹豫，批准照办。1903年秋天，西路师范学堂成立，熊希龄担任副办，实际主持校内外一切事务，又联络武陵、桃源等四县开办常德府中学，使之成为常德的模范学校。

当时，英日等国矿商勾结地痞流氓收买矿契，掠夺湖南矿山。为保卫矿权，熊希龄等人向巡抚府呈文，要求设立矿务购地公司，并建议将原有阜湘、沅丰两公司合并为湖南全省矿务总公司，以抵制外商插手湘矿。赵尔巽欣然采纳了这一建议，于当年6月成立矿务总公司，布告通商各埠："凡华洋人来商办矿，均须总公司章程不得违越"，有效保全了湘省矿权。这一办法，被视为全国样板，先后有九个省参照办理矿务。

赵尔巽认为熊希龄是一位不可多得的人才，于是上奏朝廷，极力推荐，恳请免除"严加管束"，清廷降旨照准。赵尔巽立即委任其为西路师范学堂监督，办理一切学务。赵尔巽在湖南实行的多项新政，废除书院、创办各级学堂、派遣留学生、裁撤绿营、编练新军等，都找熊希龄磋商，离任之时，还不忘向继任端方推荐熊希龄，使之继续被重用。熊希龄后来怀念赵尔巽时说，"龄弟不才，受知实深"。

赵尔巽对唐镜澄也是如此。视察通道县之后，他立即决定，调唐镜澄去新化县去当知县，等同提拔。新化县是湖南的一个大县，远非偏僻贫瘠的通道县可比，但会党林立，不断闹事，正好让唐镜澄一展长才。同时，另派一个懂矿业的人来担任通道知县。

赵尔巽的弟弟赵尔丰，就是辛亥保路运动时的四川总督，也是清末督抚中的干才。

绿林出身的张作霖，也是赵尔巽在东三省总督任上招安收编的。张作霖后来贵为"东北王"，始终不忘赵尔巽的提携之恩，每次进京必先到赵公馆请安，还按老规矩递手本，双折大红禀上书"沐恩张作霖"。

1914年，赵尔巽应袁世凯之请出任清史馆馆长，以古稀之龄主持编纂《清史稿》——1927年完成，共五百二十九卷，为历代正史中规模最大的一部。书成，赵尔巽即过世。

第三章

秘密联络站里的邮政代办所

自从1902年出任通道知县,唐镜澄基本都在湖南。

不过,他并没有减少对自己统领的那支江湖武装的关心。

他明白,随着唐景崧的去世,这支安置在灌阳、全州、兴安一带的江湖武装,一时也不太可能有别的活动。出于爱护,他一再嘱咐他们,在各自的安置地安居乐业,按章缴田赋,千万不要惹是生非。

除了种田,有些弟兄也开始寻找其他机会增加收入。

1902年,全州成立邮政代办所。有弟兄去报考,当上了邮差。

鸦片战争以后,中国被迫开放通商口岸,列强客邮。

1895年,张之洞上疏奏请举办国家邮政。1897年,大清邮政官局正式营业,陆续在全中国开展邮政业务。偏远如广西全州,也设立了邮政代办所。

邮差的工作,是很适合唐镜澄手下的弟兄的。

作为邮差,必须长途行走,需要比较强的体力,一到达自己的送达站,就立即将邮件传递给下一个邮差,不论天气如何,接手的邮差必须立即起程向下一站传递。这个过程不断重复，直到邮件到达最终目的地。

江湖出身的练武之人，在这方面自然有更多的底气。

随着一些弟兄加入邮差队伍，秘密联络站的主持人、在灌阳文市镇上开书铺的沈道宽，后来主动承办了文市镇唯一一间邮政代办所。一方面，这当然是一个很好的联络方式，另一方面，也可增加一些收入。

自从沈道宽承办邮政代办所后，经常有全州、道州、桂林、恭城的邮差在此往来。他的妻子杨玉秀，作为前首领杨玉明之妹，自然是这些弟兄每次必顺道拜望的尊长。

邮差的工作，有些弟兄还传给了下一代。他们自然也随父辈加入哥老会。

是故，童年的沈德谦会听到有些邮差称他祖母为"师姐"，有些则称"师孃孃"。江湖中人，特重辈分。

这个邮政代办所，沈道宽一直办到了1944年，当时的邮电部还给他发了一张奖状。

第四章

唐镜澄的思想飞跃

作为楚辞的诞生地,湖南自古文风鼎盛。

出自传统读书人家的唐镜澄,在这里可谓如鱼得水。

在公余闲暇,他博览群书,甚至读了不少有关西方自然科学的书籍。

从越南时期开始,他就有机会与西方人(主要是法国人)打交道。

在台湾担任台中厘金局总办尤其是安平(当时台湾的最大港口)税关局长期间,更是接触了不少日本、荷兰、西班牙、葡萄牙、英国的商人、外交官、军人。

族兄唐景崧在台南的藏书楼称"万卷楼",广藏"古今中外朝闻国政,及百家小说",他亦多有涉猎。

在唐景崧生前,作为得力助手和忠实部属,唐镜澄一直唯唐景崧之命是从,一任驱驰。

唐景崧1903年骤然病逝后,他在痛惜缅怀之余,开始反思。

族兄是一个饱读诗书、热血爱国、有才干也有行动力的人,从越南抗法的虽胜犹败到自立保台的英名尽毁，从戊戌变法的积极参与到庚子勤王的半途而废，始终是"此路不通"，原因何在？

唐镜澄是个研精覃思的人，他不断地读书、思考。

他觉得，像日本一样，放下包袱，承认失败，以西人为师，大力推陈出新，才是救国之道。

当时，清政府推行的新政，仍然坚持"中学为体，西学为用"，强调孔孟之道才是根本，西学只能为之服务。

面对内忧外患，秉承中国士大夫"位卑未敢忘忧国"传统的唐镜澄，对此很不以为然。

他写了《驳〈劝学篇〉》，对"中学为体，西学为用"进行批驳，甚至在康熙御定的《渊鉴类函》上也作了眉批，"所谓'中学为体，西学为用'，大错也"。

自幼接受儒家传统教育的唐镜澄，思想有了一个飞跃。

第五章

关注革命党

有了这样的认识之后,唐镜澄开始关注远在日本和欧美的革命党。他开始阅读革命党的书籍,关注革命党的消息。

不过,他完全没有投身革命的想法。

他认为,自己已经五十多岁了,而革命党都是一些年轻人,从年龄上来说,他也不适合革命。

更重要的是,作为一个有强烈责任感的父亲,他这时的主要想法,是管好和教好自己的儿女。

在台湾纳的吴氏所生的几个孩子,此时都还在幼龄,他一直带在身边。原配范氏所生的三子,除次子早逝,长子伯坚、第三子叔重此时已成年,都在灌阳老家。

另外,他还想安置好奉族兄之命统领的那支江湖会党武装。

统领了七八年,已经很有感情。他最担心的是,这些弟兄在当时到处风起云涌的会党起义中会为奸人所用。

因此,他想寻找真正可靠的革命党人,把这支武装交给他们。

孙文（后以孙中山为名）是清廷悬赏多年的革命党（兴中会）首领，但远在海外，缺乏了解。

在他身处的湖南，则有一位名叫黄轸（后以黄兴为名）的年轻人，刚从日本回来，据说正在四处联络会党。

他听说，黄轸出身书香门第，自幼接受儒家传统教育，后来就读于张之洞创办的两湖书院，由张之洞选派去日本留学。

据听过黄轸回国后在两湖书院发表演说的人说，黄轸很有见解。

唐镜澄还听说，黄轸二十二岁中秀才，读书之余还喜爱武术，曾拜师学拳。

这些，都让他有种本能的好感。对于接受西式教育的孙文，他则有些疑虑。

于是，他很想结识黄轸，一旦确定其人其行，就可以把自己这支会党武装交给他了。

第六章

新化，会党，结友谭人凤

1904年，唐镜澄出任湖南新化知县。

新化在当时是公认的"一等县"，物产富庶，人文发达。

两代从教的唐镜澄，在为官之后，对于当地的教育总是特别关注。他的父亲唐嘉澍，"学问深邃……署迁江、本邑龙川两院，俱以善教得士心"。唐镜澄去越南前也曾教书多年。

他很高兴地看到，新化的教育氛围很好，新学尤其有影响。

新化县罗洪村的邹代钧，曾任湖南矿务总局提调和时务学堂舆地教习，与堂弟邹代藩等在1897年创办新化实学堂，号称与时务学堂"并时为两"，戊戌后改名新化速成中学堂。

邹代藩还办了罗洪小学。他的朋友兼亲家、福田村的谭人凤，则办了福田小学。

唐镜澄上任的时候，谭人凤正在新化县城办群志小学。

唐镜澄注意到谭人凤之后，很快发现，谭人凤还是新化的会党首领。也就是说，谭人凤是他的重点工作对象。

谭人凤出身新化农家,年十六,中秀才,后累试未第。

而立之后,谭人凤在村内义学任塾师。他少时即入洪门会党,教书之余,联络同道,在乡中开设山堂,名为"卧龙山",自任山主。卧龙山的规模不小,在宝庆府城还分设了一个山堂。

有心结识谭人凤的唐镜澄,不久后就顺利相交,而且还成了朋友。他认为,谭人凤"谈吐不凡,性情豪爽,但系结社以图自保。其人可交"。

他与谭人凤达成了一项口头协议,由谭人凤去做工作,"会党不闹,唐某不剿,如有难处,唐某定相助"。特别让谭人凤高兴的是,在唐镜澄的推动下,县衙出资扩大了他所办学堂的规模。

如是,新化境内的会党活动日趋平静,新学也开展得日益蓬勃。

成为朋友之后,唐镜澄和谭人凤时常往来。不过,他发现,谭人凤经常出外游学,常数日不归。

唐镜澄当时不知道的是,谭人凤的"游学",正是与他要寻找的黄轸有关。

当时已经在长沙创办了秘密反清团体华兴会的黄轸,派留日学生、新化人戴哲文于1904年夏来新化找谭人凤,告知华兴会已约同哥老会首领马福益,准备在长沙起事。

谭人凤大喜。他受邹代藩影响,早已向往革命。于是,他加紧在会党中进行活动,到处奔走联络。

邹代藩出身舆地世家。新化邹家,自乾隆以来,七代递承,于舆地学一道硕果累累,著书立说者二百余人,著作近两百种,出版地图三百余种。

邹代藩的叔祖邹汉勋,号称中国近代地理学奠基人,与魏源齐名。

当时学界有句俗语,"记不清,问汉勋,记不全,问魏源"。

邹代藩从小聪明过人,九岁即能诗。

据说,他十二岁时参加舅父的寿宴,亲友戏称要他撰一副寿联,他略加思索,便作出:"百年长寿祝吾舅,一代通儒是我师。"

邹代藩虽然古文功底深厚,但痛恨科举制度,从不应试。有一次,为了泄愤,他也去应了一回试,在考卷上赋诗一首,讽刺主考官曹学台,诗曰:"可恨青龙偃月刀,华容道上不诛曹。奸臣幸运传留种,科甲场中独占鳌。"曹学台气得暴跳如雷。

这份桀骜不驯,和谭人凤如出一辙。

谭人凤早年参加科举考试也有一段故事。

他年轻时就蓄了胡子,外号"谭胡子"。科考时,他一边思考,一边捋胡子。考官喝道:"小子,早听说你是乡间讼痞。今日好大胆,竟敢在我面前捋胡子!不要考了,滚到乡间当你的讼痞去!"谭人凤听了,狠狠地把笔一丢,说道:"我不但是乡间讼痞,将来还要做国家的讼痞!"随即高声唱道:"手执钢刀磨一磨,问天下有多少喽啰!就从今日起,看我又如何!"然后大步踏出考场。

这样的性格,似乎是天生的革命者。

邹代藩曾编写鼓吹革命的《血泪书》,列举一连串外侮,抨击清廷懦弱无能、屈膝媚外,号召"凡炎黄种子,急宜奋起图存,誓驱鞑虏于关外,否则瓜分之日立至,亡国之祸不远矣。血泪陈词,伫望速起。"

后来,谭人凤和邹代藩都成了辛亥元勋。

邹代藩的堂弟邹伯藩,则是唐镜澄在新化收的学生。

第七章

华兴会，哥老会马福益，长沙起事

长沙起义未能如期发动。

本来，黄轸的准备不可谓不充分。

以"华兴公司"为掩护的华兴会，吸收了四五百人的留日学生和知识青年。

在华兴会以外，又设立了一个秘密的外围组织"同仇会"，主要吸收马福益等会党人士（哥老会）。

马福益是湖南湘潭人，出身佃农家庭，早年参加哥老会。他曾创立一个属于哥老会的山堂，名为"回仑山"，有万余会众，势力遍于醴陵、湘潭、浏阳各地。后来，他接任哥老会大龙头，是长江中下游具有影响力的会党首领之一。

马福益有江湖人的仗义，也有汉人的热血。在他的带领下，哥老会中人参加同仇会者不下十万。

黄轸被推为起义总指挥，马福益和刘揆一被任命为副总指挥。

他们准备在慈禧太后七十大寿时（1904年11月16日）发动起义。

他们的计划是，在湖南官员为慈禧祝寿的万寿宫先埋好炸药，在拜寿之时将官员们一起炸死，随即在长沙、岳州、衡州（衡阳）、宝庆、常德五处同时采取武装行动。

为了筹集起义经费，黄轸与刘揆一连自己的家产都变卖了。

不幸的是，起义消息提前走漏。

清兵出动捉人，搜查华兴会机关。

黄轸幸而不在。他转移到吉祥巷圣公会，由教士黄吉亭等加以掩护，化装潜出长沙，逃往上海，改名黄兴。

刘揆一等也逃去上海。

马福益则前往广西躲避。

鲜为人知的是，马福益去广西，是和他萍水相逢、一见如故的唐镜澄促成的。

第八章

唐镜澄巧遇马福益

唐镜澄在晚年的笔记里详细记载了事件始末。

一日,唐镜澄去谭人凤处拜访。谭人凤不在,他正欲离开,忽然见数位壮汉直向他走来,其中一人问道:"可是谭先生?"

湖南的口音很杂,很多地方是"唐""谭"不分的。

这些人随即进入谭人凤家中。谭家仆人认为唐镜澄是谭人凤的熟人,因此很热情地招呼他。

来客不等唐镜澄问话,开口就说:"我即是马福益,前几日曾托人带了一信,可曾收到?"

唐镜澄这才知道,来客并不是找自己的,而是找谭人凤的,但是"马福益"这个名字却引起了他的震撼。

沈荩曾对他说起过马福益,并说自己经过湖南时也曾与马福益联络。

唐镜澄于是反问:"你就是马福益?你可知沈荩其人?"

因为沈荩,他们二人立刻建立了互信。马福益也知道了"此唐非彼谭"的唐镜澄的真正身份——也是哥老会成员,统领着一支会党武装。

惊异之余,马福益直言,"我是来暂时躲灾的"。他说了他和黄兴、刘揆一等策划在长沙发动起义,不料事泄,正遭追捕,打算在此躲避两三个月,最多半年,便立即回去。

踏破铁鞋无觅处,得来全不费工夫。

唐镜澄非常高兴。

他建议马福益不要在新化一带躲避,而去广西全州的黄沙河躲避。那里是广西和湖南边界的三不管地带,有他的联络人,可以想办法安置。马福益马上同意。

唐镜澄又提出,非常希望见黄兴一面,有要事相商,希望马福益尽快引荐。

马福益满口答应:"一定不负所托。"

然后,启程前往广西。

第九章

江湖豪杰马福益

送走马福益后,唐镜澄兴奋得夜不成眠。

他相信,马福益一定会尽快帮他联络黄兴。

虽然相处时间不长,但他已经看出,马福益是一个敦厚且侠义的人。

而且,马福益和黄兴也可以说是结义兄弟。

据马福益说,他和黄兴第一次见面,是在1904年春,一个风雪交加的晚上。

会面地点是在离湘潭县城约五十里的茶园铺矿山的一个山洞中,各条山路均有哥老会成员严密把守。

黄兴在原籍湘潭的刘揆一陪同下,穿短衣,着钉鞋,戴斗笠,乘雪夜走了三十里路,通过一连串的江湖黑话问答之后,被引来与马福益见面。

见面之后,马福益首先邀请黄兴下象棋。

结果,马福益输了。

他一推棋枰,"秀才造反,十年不成",声称要造反得有武艺,然后当场练拳,展示武艺。

　　练完之后,马福益看着秀才出身的黄兴,一副睥睨之色。

　　不料,黄兴起座,练了一套"巫家拳"。接着又掏出枪来,"砰"的一声,把树上一群小鸟惊飞了。又连放五枪,天上掉下五只小鸟来。

　　马福益看呆了。对于黄兴,他是服气了。

　　这时,才进入正题。马福益事先已安排徒众在山凹雪地挖了一个大坑,埋上雄鸡。这下,他和黄兴围火烤鸡,开怀畅饮。

　　他们边吃边谈,直到天亮,"各倾肝胆","共谋光复"。

　　起事计划商谈得很顺利。

　　黄兴非常兴奋。

　　归途中,他满怀豪情,吟成诗句:"结义凭杯酒,驱胡等割鸡。"

第十章

马福益牺牲

接下来,唐镜澄天天都盼望着马福益和黄兴的消息。

不料,他等来的,却是马福益牺牲的噩耗。

原来,马福益在广西躲避了一段时间后,于1905年春回到湖南洪江,计划利用洪江的险要地势,重新部署起义。

同时,他派会帮头目谢寿祺去上海与黄兴、刘揆一联络。黄兴、刘揆一此时已逃到日本。谢寿祺遇到了留在上海的刘揆一之弟刘道一。

黄兴知晓之后,和刘揆一商量,认为洪江起义大有可为。

1905年2月,他们回到湖南,前往长沙取运上次所藏枪械。不料,武器运到沅江时,被清兵发现,枪械全丢。

黄兴、刘揆一被迫再度逃亡日本。

起义未成,马福益遂转往湘东,联络旧部,以图再起。

在江西萍乡车站,他被清兵发觉,奋力手刃清兵六人后,终因寡不敌众被捕。

解送省城长沙后,他在狱中备受酷刑,仍坚不招供,还慷慨陈词:

"革满人的命,为汉人复仇,我一人杀头,有四万万同胞接着起来,只要冤仇得报,死而无怨!"

虽已体无完肤,奄奄一息,他仍挣扎着力辩那些被囚禁的同志无涉,因而解救了一些同志出狱。

1905年4月20日深夜,马福益被秘密杀害于长沙浏阳门外,年仅四十岁。

这样的硬汉,令人肃然起敬。

在悲痛之中,唐镜澄坚信,马福益一定早已把自己的要求转告黄兴。

1906年12月,黄兴在东京以马福益遗像一帧赠友人,表达怀念。

在马福益的遗像上,黄兴题词:"湖南党魁马福益氏,甲辰岁谋起革命军,乙巳(1905)三月十六被满贼端方惨戮于长沙。闻就缚时,曾手刃六人焉。克强(黄兴,字克强)氏识。"

第十一章

寻找黄兴

谭人凤相对幸运得多。

长沙起义夭折后的搜捕中,他正在外地,因此没有受波及。

1906年春,他离开新化,赴长沙担任新化驻省中学监督。因支持反清活动,同年冬,逃亡日本。

经黄兴介绍,谭人凤在东京加入同盟会。

谭人凤的知交邹代藩,后来也在日本参加了同盟会。

1905年以后,邹代藩与谭人凤等为革命奔走于湘、赣、鄂、宁、日本等地。

清廷曾悬赏五十万元购邹代藩头颅。他笑曰:"吾之头岂仅五十万元耶?如赏一百万,吾或许可将头赠与人领赏,换点革命经费。"

邹代藩的堂弟、唐镜澄的学生邹伯藩,后来也赴日留学,回国后定居长沙。

唐镜澄当时在长沙闲居,邹伯藩常来唐家走动。

他很敬重自己的老师。

人说，邹伯藩也是革命党。

唐镜澄并未因而与邹伯藩保持距离。

物以类聚。

当年不在家乡继续教书，毅然随族兄出关抗法、建功立业的唐镜澄，骨子里也是求变加实干的人，自然欣赏这些革命党。

也因此，他一直寻求和黄兴联系上，把自己那支武装交给他。

在长沙期间，他几次前往黄兴的老家（长沙附近的善化县），希望拜访黄兴的父亲，从而和黄兴取得联系。

可惜，他始终没有见到黄父。

而且，连一个黄家的人也未见到。

第十二章

教育家唐现之儿时的楚怡小学堂

1906年,唐镜澄卸任新化知县,阖家搬到长沙居住。

不像一般卸任官僚一样携眷回籍,而是迁往湖南省城长沙,唐镜澄主要有两个考虑。

一是为了孩子们的教育。湖南的新式小学教育在当时的中国是办得比较好的,所以他想把几个适龄的孩子送到长沙的学校读书。

二是等待黄兴派人来联系。他相信,马福益绝对不会失信,一定会将他的要求带给黄兴。

几个孩子都进了长沙的楚怡小学堂就读。楚怡创办人兼校长陈润霖,号夙荒,湖南新化人,系湖南首批留日学生之一,与陈天华、杨伯笙并称"新化三才子"。

陈润霖1903年毕业回国,在常德府中学堂任学监,后到长沙,以"惟楚有才,怡然乐育",办楚怡小学堂。初招学生七人,由他亲自教学。不到两年,学生增多,乃借原云贵总督劳崇光大宅为校舍,并命名为储英园。每年办菊花展览,向社会集资办学。

楚怡小学堂以介导新教育著称，参照欧美教育新方法，主张发展学生"自动、自学、自治"的能力。

1909年增设高级小学，1914年又增设楚怡工业学校。1919年提出《教育改革方案》，为全省各校改革张本。1924年扩建为含工业学校、中学、小学及幼儿园的"三校一园"体制，统称"楚怡学校"。

楚怡和中国近现代史颇有关系：

何叔衡参加中共一大时，公开身份就是楚怡学校的国文和级任教师。

五四运动时，毛泽东、何叔衡召集各校代表在楚怡开会，宣布罢课。

湖南民众驱逐军阀张敬尧的紧急联席会议也是在楚怡召开的。

唐镜澄的长孙、广西著名教育家唐现之，也曾是楚怡小学堂的学生。他在晚年回忆说，自己"教育救国"的思想，就是在楚怡萌芽的，陈润霖校长对他影响很大。

楚怡在当代的著名校友，则是中华人民共和国原总理朱镕基。

第十三章

黄兴派来的焦大鹏

在长沙,唐镜澄一边等待黄兴的消息,一边观察一些新派的年轻人,希望其中有真正的革命党人。

让他失望的是,这些人给他的感觉,"多浮华不实"。

对黄兴的等待,则终于有了结果。

有一天,有一个自称焦大鹏的年轻人求见。他将唐镜澄尊为前辈,甚为恭敬,自称是黄兴的代表,受黄兴之命而来,并出示了黄兴的信物,请问前辈有什么指教。

唐镜澄仔细观察这个看上去不过二十岁的年轻人。

焦大鹏青衣小帽,脑后有辫,行走在外,绝不引人注目,而且态度谦和,说话沉稳,和他之前想象的慷慨激昂型"革命党"大不相同。

老于世故的唐镜澄,立即对之刮目相看,很是信任。

两人交换了对时局的看法。

唐镜澄认为,"此子目光远大,将来必为国之栋梁"。

谨慎的他,直到此时才说出自己要见黄兴的真正意图。

他细说了自己手中这支会党武装的来历，为唐才常起事前后所作的准备，现在的情况，以及他下定决心将这支武装交给革命党的想法。

他诚恳地对焦大鹏说："一切都交给你了，任由你老弟调度使用，我从此不再过问。"

焦大鹏却说："你的人马都在广西，不能为我所用。但是，到处的革命党都是一样的，交给我以后，我将立即交给广西的同志，必有大用。"

于是，唐镜澄将他手下所有江湖武装的地点、联络人、联络方法等，一一向焦大鹏交割清楚。

然后，他留焦大鹏小酌。焦大鹏以"杂事繁多"，匆匆辞去。

当夜，唐镜澄在笔记中作了如下记录："诸事均付之大鹏，余自此将安心教子矣。"

第十四章

焦大鹏（焦达峰）与萍浏醴起义

1886年出生的焦大鹏，字鞠荪，湖南浏阳县焦家桥人。

焦家是一个富裕的地主家庭。焦大鹏自幼聪慧，四岁入私塾，九岁能诗。

1899年，焦大鹏进入浏阳县立南台高等小学堂就读。除了学习功课，还练习跑步、跳高、跳远、爬山等运动。他还师从本地武师，学习拳棒，练就了一身武艺。

在新式教育的影响下，焦大鹏逐渐产生反清思想。

作为浏阳人，焦大鹏非常崇拜两位乡贤：谭嗣同和唐才常。他曾以两位先烈的后继者自居，以至于同学中有人称他为"谭唐"。

当时，浏阳地区会党活动频繁，大都以"反清复明"为旗帜。不满清廷的腐败颟顸的焦大鹏，对此颇感共鸣。1902年，年仅十六岁的他，加入了当地的会党洪福会。

和当时的所有热血青年一样，焦大鹏对于维新之后富民强国的日本心向往之。1903年，他离开家乡浏阳，只身来到长沙，进入长沙高等学堂游学预备科,学习日文,准备赴日留学。

当其时,黄兴、刘揆一正在长沙筹备成立华兴会,设立东文讲习所。焦达峰因而进入东文讲习所学习,并加入了华兴会延揽会党的外围组织同仇会。

华兴会策划的长沙起义失败后,东文讲习所不得不停办。黄兴、刘揆一等逃亡日本。焦大鹏因年龄较小,未引起清廷注意,得以继续求学。

1905年春,焦大鹏自费留学日本,就读于东京东亚铁道学校,学习铁道管理和爆破等技术。在日本,他改名为焦达峰。

同年8月20日,中国同盟会正式成立。焦达峰加入同盟会,担任联络部部长。

1906年春,焦达峰奉黄兴之命,回国联络会党,为发动新的起义作准备。

马福益生前向黄兴推荐的唐镜澄,自然在焦达峰的联络之列。

一个多月后,湖南浏阳和醴陵、江西萍乡等地爆发大规模会党起义,史称"萍浏醴起义"。起义的领导人正是刘揆一之弟刘道一。焦达峰则担任浏阳会党铁血军总司令李金奇的联络参谋。

第十五章

唐镜澄出任醴陵知县

萍浏醴起义爆发后，清政府急调江苏、江西、湖北、安徽四省的正规军进行围剿。

近万"乱党"被屠杀，包括总指挥刘道一。

焦达峰也被通缉，逃亡日本。

剿灭起义军的四省联军，此时仍然驻扎在醴陵一带不走，且军纪极坏，当地百姓怨声载道。

1907年4月，时任湖南巡抚的岑春煊，听说自己的老熟人唐镜澄在长沙闲居，立即起用他去醴陵任知县，接替刚被革职的原知县汪文溥。

汪文溥是《苏报》老板陈范的妹夫，曾任《苏报》主编，最初支持康有为的维新，后来倾向革命党。

萍浏醴起义时，汪文溥准备响应，但还未发动，起义就已失败。作为醴陵知县，他保护了很多革命党人，以革命党嫌疑遭到革职。

因为唐景崧的缘故，岑春煊早就认识唐镜澄，素知其人、其才。

对岑春煊来说，唐镜澄无疑是去醴陵善后的合适人选。

对于唐镜澄来说，这却是个真正的烂摊子。

在醴陵的主要政务，竟然是处理和调和外省驻军与地方上的矛盾。

唐镜澄感觉很恼火。

此时的他，对于清廷已彻底绝望，因此非常消极。

但是，他还是努力去办两件事：一是尽快恢复学堂的正常课程，让孩子们有书可读；二是尽快恢复几个陶瓷厂的生产，带动当地经济恢复。

对于其他矛盾，他则以安抚为主，"万事不理，和为贵"。

他对自己的要求是，"绝不捕一人，绝不杀一人"，也绝不追查任何"乱党"。

后来四省联军撤走，他更是如此。

第十六章

老熟人岑春煊

派唐镜澄去醴陵收拾乱局的岑春煊,是清末重臣、能臣。

庚子事起,京师危急,慈禧太后诏天下兵勤王,各省督抚待时观望,唯时任甘肃布政使岑春煊,取道沙漠,千里勤王,"至昌平,入谒,太后对之泣"。

八国联军入侵,慈禧狼狈出走,岑春煊随身护从。慈禧感而泣曰:"若得复国,必无敢忘德也。"后果不负承诺,提拔岑春煊历任巡抚、总督、尚书,权重一时,与袁世凯并称"南岑北袁"。

岑春煊性情刚直,不畏权贵,号称"官屠",弹劾了大批贪官和庸官,官员们皆谈"岑"色变。

岑春煊委任唐镜澄为醴陵知县不久,自己便罢官去职,史称"丁未政潮"。

丁未政潮,瞿鸿禨和岑春煊为一方,奕劻与袁世凯为一方。

袁世凯深知慈禧最恨康梁(康有为、梁启超),于是将康梁的照片与岑春煊的照片合成一帧,通过奕劻呈送慈禧。慈禧大怒,但顾念

"岑某有庚子旧劳，勿令难堪"，岑春煊遂以"开缺两广总督"赴沪养病。

1911年10月，风雨飘摇中的清廷补授岑春煊为四川总督。岑春煊再三辞却，清廷一再电恳勿辞。岑春煊勉受，提出扩编军队、增拨枪炮子弹、发银百万两等要求，但其时革命已席卷东南数省，清廷兵饷两绌，岑春煊所招黎天才部也投入共和阵营，回天无力。

岑春煊也是思想开阔、与时俱进之人。1912年1月1日中华民国成立，他发出赞成共和通电，敦促清帝逊位，"为世界历史开一未有之局，诚吾国之光荣也"。

值得称道的是，岑春煊非常重视教育。

他曾说："教育者，政治之首务也……欲为国家立不拔之基，必求人民有相当知识。教育者，所以启牖人民知识也。"

他在山西创办了山西大学堂（今山西大学），在四川创办了四川高等学堂、成都警察学校、武备学堂，在两广创办了两广学务处、广东将弁学堂、军医学堂、陆军测绘学堂、林业学堂、巡警教练所、两广优级师范学堂、陆军中小学堂、法政学堂、两广实业学堂、蚕业学堂、女子师范学堂、广西高等学堂。

唐镜澄长孙唐现之创办广西第一所高等师范专科学校（广西师专）时所选校址，正是岑春煊捐献的私家花园西林公园（又名雁山园）。

第十七章

焦大鹏再度来访

1909年,唐镜澄从醴陵卸任,又举家搬到长沙居住。

几个稍大的孩子又进入长沙的新式学堂。子超寰,女松贞,此时还很年幼。唐镜澄把全部精力都放在家庭上了。

但是,中秋才过,焦大鹏又悄悄地来拜访他了。唐镜澄又惊又喜。

焦大鹏告诉他,黄兴很感谢他,已将他的联络方法全部转交给负责广西起义的同志。

受黄兴委托,焦大鹏要介绍唐镜澄参加同盟会,唐镜澄婉拒。焦大鹏又提出,请他参加自己领导的共进会,他也摇头。

唐镜澄一生都是站在幕后,深深地思考,默默地奉献,初为唐景崧,继为唐才常,最后为革命党。他天资奇颖,很多大事都看在了前面,但是,为了幼小的孩子们,他必须隐忍,必须机智地保护自己和家庭。

他对焦大鹏说:"我该做的都已经做完,现在我只做两件事,一是好好教育子孙,让他们成人,不求做官,但求能做事;二是好好保养身体,睁大眼睛看到你们完全革命成功。"

他们又谈了许久。

唐镜澄又留焦大鹏小酌。这一次,焦大鹏没有拒绝。

此后的一年多,唐镜澄在长沙以教育子孙为乐,也婉拒任何应酬。

辛亥年(1911)夏,他迎来了两位久违的老友,已故结拜兄弟杨玉明的妹妹杨玉秀和她的丈夫沈道宽。

自从唐镜澄将自己手中的武装悉数交给黄兴,沈道宽和杨玉秀自然也不需要再负责联络了,书铺和邮政代办所也名副其实,一家人其乐融融。这时,他们已有一个两岁的儿子沈明燧,这次也把他带来了。

唐镜澄一见沈明燧,甚是喜爱,当即决定将五岁的幼女松贞许配给他。

十六年前在洞庭湖边的金兰结义之情,而今,通过唐镜澄之女唐松贞与杨玉明之甥沈明燧的联姻,延续到下一代。

仕宦出身的唐镜澄,也和江湖出身的杨玉明、杨玉秀、沈道宽一样,侠义本色。

第十八章

辛亥革命

焦达峰又来了。

这一次,他显得很匆忙,告诉唐镜澄说,他们准备发动一场大起义,到时会有一场大乱,为万全计,建议唐镜澄一家立即搬离长沙,如果回广西,也不要留在桂林。

唐镜澄立即决定举家搬回灌阳。

在醴陵时目睹的那些惨斗,曾给唐镜澄留下太深的印象。之前的长沙市民暴动,火烧抚台(湖南巡抚)衙门,也很危险。长孙唐现之瞒着家里人,偷偷地出去看。抚台衙门里三四丈高的旗杆都被锯断,大堂也烧掉了。

为了年幼的孩子们,必须离开长沙。

于是,阖家启程,回到阔别多年的灌阳老家。在湖南宦游多年的积蓄,所有的书籍,也都一起运回去了。

唐镜澄的孙女唐荣瑄(唐叔重长女)还记得,多年在外的祖父,当时把家里人都召集到堂屋。从湖南带回来的银两,都堆在桌上。在她的记忆中,祖父是个非常爱家、爱儿孙的老人,慈祥而威严。

回到灌阳,便听到种种关于广西会党即将起义的风传。

他不想卷入。手上的武装既已尽数交付焦达峰,自己不应该再有所涉入。但毕竟统领多年,待在灌阳,难免旧部和熟人为此找来。

他决定再回湖南,家眷则留在老家。于是,唐镜澄只带着几个仆人,又回到了长沙。

他没有想到的是,在他从广西赶往湖南的途中,武昌起义已经爆发了。而他在新化时的老朋友谭人凤,正是其中的功臣。

据说,谭人凤参加过孙中山领导的镇南关起义。辛亥年,谭人凤来到武昌,得知革命党人在新军中颇有发展,力量可观,但两大组织(文学社和共进会)之间存在着一些"芥蒂"。

于是,谭人凤积极游说于文学社和共进会之间,恳劝以和衷共济,共襄大举。在他的努力之下,文学社和共进会终于达成共识,公推蒋翊武为起义总指挥,孙武为参谋长。

1911年10月10日,武昌起义爆发,彪炳千古。

第十九章

焦大鹏和唐镜澄相继去世

1911年10月22日，长沙新军起义，湖南宣布独立，湖南军政府成立。

唐镜澄发现，新军起义的领导人兼新任军政府都督，竟然是他的老熟人和忘年交——焦大鹏。

此时，他才知道，焦大鹏又名"焦达峰"。

但是，风云突变。10月31日，焦达峰竟被同为革命军的部下兵变杀害。

算起来，焦达峰只当了十日的都督。

兵变者是新军第二十五混成协第五十标第二营管带梅馨。之后，梅馨迎立谭延闿为都督。事后有传言说，兵变其实是谭延闿策划的。

唐镜澄为焦达峰悲伤，也因而对革命党产生了疑虑。

他想回灌阳。但是，焦达峰死后，湖南政局混乱，乱兵、流氓趁机打劫，到处都乱哄哄的。唐镜澄不得不在长沙观望。

之后，传来的广西方面的消息，也令他大吃一惊。广西根本没有发生会党或新军大规模的起义。1911年11月7日，广西巡抚沈秉堃宣布脱离清廷，广西独立。沈秉堃任都督，王芝祥和陆荣廷任副都督。

让唐镜澄失望的是，广西光复后，官员并不是团结一心治理广西，而是互相争斗不断。新军和旧军矛盾很深。绿林出身的旧军统领陆荣廷（唐景崧景字军旧部）的部将陈炳焜发出通电，主张拥戴陆荣廷治理广西，"桂人治桂"。外省籍的沈秉堃、王芝祥因而离开，率新军北上援助被北洋军围攻的武昌。

11月底，汉口、汉阳相继失守。革命军总司令黄兴去沪，湖北都督黎元洪避走城外，武昌群龙无首。在此危急关头，谭人凤临危受命，出任武昌防御使兼北面招讨使，指挥武昌各军，布防御敌，布告安民。他身先士卒，冒风雨霜雪，严加防守，保武昌不失，稳定了大局。

随后，发生戏剧性的转变。南北议和，同盟会本部迁往北京，孙中山正式解除临时大总统职务，袁世凯在北京就任大总统。

唐镜澄很是失望。他在笔记中写道："袁世凯与清廷无异，孙党愚不可及，民国终矣！"

1912年秋末，唐镜澄因糖尿病并发症在长沙辞世。

第二十章

山谷余音

唐镜澄去世之后,消息传到灌阳,阖家震惊。第三子唐叔重和养子唐叔易赶到长沙,迎回灵柩,在故里安葬。

随着唐镜澄的去世和辛亥革命的落幕,那支他曾经统领多年的江湖武装,再也没有了消息,只有养子唐叔易还保留着一小股始终忠实于已故两任首领杨玉明和唐镜澄的人马。

唐镜澄留下的书籍、记录了他亲身经历的甲午—戊戌—庚子—辛亥风云和他的个人思考的私人笔记,一直保存在灌阳老家的书房里。他的几个儿子,以及长孙唐现之、女婿沈明燧,都曾阅读、讨论这些笔记,前后延续二三十年,直到1944年日军入侵灌阳,占据唐家祖宅,洗劫一空,笔记不知去向。

最早看到这些笔记的,是在父亲去世后主动承担起家庭重负、照顾几个幼龄弟妹的唐叔重。他的思考最多,所受影响也最大。

在父亲断言"民国终矣"之后的近三十多年中,被弟弟唐超寰和妹夫沈明燧认为是"旧式文人,自视甚高"的唐叔重,对于"城头变幻大王旗"的中华大地上任何一派政治势力，都抱怀疑的态度。

他像父亲一样，四海为家。除了有时回桂关心过问子弟们的学业，他大部分时间都在中华大地上奔走，寻找他认为真正为国为民可以投靠的"明主"，从北方到南方，但总是失望。

同样失望的还有他的弟弟唐季韶（唐镜澄第五子）。

家族排行第九的唐季韶，和父亲一样好读书，勤于思考，对于儒家经典的熟悉和理解远远超过几个兄弟，对于各种新思潮和新思想，也能很快吸收。唐超寰曾称赞说，他的九哥和父亲一样，"既博览群书，又研精覃思"，而且"一目十行"。

父亲留下的笔记和书籍，唐季韶都通读了。看尽父辈一生的奋斗，民国以来的风云变幻，形形色色的主义口号，他感觉矛盾和苦闷，无所适从，怀才不遇，在家乡度过一生，最后因瘘病去世。

他的六哥唐叔重，则直到年过半百才放弃寻觅。

1939年，蒋经国在江西推行"赣南新政"，声势很大，在桂林也很有影响。五十四岁的唐叔重坐不住了，匆匆忙忙赶到赣南，参加了蒋经国的"三民主义青年团干部训练班"。但是，经过观察，他失望地离开了，回来对弟弟唐超寰和侄子唐现之说："蒋经国的新政是宣传出来的，很多事情，只有蒋经国能做，别人是不能做的。"

从此，他对政坛彻底失望。

但是，对于国家和家庭，他还是在尽他的责任。独子唐肇华学业优秀，1935年获得广西省高中毕业会考第一名，他曾想募集资金送唐肇华去德国学习军事化学，报效国家，因故未果。

1944年，日军打到灌阳。唐叔易在资源县山崎村一带率领他的人马抵御日军,沈道宽、杨玉秀也带儿孙前往避难。

一日,唐叔重赶到山崎村,和唐叔易密谈之后,带走一半人马,去了灌阳县千家峒大山抵御日军。

千家峒是瑶族聚居之地。1933年发动瑶族起义,宣布成立"瑶族共和国",自任"总统"的瑶王凤福山,在水车乡一带改名换姓躲藏多年后,此时以"蒋爹爹"之名,组织瑶族民众在千家峒一带保卫家乡。

当年目睹六舅唐叔重带走人马的沈德谦认为,六舅当年带去千家峒的人马,可能就此与蒋爹爹的人马合并。

1947年,蒋爹爹在桂北再次发动瑶族起义。沈德谦一家听到风声,七舅唐叔易也参加了。1948年之后,唐叔易再无音讯。

沈德谦认为,七舅唐叔易应该随即参加了也在那一带活动的桂北游击队。桂北游击队有位杨姓的支队长,可能就是恢复本姓后的七舅。而唐镜澄的曾孙唐振元(唐现之次子),正是当年的桂北游击队成员,中华人民共和国成立后担任桂林地区水电局局长。

桂北游击队作为中国人民解放军的一部分参加了解放战争。沈德谦推测,唐叔易可能是在作战中牺牲的,因而失去了消息。

蒋爹爹则恢复了"凤福山"的名字,中华人民共和国成立后先后担任灌阳县各界人民代表大会常务委员会委员、桂林专署民族事务委员会副主任、自治区政协常务委员会委员等。1956年,凤福山赴京参加国庆观礼,受到毛泽东、周恩来的接见。1982年,凤福山去世。

如今,当事人都已作古。这支贯穿近代史,从太平军,到杨玉明,到唐景崧、唐镜澄,到唐叔重、唐叔易的江湖武装,也早已湮灭于历史烟云之中。

后 记

—

从越南到台湾，从甲午到抗战，从《教育报国》到《风云湘江》，前后几代、跨越百年的《百年家国：唐家故事》，从动笔到定稿，历时两年，终于完成了。先人所经历的所有历史风云——越南抗法，甲午保台，戊戌变法，庚子勤王，辛亥革命，抗日战争……在心头激荡，家史、国史都在笔端奔流。那感觉，绝对是回望历史，穿越百年。

古人云，十年磨一剑。而我，是二十二年磨一剑。

从1996年春节听外公细说家史、生平，之后记录、收集，到2017年12月22日动笔，2018年9月3日完稿，前后九个月，阅读家谱，整理资料，考证史书，在工作之余，呕心沥血，夜以继日，完成大约十六万字的初稿，之后局部增删、修改，于2020年1月16日最终定稿，以纪念我从小敬爱的外公唐肇华、外婆周婉琼，自幼景仰的大外公唐现之、外高祖父唐镜澄，也为我自小热爱的波澜壮阔的中国近代史留一民间史记录。

感谢唐家各房亲人在本书写作过程中所提供的协助：我的四姨唐晓桥，在桂林和南宁联络各房，"抢救"口述历史；表叔公沈德谦夜以继日地提笔回忆；五舅唐振中认真核对了关于他父亲唐现之的部分；

四舅母郭月姣和表哥唐春晓提供了不少老照片；堂舅唐振海找到了1944年修订的《唐氏族谱》，并多次代我访问年近九旬的堂舅唐振国；堂叔公唐济武提供了他父亲唐超寰的资料；表妹夫于宝几次驾车送我母亲几姐妹回灌阳老家"寻古"，并专程去原广西省立桂林师范学校旧址拍摄大外公唐现之当年创办，并付出了极大心血的这所学校；四姨父吴虹以他从事学术研究几十年的严谨缜密思维，对本书提出了不少中肯的建议。四姨父的同窗好友，中国书画印研究院副院长、桂林市书法家协会主席周兆召，也慨然相助，为本书题写了书名，在此一并致谢。

感谢我的丈夫吴潮华，在此期间承担了绝大部分家务，默默支持我的家史写作。我的母亲唐桥星，更是以古稀之年，满怀深情，不辞劳苦地寻访她已故伯父唐现之的学生的后人，为本书提供了第一手的珍贵资料。我的父亲何君孝，一位工科出身的工程咨询专家，也始终关心着本书的写作，给予了我很大的精神支持。

感谢萍水相逢的广西师范大学学子、编辑王光灿的热心推介，促成本书在写作之初的2018年1月就已和广西师范大学出版社人文分社"结缘"。人文分社的编辑们和所有相关工作人员的投入、认真、细致、严谨，体现出广西师范大学出版社在出版界和读者中备受赞扬的理想情怀和敬业精神。由广西师范大学出版社出版此书，不仅是我家几代人的感情和缘分，更具薪火相传的意义，对于为广西师大奉献大半生的外公唐肇华和呕心沥血创办广西师专（广西师大前身）、重建广西省立桂林图书馆的大外公唐现之，也是最好的纪念。

广泛阅读，深入发掘，撰写家史的两年，不但是穿越历史、走进历史，也是重新认识先人、认识家族、认识自己的过程。比如，这次才知，从小就看到的家里的水果刀，竟是外公用飞虎队飞机残骸制作的；外婆的堂兄周亚洲，留学日本时加入同盟会，曾参加黄花岗起义；参加了抗战时两次南宁保卫战的十一太公唐超寰，原来还曾作为"钢军"（第七军）虎将李明瑞的副官参加了北伐；国难之际带病从戎，二十三岁即英年早逝的大舅唐振裘（母亲的堂兄），作为北师大历史系学生参加了"一二·九"运动之后，原来还曾在抗日名将张自忠驻守的湖北荆门与曾志（陶铸夫人）等人一起进行劳军和抗日宣传；十六岁就投笔从戎抗美援朝的榕邹姨（母亲的堂姐），参加的原来是四野王牌师——三十九军一一六师（也就是《亮剑》中丁伟的原型钟伟的东野二纵五师），后随军戍守辽东，为国守疆；一生从事文职的外曾祖父唐叔重，原来还在抗战时带领过一支小型民间武装在灌阳千家峒大山抵御日军；外曾祖母的父亲何庆恩，不仅善军事攻防，治理有方，还为后世留下了最似李白真容的画像；外曾祖母的堂兄何如谨，原来也是位班超式的人物；从小就知的外公的"台湾奶奶"，原来是高山族邹人福山部落酋长之女；从小被人称赞的"过目不忘""断事果决"，原来是外高祖父唐镜澄的特质；外高祖父在甲午—戊戌—庚子—辛亥的历史风云中的参与，足以铭记史册；家族百年以来的四代人中已知至少有十九人从教……

写完此书，我比之前任何时候更以先人和家族为荣，也明白了外公在八旬之年和九旬之年几日几夜地和我长谈，其实是希望在他熏陶下自幼热爱中华传统文化的长孙女日后书写家史，传之后世。当时情景，如在眼前，无限深情怀念。而今，我总算完成了慈祖的嘱托。

唐家故事，百年家国。外高族祖、外高伯祖、外高祖父在一百多年前的中法战争和甲午战争中的故事，外公、外婆在抗日战争中的故事，于我而言，可谓自幼熟知，刻骨铭心，家史即国史。百年中国，一路走来，历尽沧桑。灌阳唐家的子孙，也随时代变迁，散落各地，从桂林、南宁，到辽阳、开封、成都、杭州、北京、上海、广州、纽约、多伦多、温哥华……无论身在何方，我们始终难忘故土，难忘先人，难忘家国，由衷希望中华山河永固，祖国日益富强，卓然屹立于世界民族之林！

2015年夏，我首次踏足自小熟知的台湾，在淡水河边缅怀历史，凭吊先人，心潮澎湃。一百二十年前的此时，外高族祖唐景崧和外高祖父唐镜澄正是从这里离开了他们终生念念不忘的台湾。

参考文献

———

［1］〔清〕赵尔巽等：《清史稿》，北京：中华书局，1998年1月

［2］灌阳县志编委办公室编《灌阳县志》，北京：新华出版社，1995年6月

［3］〔清〕张嶲等纂修，郭沫若点校：《崖州志》，广州：广东人民出版社，1983年4月

［4］四川省渠县志编辑室编《渠县志·民国版》，达州：四川省渠县志编辑室，1984年9月

［5］〔清〕唐景崧著，李寅生、李光先校注：《请缨日记校注》，上海：上海古籍出版社，2017年2月

［6］〔清〕罗惇曧等：《割台三记》，台北：台湾银行经济研究室，1959年

［7］〔清〕罗惇曧：《中法·中日兵事本末》，载本社编著部编《近代中国史料丛刊续编》（第十八辑），台湾：文海出版社，1984年7月

［8］〔清〕张之洞：《张文襄公选集》（第二册），台北：台湾省文献委员会，1997年6月

［9］康有为:《康南海自编年谱》(外二种)，北京：中华书局，2012年7月

［10］连横:《台湾通史》，北京：台海出版社，2013年10月

［11］灌阳县人民政府、中共灌阳县委员会编《同胞三翰林》，南宁：广西人民出版社，2018年5月

［12］〔清〕曾国藩著,〔清〕李鸿章校勘:《曾国藩家书》，南昌：江西人民出版社，2016年1月

［13］王柏中主编《中国边疆研究文库·初编·西南边疆第9卷：刘永福历史草》，哈尔滨：黑龙江教育出版社，2015年4月

［14］蒋廷黻:《中国近代史》，武汉：武汉出版社，2012年6月

［15］邵雍:《中国近代对外关系研究》，合肥：合肥工业大学出版社，2013年3月

［16］宋邦强编著:《刘铭传与台湾》，福州：福建教育出版社，2007年10月

［17］徐博东、黄志萍:《丘逢甲传》，北京：时事出版社，1987年4月

［18］杨晓雄:《台湾·一八九五》，沈阳：万卷出版公司，2008年5月

［19］李宗仁口述，唐德刚撰写:《李宗仁回忆录》(上、下)，上海：华东师范大学出版社，1995年12月

［20］黄绍竑:《黄绍竑回忆录》，北京：东方出版社，2011年10月

［21］黄旭初：《黄旭初回忆录：李宗仁、白崇禧与蒋介石的离合》，南京：译林出版社，2019年11月

［22］马君武：《马君武自述》，合肥：安徽文艺出版社，2013年5月

［23］陈峥：《青年学生与社会动员：抗战相持阶段广西学生军研究（1938~1941）》，北京：光明日报出版社，2015年6月

［24］陈明、陈强、林铭纲编《烽火五万里：回忆新安旅行团》，北京：中国城市经济社会出版社，1989年12月

［25］李学通：《抗日战争时期后方工业建设研究》，北京：团结出版社，2015年6月

［26］曹聚仁、舒宗侨编著：《中国抗战画史》，北京：中国文史出版社，2011年1月

［27］刘小童：《驼峰航线：抗战中国的一条生命通道（插图版）》，桂林：广西师范大学出版社，2010年5月

［28］吴小龙：《少年中国学会研究》，上海：上海三联书店，2006年8月

［29］清秋子：《百年心事：卢作孚传》，北京：新星出版社，2016年1月

［30］旷永青、李殷青主编《广西师范大学纪事：1932—2017》，桂林：广西师范大学出版社，2017年9月

［31］丰子恺：《缘缘堂随笔》，天津：天津教育出版社，2007年5月

［32］张求会:《陈寅恪丛考》，杭州：浙江大学出版社，2012年11月

［33］胡适:《胡适自传》，北京：华文出版社，2013年12月

［34］梁漱溟:《忆往谈旧录》，北京：金城出版社，2006年2月

［35］汤玉成、汤服成选编《漓水留痕：汤松年与桂林教育》，北京：中央文献出版社，2007年8月

［36］甘金山主编《西大故园寻梦》，桂林：漓江出版社，2011年12月

［37］廖井丹主编《西大故园情》，桂林：广西师范大学出版社，2018年12月

［38］黄现璠口述，甘文杰、甘文豪、甘金山整理:《黄现璠自述》，桂林：广西师范大学出版社，2018年10月

［39］任青、马忠文整理:《张荫桓日记》，上海：上海书店出版社，2004年2月

［40］全州县志编纂委员会编《全州县志》，南宁：广西人民出版社，1998年5月

［41］欧阳恩良:《西南袍哥与辛亥革命》，北京：中国致公出版社，2011年11月

［42］张海鹏主编《中国近代通史》(全10册)，南京：江苏人民出版社，2013年9月

［43］施渡桥:《晚清军事变革研究》，北京：军事科学出版社，2003年1月

［44］桑兵:《桑兵自选集》,广州:中山大学出版社,2017年11月

［45］皮明庥:《唐才常和自立军》,长沙:湖南人民出版社,1984年1月

［46］齐邦媛:《巨流河》,北京:生活·读书·新知三联书店,2011年4月

［47］琼瑶:《琼瑶自传:我的故事》,北京:作家出版社,1990年3月

［48］陶成章:《教会源流考》,广州:国立中山大学语言历史学研究所,1927年5月

［49］桑兵:《甲午战后台湾内渡官绅与庚子勤王运动》,《历史研究》1995年6月,第76—86页

［50］茅海建:《戊戌变法史事考》,北京:生活·读书·新知三联书店,2005年1月